Jogue limpo,
mas vença

MICHAEL DELL

Jogue limpo, mas vença

A JORNADA DO FUNDADOR DA DELL

SEXTANTE

Título original: *Play Nice but Win*

Copyright © 2021 por Michael Dell
Copyright da tradução © 2022 por GMT Editores Ltda.

Esta edição foi publicada mediante acordo com Portfolio, selo da Penguin Publishing Group, uma divisão da Penguin Random House LLC.

Todos os direitos reservados. Nenhuma parte deste livro pode ser utilizada ou reproduzida sob quaisquer meios existentes sem autorização por escrito dos editores.

tradução: Alves Calado
preparo de originais: Ana Tereza Clemente
revisão: Luíza Côrtes e Tereza da Rocha
diagramação: Valéria Teixeira
capa: Jennifer Heuer
adaptação de capa: Ana Paula Daudt Brandão
foto de capa: Dustin Cohen
impressão e acabamento: Bartira Gráfica

CIP-BRASIL. CATALOGAÇÃO NA PUBLICAÇÃO
SINDICATO NACIONAL DOS EDITORES DE LIVROS, RJ

D417j

    Dell, Michael
        Jogue limpo, mas vença / Michael Dell ; tradução Alves Calado. - 1. ed. - Rio de Janeiro : Sextante, 2022.
        320 p. : il. ; 23 cm.

        Tradução de: Play nice but win
        ISBN 978-65-5564-364-0

        1. Diretores executivos - Biografia. 2. Liderança. 3. CEOs. 4. Empreendedorismo. I. Calado, Alves. II. Título.

22-76620   CDD: 658.40092
                              CDU: 929-57.162

Gabriela Faray Ferreira Lopes - Bibliotecária - CRB-7/6643

Todos os direitos reservados, no Brasil, por
GMT Editores Ltda.
Rua Voluntários da Pátria, 45 – Gr. 1.404 – Botafogo
22270-000 – Rio de Janeiro – RJ
Tel.: (21) 2538-4100 – Fax: (21) 2286-9244
E-mail: atendimento@sextante.com.br
www.sextante.com.br

Para minha mãe, por ter me ensinado a ser sempre curioso.

Para meu pai, o fundador do fundador.

E para Susan, o eterno amor da minha vida.

*Uma corporação é um organismo vivo,
precisa continuar trocando de pele.
Os métodos precisam mudar. O foco precisa mudar.
Os valores precisam mudar. E a soma dessas
mudanças é a transformação.*

– ANDY GROVE

SUMÁRIO

PARTE I   11
Do capital aberto ao capital fechado

1 VENTOS CONTRÁRIOS   13

2 LUGARES DIFERENTES   29

3 FECHANDO O CAPITAL (EM SIGILO)   47

4 DANDO A PARTIDA   67

5 O SR. DENALI   84

6 UM RAPAZ COM PRESSA   103

7 O FIM ESTÁ PRÓXIMO?   119

8 SUBINDO CADA VEZ MAIS   142

9 REDENÇÃO   167

PARTE II   183

Reabrindo o capital

10 CRESCIMENTO E OUTROS RISCOS   185
11 CORPO E ALMA   206
12 PROJETO ESMERALDA   227
13 HARRY YOU E A GRANDE SURPRESA   249
14 ZETABYTES E OBJETIVOS ESTRATOSFÉRICOS   279

Agradecimentos   297
Apêndice   301

PARTE I

Do capital aberto ao capital fechado

1

VENTOS CONTRÁRIOS

Era uma linda noite de primavera naquela quarta-feira, 29 de maio de 2013, e eu estava sentado à mesa de jantar de Carl Icahn. Enquanto eu comia o bolo de carne preparado pela esposa dele, Carl tentava tomar a minha empresa.

Um momento totalmente surreal, em muitos sentidos.

Naquela noite de maio, a empresa que tinha o meu nome, com o *E* inclinado, quase escapou das minhas mãos. Eu ainda não sabia, mas estava bem na metade da linha do tempo de um drama de nove meses envolvendo a empresa de computadores pessoais que criei em 1984, no alojamento para calouros da Universidade do Texas.

Mas naquela noite houve uma mudança que faria com que eu também mudasse.

Eu gostaria de contar essa e outras histórias.

O ano de 2005 começou cheio de promessas para a Dell Inc. Exceto pelo pequeno revés causado pelo estouro da bolha das pontocom cinco anos antes – uma correção de mercado que afetou não somente a nossa, mas também outras empresas de tecnologia –, a Dell havia desfrutado um crescimento quase ininterrupto de receita, lucros e fluxo de caixa durante duas décadas. Em janeiro de 2005, nossa participação nas vendas de PCs era de robustos 18,2%. Em fevereiro, a *Fortune* nos citou como a empresa mais admirada dos Estados Unidos. Segundo a revista, a Dell "prosperava num ramo que tecnicamente pode ser considerado o que se encontra em pior estado na União. Seus lucros nesse mercado de margem reduzida cresceram 15% em 2004, um feito que para a Dell parece ser tediosamente rotineiro. É a primeira fabricante de PCs a alcançar o título de Mais Admirada dos Estados Unidos desde que a fabricante original do PC, a IBM, saiu de cena, em 1986".

Mas em setembro os ventos haviam começado a mudar. E muito. Ainda que nossos lucros tivessem crescido 28% no segundo trimestre, a receita total estava várias centenas de milhões de dólares abaixo das projeções. Como publicou o *The New York Times*, a Dell "se via diante da mesma questão enfrentada por outras empresas de tecnologia maduras e bem-sucedidas na década de 1990: como aumentar a receita quando já se é tão grande?". Para complicar, os computadores pessoais e os laptops, que representavam cerca de 60% das nossas vendas, não geravam mais os altíssimos lucros de antes. À medida que os preços caíam, precisávamos vender um número muito maior de PCs apenas para manter a receita do ano anterior.

Entrevistado pelo *Times*, nosso CEO, Kevin Rollins, se culpou pelo déficit. "Para ser franco", disse ele, "executamos mal a gestão geral dos preços" – sobretudo das máquinas vendidas diretamente para os consumidores.

Você leu certo, não foi um erro de digitação. Naquele outono, Kevin Rollins era o CEO da Dell Inc., não eu. Kevin havia assumido o cargo em julho de 2004 – embora "assumir" não seja exatamente a palavra certa. Eu permaneci como presidente do conselho, e nós dois continuamos comandando a empresa juntos, como vínhamos fazendo havia uma década. Pouca coisa mudou de fato, a não ser nossos títulos.

Assim, se alguém tinha culpa por aquela perda de receita, não era só ele. Mas no final de 2005 estava bastante claro que o mau desempenho não era uma anomalia: a Dell enfrentava sérios ventos contrários. Para começo de conversa, nossos concorrentes se mostravam mais espertos. Empresas como Hewlett Packard, Acer e Lenovo, que havíamos derrotado fragorosamente com nosso modelo de fabricação sob encomenda, descobriram como copiar muitas das nossas inovações na cadeia de suprimentos. Ao mesmo tempo, nossa fabricação, tão eficaz em abordar as muitas combinações dos computadores desktop, perdeu vantagem conforme a indústria passava dos desktops para os notebooks, mais difíceis de customizar. Os consumidores começavam a se concentrar mais em serviços e soluções à medida que o valor se deslocava do produto fundamental – o PC e os periféricos – para softwares, servidores e data centers.

Demoramos um pouco mais do que gostaríamos para entender tudo isso.

A Dell tinha um ponto positivo que estava sutilmente se transformando em negativo: durante alguns anos, colocamos o lucro à frente do crescimento e da participação de mercado, e o sucesso de uma empresa depende do equilíbrio entre esses três fatores. Nossos lucros eram robustos nos anos 2000, mas nossa fatia de mercado estava em franca erosão. E isso pode ter graves consequências.

Precisávamos desenvolver novas capacidades e investir em novas áreas, e rápido.

Em 2007 voltei a assumir o cargo de CEO – um movimento ao mesmo tempo simbólico e prático –, e embarcamos numa grande maratona de fusões e aquisições, a começar pela compra da empresa de armazenamento de dados EqualLogic, por 1,4 bilhão de dólares. A crise financeira de 2008 levou a um adiamento temporário dos nossos planos, mas no ano seguinte reiniciamos o programa com a aquisição da Perot Systems (por 3,9 bilhões de dólares) e, em 2010, de empresas de armazenamento, administração de sistemas, nuvem e software, como a Compellent, a Boomi, a Exanet, a InSite One, a KACE, a Ocarina Networks e a Scalent.

Em 2011, para completar nossa capacidade produtiva, compramos a Secureworks, a RNA Networks e a Force10 Networks. E em 2012 fizemos mais aquisições fundamentais em software e segurança, entre elas a Quest Software, a SonicWALL e a Credant Technologies. No ano fiscal de 2012, a Dell alcançou números recordes de receita, ganhos, rendimento operacional, fluxo de caixa e lucro por ação.

Talvez fosse a calmaria antes da tempestade.

Nem tudo ia bem na Dell. Tínhamos tentado entrar nos mercados de smartphones e tablets, sem sucesso. Chegamos a lançar o que ficou conhecido na época como "phablet" – um dispositivo Android de cinco polegadas chamado Streak. Não causou impacto (a começar pelo fato de que a maior parte do lucro foi para a Google).

Em 2012, as vendas de PCs tinham caído dois dígitos e continuávamos a perder participação de mercado. No fim do ano, com o enorme peso do fracasso do Windows 8 nos afundando ainda mais, nossa fatia havia sido reduzida a 10,5% – e os lucros também estavam em queda livre. Nosso valor de mercado estava abaixo de 20 bilhões de dólares.

No fim do ano, o preço das nossas ações chegaria à insignificância: menos de 9 dólares, uma queda substancial se pensarmos que entre 2009 e 2011 valiam entre 15 e 16 dólares. A sabedoria convencional, amplificada pela internet e por vários veículos de mídia, garantia que o PC estava condenado, o que significava que a Dell seguia o mesmo caminho.

Nossos acionistas estavam infelizes – inclusive eu.

Apesar do nosso sucesso espetacular ao longo dos anos – qualquer um que tivesse segurado as ações da Dell desde o início da capitalização obtivera uma rentabilidade de 13.500%, 27 vezes maior que os 500% do S&P 500 no mesmo período –, nossos acionistas estavam preocupados com o futuro da empresa. Ainda assim, eu tinha todo o apoio deles, a ponto de em julho de 2012 me reelegerem CEO e presidente da Dell com mais de 96% dos votos.

Qual era minha missão? Tentar tranquilizá-los. "Não somos mais uma empresa de PCs", afirmei ao editor-chefe da *Fortune*, Andy Serwer, em julho de 2012. Estávamos na conferência Brainstorm Tech, organizada pela revista, em Aspen. Mas era difícil convencê-lo. "Vocês não são mais uma empresa de PCs agora ou não *querem* ser uma empresa de PCs no futuro?", perguntou Andy.

Lembrei a ele que nos últimos cinco anos tínhamos feito uma mudança coordenada nos negócios, migrando para soluções de TI de ponta a ponta: um conjunto completo de recursos para os clientes, de data centers a sistemas de segurança, administração de sistemas, armazenamento, servidores e soluções de rede.

Contei a Andy que a Dell agora atuava em quatro frentes.

Primeiro havia o negócio voltado para o cliente, que estava se transformando em decorrência de tudo que vinha acontecendo em termos de mobilidade e virtualização. Isso criava novas necessidades em questões de segurança.

Em seguida, vinha o data center empresarial. Lembrei a Andy que tínhamos um negócio importante na área de armazenamento e rede, alimentado por todas as aquisições que fizéramos: em torno de 25 nos últimos três ou quatro anos. Disse, para o caso de alguém ter esquecido, que cerca de um terço dos servidores nos Estados Unidos era fabricado pela Dell. A infraestrutura virtual e de nuvem tinha se tornado muito relevante para nós.

E havia o negócio de software, centrado na gestão de sistemas e segurança de TI. Contei que gerenciávamos algo em torno de 29 bilhões de incidentes de segurança por dia, protegendo dezenas de trilhões de dólares de ativos para os maiores bancos e serviços financeiros do mundo.

Lembrei Andy de que, dos 110 mil colaboradores da Dell, quase metade – 45 mil – se ocupava do nosso quarto negócio: ajudar empresas a capturar valor a partir das necessidades de TI.

Portanto, estamos no meio de alguns desafios gigantescos, eu disse a Andy. Como conectar aplicações mais antigas a aplicações em nuvem? Como garantir e modernizar ambientes de TI levando-os dos mainframes para as plataformas X86? Como colocá-los na Dell Cloud de modo mais eficiente?

A Dell (e me enchi de orgulho ao dizer isto) era uma empresa muito diferente daquela de quatro ou cinco anos antes.

Aparentemente, Andy achou minha fala um tanto confusa.

– Estou errado ou não ouvi você mencionar os PCs em todo esse pequeno discurso? – perguntou.

Havia um telão atrás de nós. Andy projetou nele uma pergunta:

– No ano passado, os desktops e laptops representaram 54% da receita da Dell, abaixo dos 61% de 2008. Qual será o tamanho do negócio de PCs em cinco anos?

As respostas possíveis eram: (a) 50% a 54% (mais ou menos o mesmo que hoje); (b) 40% a 50%; e (c) 39% ou menos. A opção C recebeu de longe o maior número de votos.

A resposta correta era A.

Eu disse a Andy que, apesar de respeitar sua pesquisa, um modo mais efetivo de pensar na questão dos PCs em comparação com outros negócios era em termos de receita e lucro. Digamos (eu disse) que você venda 1 bilhão de dólares em PCs e 1 bilhão de dólares em softwares: essas duas transações teriam características muito diferentes em relação a fluxo de caixa livre e margem de lucro. Aí residiam alguns dos problemas de enxergar a Dell estritamente do ponto de vista da receita. Nosso mix de produtos vinha mudando nitidamente, repeti.

Eu esperava que a mensagem estivesse ficando clara e acreditava de modo passional em tudo o que havia dito a Andy. Nos dias, semanas e meses seguintes, porém, a mídia especializada continuou batendo na tecla de que a Dell era sinônimo de PC e que o PC estava morrendo.

O preço das nossas ações não parava de cair.

Parte de mim sofria vendo as ações despencarem. A empresa tinha meu nome. Depois da minha família, ela significava tudo para mim. Mas meu lado mais sábio enxergava ali uma oportunidade. Em 2010, comprei um grande lote de ações da Dell no mercado aberto, confiando em que o preço iria subir. (Existem regras muito rígidas que estabelecem quando e como alguém de dentro, como eu, pode comprar ou vender ações da própria empresa: depois, mas não logo depois, de os ganhos trimestrais serem anunciados. Desnecessário dizer que segui essas regras.) Mas também me ocorreu que se eu – com a ajuda de outras pessoas, claro – pudesse comprar de volta *todas* as ações, nossa transformação como empresa poderia prosseguir sem a pressão dos relatórios trimestrais. Tornar-se uma empresa de capital fechado abriria a possibilidade de acelerar drasticamente o crescimento e permitiria à Dell causar um impacto muito maior no mundo.

Outros tiveram a mesma ideia.

Em 2010, numa conferência na Sanford Bernstein, um analista chamado Toni Sacconaghi me perguntou se eu já havia pensado em fechar o capital da empresa.

– Sim – respondi.

Meu monossílabo pairou no ar. Houve alguns risos na sala.

Sacconaghi sorriu.

– Foi mais sucinto do que eu esperava – disse ele. – Qual seria o evento capaz de levá-lo a considerar essa hipótese mais seriamente?

– Sem comentários – respondi, sentindo que talvez já tivesse falado demais. Sorri de volta.

Avancemos dois anos. No fim de maio de 2012, um mês e meio antes da conferência em Aspen, tive um encontro na nossa sede em Round Rock, no Texas, com vários executivos da Southeastern Asset Management, uma empresa de Memphis que era a segunda maior acionista da Dell (com cerca de 130 milhões de ações) depois de minha esposa, Susan, e de mim. Essas reuniões aconteciam com regularidade logo após o anúncio dos nossos resultados trimestrais, mas essa foi diferente porque, no meio das falas costumeiras sobre números e projeções, o executivo-chefe de investimentos da Southeastern, Staley Cates, disse que achava que deveríamos fechar o capital da empresa.

– Pode me falar mais sobre isso? – pedi.

– Vamos conversar mais tarde – disse Cates.

Para ser sincero, essa fala me deixou nervoso. O que me preocupava não era a ideia de fechar o capital em si, mas o fato de nosso segundo maior acionista levantar essa possibilidade. Eu não tinha a menor ideia do que Cates pretendia. Claro que ele queria aumentar o preço de suas ações, mas será que o desejo dele era que eu comprasse sua participação? Ou me ajudar a fechar o capital? Fui até o outro lado do prédio e conversei com Larry Tu, nosso consultor geral, e Brian Gladden, diretor financeiro.

– O que devemos fazer? – perguntei.

– Pergunte a ele como isso funcionaria – respondeu Brian. – Pergunte se ele tem um modelo financeiro que gostaria de compartilhar.

Foi o que fiz, e Cates me enviou uma planilha simples que detalhava sua ideia. Mandei a planilha para Gladden, e Brian a enviou para um banqueiro ligado a um grande banco de investimentos. O banqueiro analisou o modelo e disse que não se sustentava.

– É complicada demais, prevê muitos empréstimos, não vai dar certo – disse ele. – Esqueçam.

Esquecemos. Então aconteceu algo muito interessante.

Enquanto eu tirava o microfone, atrás do palco, depois da sessão de perguntas e respostas em Aspen, um sujeito (alguns anos mais novo do que eu, aparentando boa forma física) se apresentou. Disse que seu nome era Egon Durban e que trabalhava na Silver Lake Partners.

– Adoraria conversar com você sobre uma ideia minha – disse ele. – Tenho uma casa no Havaí perto da sua, será que podemos nos encontrar qualquer hora dessas?

Pessoas se aproximam de mim o tempo todo e procuro ser educado, mas... Se aquele tal Egon Durban fosse de uma empresa da qual eu nunca tivesse ouvido falar, eu diria: "Claro, ligue para o meu escritório", e nunca mais conversaríamos. Mas a Silver Lake era uma grande firma de *private equity* (investimentos em empresas não listadas na bolsa) com um ótimo histórico e profundo conhecimento de tecnologia (eu tinha investido no primeiro fundo criado por ela, em 1999). Por esse motivo, dei meu e-mail a Durban. Quando pesquisei sobre ele, vi que era um dos quatro sócios-gerentes da Silver Lake.

Na tarde de 16 de julho de 2012, Durban me escreveu reiterando o convite para um encontro. Encaminhei o e-mail para a minha secretária de longa data, Stephanie Durante, pedindo que ela marcasse com Egon Durban para 10 de agosto, num café à beira-mar perto da minha casa em Big Island, no Havaí.

Eu não tinha ideia do assunto. Será que a Silver Lake desejava comprar uma de nossas empresas? Ou nos vender alguma deles? Talvez ele quisesse que eu investisse num novo fundo. Poderia ser meia dúzia de coisas diferentes.

Era um dia lindo no Havaí – bem, os dias são sempre lindos no Havaí – quando nos encontramos, uma sexta-feira. Eu me sentia especialmente feliz por estar lá naquele momento. Costumo dizer, de brincadeira, que agosto na minha cidade natal, Austin, no Texas, é como a faixa FM no rádio: vai de 88 a 108 Fahrenheit (de 30 a 40 graus Celsius). Naquela manhã, em Big Island, uma brisa fresca soprava do mar; a temperatura era perfeita, 26 graus. Durban e eu poderíamos conversar no café, mas por que alguém ficaria num lugar fechado num dia assim?

– Vamos dar uma volta – sugeri.

Costumo pensar melhor enquanto estou andando, e o cenário era inspirador. Havia uma trilha ao longo da orla, e ondas límpidas, de um azul-esverdeado, quebravam na areia.

– Qual é o negócio? – perguntei logo que começamos a andar.

– Analisamos a sua empresa e achamos que vocês deveriam pensar em fechar o capital.

– Humm! – falei, como se fosse a primeira vez que a ideia me ocorria.

Eu havia pensado nisso muitas vezes, especialmente depois que o excesso de poupança em todo o mundo, que se seguiu ao estouro da bolha das pontocom em 2000, derrubara as taxas de juros, o que sempre é positivo quando se está captando dinheiro para fazer aquisições.

– E talvez possamos ajudar.

Fale mais – era o que a minha expressão indicava. Eu estava bancando o ingênuo porque queria que ele revelasse o plano, se acaso tivesse algum.

– Humm – falei de novo. – É mesmo?

– É.

– Bem, talvez você possa começar explicando por que acha que a ideia é boa.

Caminhamos e conversamos por um tempo. Foi uma espécie de diálogo socrático: eu fazia uma série de perguntas sobre como a ideia funcionaria (e o que poderia dar errado) e Durban respondia com clareza e sinceridade, examinando meticulosamente cada possibilidade. Gostei dele no mesmo instante. Ele me pareceu muito inteligente, assertivo e ousado. Sabia por que queria falar comigo, acreditava com convicção em sua tese e não estava tentando me vender nada. Não dizia "Nós, da Silver Lake, estamos prontos para nos comprometer com esse negócio". Eles tinham uma hipótese. Durban e eu estávamos ali para examiná-la.

A primeira coisa que ele disse foi que, com base na palestra que eu havia dado na conferência Fortune Brainstorm, além da pesquisa que sua empresa havia feito a partir de informações públicas, a Silver Lake tinha uma percepção aguçada da estratégia de transformação da Dell. Eles sabiam por que vínhamos adquirindo todas aquelas empresas. Durban disse que ele e seus sócios nunca acreditaram nem por um minuto que o PC estava condenado – na opinião deles, os computadores pessoais e os periféricos poderiam seguir como parte importante da nossa receita ao mesmo tempo que estendíamos a empresa em novas direções. E estavam confiantes nessas novas direções.

– Por isso – disse Durban – achamos que a Dell está significativamente subvalorizada.

– Concordo.

Eu poderia dizer muito mais. Diante de tudo que vínhamos fazendo para reinventar a empresa nos últimos cinco anos e de quanto falamos sobre isso, eu me sentia abandonado pelos acionistas. Mas essa era uma reação emocional, de modo que não respondi nada naquele momento.

E também, continuou Durban, havia o fato de a Dell ter muito dinheiro em caixa. Eu tinha plena consciência disso, claro, e sabia dos inconvenientes. Por um lado, é bom que empresas de tecnologia não estejam endividadas demais. Ter uma liquidez considerável é uma coisa boa. No entanto, segundo uma perspectiva financeira de estrutura de capital, se uma empresa tem muito caixa, seu valor não pode aumentar tanto porque, de certa forma, é esmagado pelo peso do dinheiro vivo. O dinheiro vivo não se valoriza. Se, por outro lado, você usa o dinheiro para recomprar ações, esses papéis podem se valorizar bem mais. Isso envolve riscos: os preços das ações sempre podem cair, afetados por todo tipo de imprevistos. Porém, se a empresa gera alto fluxo de caixa com consistência, fazer recompras pode ser uma estratégia muito interessante.

A compra do controle acionário pode ser algo muito, muito bom, afirmou Durban, sobretudo com as ações da Dell naquele nível historicamente baixo.

Como se fosse a cereja do bolo, as taxas de juros estavam muito baixas na época. A força dos ganhos da Dell deixaria os bancos ansiosos para nos emprestar dinheiro – de repente Durban estava dizendo "nos" emprestar – e as taxas reduzidas tornariam o empréstimo indolor.

Se falávamos da compra de *todas* as ações da Dell, precisaríamos de um bom montante de dinheiro – por volta de 25 bilhões de dólares. Mesmo assim, Durban me assegurou que, juntando a Silver Lake e eu, além de talvez duas outras partes interessadas, poderíamos facilmente levantar todo o capital necessário e tomar emprestado o que faltasse. Uma compra alavancada seria preferível, porque todas as partes precisariam colocar muito menos dinheiro – e, dada a lucratividade comprovada da Dell, poderiam pagar a dívida com mais rapidez.

Perguntei como ele imaginava que seria a divisão entre os empréstimos e o capital próprio. Ele fez um cálculo aproximado. E então uma ideia me ocorreu:

– Uau – eu disse –, essa é uma transação grande. Vocês já fizeram algo desse porte?

Durban disse que não, mas que se sentiam plenamente confiantes e preparados para elevar o nível do jogo. Fiquei intrigado com essa abordagem vinda de uma grande firma de *private equity*. Eu sabia que, se houvesse um fechamento de capital, não partiria de banqueiros de investimentos, mas de uma empresa como a Silver Lake, e pelas mãos de alguém como Egon Durban. Em essência, os banqueiros de investimentos são intermediários. As empresas de *private equity*, como Blackstone, Apollo, TPG, a KKR e Silver Lake, investem o próprio dinheiro. Durban estava falando em colocar o capital da Silver Lake – boa parte dele – e queria fazer isso porque achava que sua empresa teria um retorno substancial.

Isso é capitalismo no sentido mais puro.

Tudo que Durban estava dizendo fazia sentido para mim. Simpatizei com ele e gostava da Silver Lake. E sabia, no íntimo, que era hora de fazer uma grande mudança. Mas havia uma quantia enorme em jogo, tão grande que eu não podia fazer (ou dizer) nada de maneira precipitada. Tão grande que eu precisava investigar todos os caminhos possíveis: fechar o capital era a decisão final a ser analisada. E Durban não esperava que eu reagisse de modo impulsivo. Assim, quando avisei que pensaria na proposta e entraria em contato, ele respondeu que entendia perfeitamente. Nos despedimos e cada um foi aproveitar em separado o restante do dia lindo.

Eu tinha outro vizinho no Havaí cuja casa podia ver da minha: George Roberts, o "R" da KKR – Kohlberg Kravis Roberts, a empresa de investimentos global. George e seu coCEO, Henry Kravis, eram primos que tinham crescido juntos e formavam uma dupla de estadistas venerandos do negócio de *private equity*. Haviam criado uma empresa moderna e estavam entre os pioneiros da compra alavancada: foram fundamentais na história da aquisição do controle societário da RJR Nabisco, que deu origem ao filme *Selvagens em Wall Street* – baseado no livro *Barbarians at the Gate: The fall of RJR Nabisco*, de Bryan Burrough e John Helyar, lançado em 2009.

Fui ver George e levei meu laptop. Abri o computador e mostrei a ele alguns fatos e números sobre a Dell, apenas informações públicas.

– Você acha possível fecharmos o capital? – perguntei.

George examinou os dados, depois fez algumas perguntas.

– Sim, muito possível – disse. – Gostaríamos até de ajudá-lo a fazer isso.

Isso é interessante, pensei. Agora eu tinha duas pessoas importantes na área de *private equity* me dizendo que fechar o capital não era apenas possível, mas *muito* possível. E esses eram apenas meus vizinhos no Havaí! Não procurei mais ninguém – não falei com Steve Schwarzman, da Blackstone, nem com David Rubinstein, da Carlyle, nem com David Bonderman, da TPG.

Logo percebi que a pessoa com quem eu precisava falar primeiro era Larry Tu.

Voltei para Austin em 14 de agosto e me reuni com Larry. Com expressão séria, ele me disse que se eu ia embarcar no processo de tentar fechar o capital da empresa, deveria tomar várias providências. Primeiro eu teria que contratar meus próprios advogados. Para não criar conflito de interesses, a empresa não poderia me representar num esforço que talvez mudasse a própria essência da Dell como corporação – um esforço que o conselho ou os acionistas da Dell, ou ambos, poderiam aprovar ou não.

E segundo, claro, eu precisaria contar ao conselho o que me propunha fazer. Imediatamente.

Quanto à primeira parte, liguei para Marty Lipton, o sócio-fundador da firma de advocacia Wachtell, Lipton, Rosen & Katz, um dos maiores especialistas do mundo em transações corporativas complexas.

– O que devo fazer? – perguntei.

– A primeira coisa é conversar com seu conselho – disse Marty.

– Ok, entendi.

– A segunda é fazer absolutamente tudo seguindo as regras. Vou colocá-lo em contato com Steve Rosenblum, aqui do escritório. Ele conhece esse processo como ninguém.

Em seguida, telefonei para Alex Mandl (presidente da gigante de segurança digital holandesa Gemalto e principal diretor independente no conselho da Dell) e expus minha ideia. Descrevi a proposta de Staley Cates em junho e meus encontros com Durban e Roberts. Disse que ainda estava na fase de análise, não havia decidido se queria avançar, mas, se avançasse, estaria disposto a me associar com a parte que oferecesse o melhor acordo possível para os acionistas. Disse também que precisaria ter acesso a determinadas informações de propriedade da empresa para avaliar a viabilidade de fechar o capital da Dell. Alex respondeu que teria que perguntar tudo isso ao conselho.

As coisas estavam começando a acelerar. Não seria fácil reunir os 12 membros do conselho (inclusive eu) – pessoas que comandavam grandes empresas em todo o mundo – em uma reunião presencial em pouco tempo. Assim, em 17 de agosto o conselho fez uma teleconferência, e eu, totalmente preparado por Steve Rosemblum, contei aos membros o que tinha dito a Alex. E mais:

- Que o motivo fundamental do meu desejo de examinar uma proposta de adquirir a empresa era a crença em que a Dell poderia ser mais bem administrada como uma companhia de capital fechado, sem as pressões que uma empresa de capital aberto sofre pelo desempenho de curto prazo e outras desvantagens. (Transformar uma organização

é um processo incerto, que envolve volatilidade financeira. E os investidores públicos não gostam de incerteza ou volatilidade.)
- Que eu havia tido conversas preliminares com George Roberts, da KKR, e Egon Durban, da Silver Lake. Com base exclusivamente em informações públicas, os dois acreditavam na viabilidade de fazer uma oferta atraente para a empresa e para os acionistas.
- Que numa conversa algumas semanas antes com Staley Cates, da Southeastern Asset Management (SEAM), ele dera a entender que a SEAM poderia ter interesse em se juntar a mim em uma proposta para adquirir a empresa.
- Que eu não tinha feito nenhum acordo ou arranjo com a Silver Lake, a KKR ou a Southeastern; que havia falado com eles separadamente; e que não dera nenhuma informação confidencial a eles.
- Que eu não tinha contratado um banco de investimentos e que avisaria ao conselho antes de fazer isso.
- Que tinha pedido à Wachtell, Lipton, Rosen & Katz que me representasse juridicamente nessa questão.
- Que não iria em frente sem o conhecimento pleno do conselho e sua aprovação para conduzir outras conversas e usar informações da empresa para explorar a possibilidade de fazer uma proposta.
- Que eu sabia que qualquer transação deveria ser a um preço justo e ter a maior precificação razoavelmente alcançável para os acionistas – e que esse preço estaria sujeito em última instância a uma verificação de mercado.
- Que eu reconhecia que qualquer proposta minha seria revisada e negociada pelos diretores independentes, ou por uma comissão especial, e estaria sujeita à aprovação deles. Que qualquer processo seria determinado pelos diretores independentes ou pela comissão especial, os quais teriam advogados próprios e um banco independente.
- Que meu passo seguinte, com a permissão do conselho, seria trabalhar com consultores e sócios potenciais em uma proposta.
- Que Larry Tu seria assessor do conselho para assuntos de confidencialidade, negociações e outras questões legais.

Avisei que não avançaria nas discussões com nenhuma outra parte externa a não ser que tivesse a aprovação dos diretores independentes.

Alex disse que o conselho precisaria conversar sobre todos esses aspectos sem a minha presença.

Saí da teleconferência.

Depois da reunião, Mandl me ligou e avisou que o conselho estava preparado para considerar a possibilidade de fechar o capital – ou qualquer alternativa estratégica que pudesse tirar a Dell das dificuldades em que se encontrava. E que, com esse objetivo, eles me davam sinal verde para explorar uma possível proposta. Liguei para Egon Durban e George Roberts e contei isso a eles – separadamente. Nenhum dos dois fazia a mínima ideia de que eu havia falado com o outro.

Não liguei para Staley Cates.

Existem regras muito específicas sobre as atitudes que os investidores e os donos de empresas podem tomar ou não. Se um grande investidor sozinho numa sala diz "Hum, talvez fechemos o capital desta empresa", ele está falando consigo mesmo – e só. Mas se eu, como o maior acionista da Dell, e a Southeastern, como a segunda maior acionista, nos reuníssemos e abordássemos esse assunto, poderíamos ser considerados um grupo, o que exigiria um pedido à SEC (a comissão de valores mobiliários dos Estados Unidos). Esse pedido seria aberto à informação, e a notícia do potencial negócio se tornaria de domínio público. E se a notícia vazasse antes de a transação ser assinada e anunciada, reduziria as chances de ela acontecer de fato.

Nem a Silver Lake nem a KKR – por definição, empresas de *private equity* – tinham ações da Dell Inc., uma empresa de capital aberto.

Nós (isto é, apenas eu e minha equipe jurídica da Wachtell Lipton) concordamos que, se chegássemos a assinar e anunciar uma transação de fechamento de capital, procuraríamos a Southeastern para saber se ainda estavam interessados no negócio.

Em 20 de agosto, o conselho fez outra teleconferência, da qual não participei. Durante a reunião, por recomendação de Alex Mandl, foi formada uma comissão especial de quatro pessoas para avaliar todas as possibilidades. Fariam parte dela o próprio Alex e outros três membros independentes do conselho: Laura Conigliaro, diretora da empresa de serviços profissionais Genpact, Janet Clark, diretora financeira da Marathon Oil Corporation, e Ken Duberstein, ex-chefe de gabinete da Casa Branca durante o governo Reagan.

Segundo o formulário de referência que a Dell entregaria à SEC, "o conselho delegou à comissão especial autoridade plena e exclusiva para (1) considerar qualquer proposta de adquirir a empresa envolvendo o Sr. Dell e quaisquer propostas alternativas vindas de outras partes; (2) contratar consultores jurídicos e financeiros para a comissão especial; (3) fazer uma recomendação ao conselho com relação a qualquer dessas transações propostas; e (4) avaliar, revisar e considerar alternativas estratégicas potenciais que possam estar disponíveis para a empresa. O conselho decidiu não recomendar nenhuma transação atual de fechamento de capital ou alternativa a alguma transação desse tipo sem a recomendação favorável da comissão especial. Subsequentemente, a comissão especial nomeou o Sr. Mandl como seu presidente".

No dia seguinte, 21 de agosto, foram divulgados nossos números do segundo trimestre do ano fiscal de 2013 (o ano fiscal termina no último dia de janeiro, de modo que a maior parte do ano fiscal de 2013 ocorreu no ano calendário de 2012). Não eram fantásticos. A receita da Dell no segundo trimestre foi de 14,5 bilhões de dólares, aproximadamente 300 milhões a menos do que tínhamos projetado no início de julho e cerca de 800 milhões abaixo das projeções no início de junho. Portanto, reduzimos as expectativas de lucro por ação em nosso ano fiscal de 2013 de 2,13 dólares para 1,70 dólar. Atribuímos a perspectiva mais baixa ao ambiente econômico incerto, à dinâmica competitiva com outras empresas e ao declínio na demanda do negócio de EUC – *end-user computing* (computação do usuário final), como desktops, laptops, monitores e outros periféricos.

Você pode imaginar o que houve com o preço das nossas ações. (Curiosamente, tivemos a reunião trimestral com a Southeastern Asset Management no dia seguinte ao relatório, e Staley Cates não fez nenhuma menção a fechar o capital da empresa. Fiquei perplexo por algum tempo com essa atitude dele.)

Enquanto isso, tanto o conselho como a comissão especial passaram a se reunir a portas fechadas. Foram muitas reuniões, e portas fechadas significa que o público (inclusive os acionistas da Dell) não tinha ideia de que essas reuniões estavam acontecendo e que as portas estavam fechadas para mim. Nenhum acesso ao fundador e CEO. Era como se houvesse uma placa na porta da sala do conselho dizendo: Michael, mantenha distância. Eu sabia das reuniões, mas não sabia quando eram e muito menos o que acontecia nelas. Só ficava imaginando que diabos estariam discutindo e por que tudo demorava tanto. Duas grandes empresas de *private equity* demonstraram ansiedade para entrar nesse negócio comigo. Eu tinha certeza de que outras também estariam aguardando uma resposta. Quão complicado poderia ser?

2

LUGARES DIFERENTES

No início, as coisas eram mais simples. Não eram? Talvez, em retrospecto, sempre pareça assim. Mas a verdade é que no outono de 1983 minha jovem empresa de computadores quase morreu antes de nascer – bem ali, no meu quarto no alojamento para calouros, o Dobie 2.713, na Universidade do Texas, em Austin. Ou, para ser exato, num quarto do hotel Hyatt Regency Austin. Mas estou me adiantando demais.

Antes de tudo, vamos a um rápido pano de fundo. Sou um orgulhoso texano nascido e criado em Houston. Até os meus 14 anos, minha família – minha mãe, meu pai, meus irmãos, Steven e Adam, e eu – morava numa modesta casa no número 5.619 da Grape Street, em Meyerland, um bairro judeu na parte sudoeste da cidade. Em 1979, depois que meus pais melhoraram de vida, nós nos mudamos para um bairro mais elegante, chamado Memorial.

Meus pais, Lorraine e Alex, eram ambiciosos. Tinham se mudado de Nova York para Houston nos anos 1960 porque meu pai ouviu dizer que a maior cidade do Texas não era apenas cosmopolita e acolhedora, mas também cheia de oportunidades. Era verdade: Houston estava crescendo. Nos anos 1960, se você fosse um ortodontista e aparecesse por lá, ouviria: "Ok, vamos lhe emprestar algum dinheiro. Aqui está a sua casa. Pode ir." Meu pai trabalhou com empenho e inteligência para formar sua clientela: escolheu um consultório num prédio ao lado da sinagoga, a Congregação Beth Yeshurun. Se você fosse judeu e tivesse problemas dentários, era bem provável que fosse se tratar com meu pai.

Além do meu pai, vários profissionais tinham escritórios no mesmo prédio: um dentista, um corretor de seguros e um oftalmologista, entre tantos outros, e muitos eram judeus. Em pouco tempo meus pais compraram uma grande parte do prédio, passando a alugar salas para todas aquelas pessoas. Não muito depois, meu pai abriu outros consultórios em Houston, tornando-se o ortodontista mais bem-sucedido da cidade – e trabalhando mais do que todo mundo. Ele vivia calculando: onde montar seus consultórios, em quais dias estaria em cada lugar, como tornar a rotina mais eficiente. Seria possível colocar mais uma cadeira nesta sala? Você precisa de mais uma secretária naquela outra? Faz sentido trazer um dentista recém-formado para o consultório?

Enquanto isso, minha mãe trabalhava em tempo integral como mãe e em meio expediente como corretora de imóveis.

Pessoas ambiciosas.

Meus pais faziam uma recomendação quando meus irmãos e eu íamos jogar bola na rua com nossos amigos: "Joguem limpo, mas vençam."

Minha mãe era uma mulher brilhante, com habilidades especiais em matemática e finanças. Gosto de pensar que ela me passou uma pequena parte de seu talento e sua curiosidade. Era o cérebro financeiro da família. Não muito depois de chegar a Houston com meu pai, começou a investir em ações e imóveis, e os investimentos renderam bem – tão bem que, quando entrei no ensino médio, ela obteve uma licença da SEC e se tornou corretora de ações, primeiro na E. F. Hutton, depois na Paine Webber.

Eu era o filho do meio. Steven, dois anos mais velho, era o mais inteligente, estudioso e sério, hoje um cirurgião oftalmológico respeitado em Austin. Adam, cinco anos mais novo do que eu – e uma espécie de filho único, depois que Steven e eu saímos de casa –, era o negociador da família. Também é extremamente inteligente e muito bem-sucedido hoje em dia. Depois de estudar Direito, entrou no ramo de capital de risco, abriu empresas e há dois anos criou um aplicativo de finanças pessoais que a Goldman Sachs acabou adquirindo, tornando-o sócio.

Uma história rápida sobre os três garotos Dell. Em Houston há uma fantástica escola particular chamada St. John's. O acesso a ela é muito rígido. Steven se candidatou no sétimo ano e conseguiu uma vaga. Adam entrou no jardim de infância. Eu me candidatei no quarto ano e não consegui entrar. Durante um tempo fiquei meio frustrado com isso – lembro-me de ter pensado: "Acho que não sou bom o suficiente." Mas a recusa não me incomodou muito. Tanto que continuei com minhas ocupações.

E eu era um garoto ocupado. No ensaio para o meu casamento com Susan, minha mãe fez um discurso que começava assim: "Ser mãe de Michael não foi fácil." Ela sorriu ao dizer isso, e todo mundo riu, mas estava falando sério. Gostava de contar a história de quando, aos 3 anos (não me lembro disso, mas ela jura que é verdade), eu roubei a carteira do meu pai e fui até a mercearia para comprar doces. Essa proeza poderia ter acabado muito mal. Por sorte, uma amiga da minha mãe me viu lá, comendo o doce, e perguntou:

– Cadê sua mãe?

– Não sei – respondi.

Ela me levou de volta para casa. Eu achei que tinha feito alguma coisa errada, por isso enterrei a carteira no jardim. O jardineiro a encontrou uma semana depois.

Certa vez, quando eu tinha 6 anos, fiquei empolgado com alguma coisa (não lembro mais o que era), saí correndo pela casa e atravessei direto uma janela de vidro, sofrendo um corte muito feio na perna. Havia sangue por *toda* parte. Lembro que perguntei à minha mãe se eu ficaria de castigo. Papai não estava em casa, por isso um vizinho que era médico me levou ao hospital. Minha mãe foi comigo no banco de trás, segurando minha perna e me mandando ficar acordado. Durante um mês fui para a escola em cadeira de rodas.

Outra história: um dia, há vinte anos, eu estava trabalhando quando minha secretária entrou e disse que uma mulher que afirmava ter sido minha professora no primeiro ano queria me ver. Infelizmente, existiam (e ainda existem) muitos vigaristas e pessoas com qualidades pouco admiráveis que diriam qualquer bobagem para conseguir uma reunião – inclusive mentir sobre terem falado comigo na véspera, num continente onde eu não estava. (Por sinal, isso nunca funciona.)

Pedi à minha secretária que perguntasse o nome da mulher. Ela voltou e disse:

– Sra. Watson.

Esse era de fato o nome da minha professora do primeiro ano. Marcamos uma reunião. A Sra. Watson perguntou se podia levar uma amiga. Concordei, claro. Assim, minha professora do primeiro ano, que hoje mora numa casa de repouso em Austin, foi ao meu escritório com uma amiga. As duas deviam ter por volta de 80 anos. Enquanto recordávamos nossos dias na Woodland Hall School, e eu escutava sua voz de novo depois de mais de trinta anos, tudo que conseguia lembrar era:

– Michael, sente-se! Michael, sente-se!

Não tive coragem de dizer isso a ela.

Eu tinha uma energia incontrolável. Quando estava no segundo ou terceiro ano, meus pais me mandaram a um psiquiatra infantil, o Dr. Pesikoff. Lembro-me de jogar hóquei de mesa e montar quebra-cabeças com ele. Mais tarde perguntei a meus pais por que tinham me levado lá, e eles disseram que não conseguiam me entender. (Além disso, eu gaguejava. Mais ou menos na mesma época, minha mãe me levou a uma fonoaudióloga.) O diagnóstico do Dr. Pesikoff foi: "O garoto está ótimo." Ele ficou mais preocupado com a capacidade dos meus pais de lidar com toda a minha curiosidade.

Eu era extremamente curioso, talvez o mais curioso da família. Essa era uma característica que meus pais encorajavam em todos nós. Diante de muitas travessuras que valeriam castigo para outras crianças, eles apenas sorriam. Meus irmãos e eu vivíamos desmontando coisas pela casa para ver como funcionavam. Minha especialidade era qualquer peça que tivesse componentes eletrônicos: telefones, televisores, rádios. Na maior parte das vezes eu conseguia remontar.

Meus pais não eram ligados em esportes, não ficávamos sentados no fim de semana assistindo a um jogo. Também não eram de fofocas nem de conversa fiada. Eles viviam discutindo economia: o que o Federal Reserve estava fazendo? Em que pé estavam o preço do petróleo, as taxas de juros, as moedas e a bolsa de valores? Tínhamos em casa a *Forbes*, a *Fortune* e a *Barron's*; adorávamos assistir a *Wall Street Week,* com Louis Rukeyser. Mesmo antes de começar a trabalhar como corretora de valores, minha mãe tinha aqueles livros enormes da Value Line, com páginas e páginas de informações sobre empresas. Eu absorvia tudo isso.

Na década de 1970, Houston estava em plena expansão, com prédios subindo por toda parte. Às vezes, quando minha família e eu passávamos de carro pela Loop 610, a rodovia que circunda o centro da cidade, eu olhava pela janela para todos aqueles prédios novos e brilhantes com mastros de bandeira na frente e pensava que um dia teria uma empresa, estaria no comando e hastearia uma bandeira também. Não sabia o que a empresa faria, mas era com isso que eu sonhava.

Como você pode imaginar, eu não era um garoto atlético. Colecionava selos e cartões de beisebol. Hank Aaron, um jogador tão excepcional que está no Hall da Fama, foi um dos meus primeiros heróis, mas logo comecei a admirar empresários, especialmente empreendedores que haviam desafiado o statu quo e criado empresas a partir do nada – pessoas como Charles Schwab, Fred Smith (FedEx), Ted Turner e William McGowan (MCI). Pessoas sobre quem eu lia naquelas revistas de negócios que havia em casa e cujas ações eu acompanhava enquanto subiam meteoricamente.

Os reais amores da minha vida eram os negócios, a ciência e a matemática. Uma das minhas lembranças mais antigas é a de estar fascinado por uma antiquada máquina de somar Victor que meu pai tinha, daquele tipo com alavanca manual. Eu adorava o *trac* metálico que ela fazia quando a gente girava a alavanca e as colunas de números que imprimia naquele rolinho de papel. No terceiro ano ganhei uma calculadora eletrônica National Semicondutor, um grande passo em relação à anterior e capaz de resolver problemas bem mais complicados. No sétimo ano, eu estava numa turma avançada de matemática e era bom na matéria a ponto de a professora, a Sra. Darby, me convidar para entrar no exclusivo clube Number Sense. Um dia, na sala onde o clube se reunia, surgiu um novo tipo de máquina: um terminal de teletipo.

Não era realmente um computador – não tinha CPU nem tela, apenas um teclado. Mas os outros garotos do clube e eu descobrimos que era possível digitar equações matemáticas ou programas muito básicos nesse terminal e mandá-los para um mainframe em algum lugar, que nos devolveria uma resposta. Era a coisa mais incrível que eu tinha visto na vida.

Em geral, eu ia de bicicleta para a escola, e na metade do caminho havia a loja local da RadioShack, uma rede que já não existe mas que na época vendia rádios para as comunicações da polícia, aeromodelos com controle remoto e capacetes com sirenes. Também fabricava e comercializava mais computadores pessoais do que qualquer outra empresa no mundo. O TRS-80 era sua máquina pioneira. Na volta para casa, eu costumava parar na loja só para mexer no aparelho do mostruário. Permanecia ali até me expulsarem.

Era o alvorecer da era dos microprocessadores, e naturalmente eu estava desesperado para ter um computador. Na turma da Sra. Darby tomei conhecimento da *Byte*, uma revista sobre microcomputadores e microprocessadores. Fiz uma assinatura, lia todos os números de cabo a rabo, depois relia. Num mês saiu uma reportagem com o cofundador da Apple, Steve Wozniak, sobre o que viria a ser o segundo lançamento da empresa no mercado dos computadores pessoais, o Apple II. "Para mim, um computador pessoal deve ser pequeno, confiável, conveniente para usar e barato", escreveu Wozniak.

Ele captou minha total atenção.

A matéria seguinte continha uma descrição técnica detalhada do Apple II. Diferentemente do TRS-80 (e do Commodore PET 2001, o terceiro maior lançamento no novíssimo mercado dos computadores pessoais), a nova máquina da Apple teria um monitor colorido. Em relação ao Apple I, continuou Wozniak, o Apple II teria "mais capacidade de memória, uma ROM (memória somente de leitura) com interpretador BASIC, gráficos de vídeo coloridos, além de gráficos de pontos e de caracteres, e software de sistemas estendidos". Para não mencionar controladores de jogos (opcionais).

Eu precisava ter um.

Pedi, implorei e persuadi meus pais a me deixarem comprar um. O preço de tabela era alto, 1.298 dólares – o equivalente a cerca de 5 mil dólares hoje em dia –, mas a parte linda (lembrei a meus pais) era que eu podia pagar com minhas próprias economias.

Como um garoto de 13 anos poderia ter tanto dinheiro assim?

A minha família respirava empreendedorismo. Descobri cedo que gostava de ganhar dinheiro: achava divertido. Por isso comecei a trabalhar. No verão, quando não estava na colônia de férias, ficava no consultório do meu pai esterilizando os instrumentos e ajudando a preparar a sala. Gostava de observar quantos pacientes ele ajudava. Alguns casos eram bastante desafiadores, e meu pai era quase um cientista, fazendo cálculos precisos e planejando tudo para que cada pessoa obtivesse os melhores resultados possíveis.

No Acampamento Ramah em Wisconsin (quando eu estava com 10 ou 11 anos), descobri que a biblioteca tinha uma assinatura do *The Wall Street Journal*. Costumava ficar horas lá, verificando o preço das ações em que eu tinha investido, além do ouro, da prata e das moedas com que eu especulava.

Não estou brincando.

Aos 12 anos, arrumei um trabalho no restaurante chinês do bairro, o Four Seasons (nenhuma relação com a rede de hotéis). Comecei lavando pratos, depois fui promovido a garçom, para encher de água os copos dos clientes. Logo me tornei maître assistente – ganhei uma roupa chique e conduzia as pessoas às mesas. Não recordo quanto eu ganhava, provavelmente 1 ou 2 dólares por hora. Na época, parecia muito.

E então, juro por Deus, um restaurante mexicano ali perto, Los Tios, me roubou do meu emprego. Acho que alguém do Los Tios estava comendo no Four Seasons uma noite e achou que eu fazia um bom trabalho como maître. Eles me ofereceram um valor maior por hora e, claro, aceitei prontamente.

Um dia, quando estava trabalhando no Los Tios, a polícia de imigração chegou para uma inspeção. Todos os meus colegas sumiram num instante – dispararam pela porta dos fundos – e só eu fiquei ali. Entraram uns sujeitos, e eu disse:

– Boa tarde, senhores. Querem uma mesa?

– Não, queremos ver quem trabalha aqui – responderam, muito sérios.

– Neste momento, eu sou o único que está trabalhando – respondi.

Eles me encararam.

– Verdade? Você é o único que trabalha aqui?

Um deles foi olhar nos fundos. Nada.

– É, só eu – respondi. – O que posso fazer pelos senhores?

Eu tinha 12 anos. Acredite.

Minhas roupas levavam para casa odores pungentes do trabalho no restaurante. Às vezes minha mãe me obrigava a tirar tudo no quintal e me dava um banho de mangueira para eu poder entrar em casa.

Antes desse trabalho, tive um emprego numa loja de moedas e joias, onde negociava preços de moedas de ouro: o dono me dava uma porcentagem de cada transação. E eu não apenas colecionava selos como os vendia em leilões que frequentava desde pequeno – até perceber que os leiloeiros levavam uma comissão nos negócios. Por que não eliminar o intermediário?, pensei. Convenci alguns amigos a me entregar os selos deles em consignação. Depois, numa máquina de escrever, datilografei muito mal um catálogo de 12 páginas em que listei todos os selos – os dos meus amigos e os meus. Em seguida, paguei por um anúncio no *Linn's Stamp News* para divulgar os "Selos do Dell" e mandei cópias do catálogo para todo mundo que respondeu. Vendi um monte de selos e ganhei um bom dinheiro.

De modo que eu já tinha certa verba. E o tempo todo continuava pedindo, implorando e bajulando meus pais até finalmente cederem. No meu aniversário de 14 anos pude sacar quase 1.300 dólares da minha poupança – é preciso dizer que acumulei essa quantia com muito esforço – e encomendei um Apple II. Não estava cabendo em mim de tanta empolgação, à espera do computador: os dias pareceram semanas. Até que recebi um telefonema da transportadora UPS avisando que o computador havia chegado, mas por algum motivo ficara retido no depósito local. A entrega demoraria um pouco mais, e ninguém dizia quanto tempo. Era inaceitável. Convenci meu pai a me levar até lá para pegá-lo. Quando voltamos para casa, ele mal havia estacionado e eu pulei para fora, carregando com cuidado a carga preciosa. Levei-a para o meu quarto, tirei o lindo computador da caixa – até o cheiro era bom – e imediatamente o desmontei para ver como funcionava.

Meus pais ficaram horrorizados. E furiosos. Mas (eu pensei, mas não disse) como seria possível entendê-lo sem desmontá-lo? De um jeito ou de outro, o Apple II era lindo. E uma das coisas incríveis dele era sua arquitetura aberta: cada circuito ficava em seu próprio chip, de modo que era possível entrar e começar a brincar com esses circuitos, modificando-os. Dava para reprogramar a BIOS (o Sistema Básico de Entrada e Saída: o programa, armazenado num chip da placa-mãe, que controlava todos os outros dispositivos do computador) e melhorá-la.

Isso é incrível, pensei. *Posso programar meu próprio computador.*

Naquela época, antes da internet, antes da CompuServe, da Prodigy e da AOL, havia algo chamado Bulletin Board System (BBS): usando um modem Hayes (invenção novíssima então), uma pessoa podia se conectar por telefone e se comunicar com gente de todo o país – tanto para aprender como para socializar e jogar. Isso me pareceu intrigante, então comprei um modem e montei um BBS. Claro, meus pais não achariam graça de tirar o telefone do gancho e ouvir sons de modem em vez do sinal de discar, por isso fez todo o sentido eu telefonar para a Southwestern Bell e pedir que instalassem outra linha telefônica na minha casa.

Por sorte, eles não ficaram zangados. Acharam até divertido.

Correu na vizinhança a notícia de que eu entendia um pouco de computadores. Logo comecei a dar aulas para os meninos do bairro sobre como obter o máximo de seus Apple II. Esse se tornou um ramo bastante lucrativo. Além disso, entrei para o HAAUG, o grupo de usuários do Apple na área de

Houston – centenas de fanáticos por tecnologia que se reuniam uma ou duas vezes por mês numa biblioteca local para falar sobre melhorias e trocar peças e experiências. Eu me enturmei com esses caras (quase todos homens) e recebi muitas dicas para modificar meu Apple II. O HAAUG também mandava um boletim mensal impresso em matriz de pontos contendo informações importantes, como esta:

> *Um dos acessórios menos caros (e por isso surpreendentemente pouco divulgado) para o Apple II é o Programmer's Aid #1. O PA#1 é um chip de ROM de 2k-byte que pode ser plugado no soquete D0 do seu Apple. Ele contém uma "biblioteca" de rotinas necessárias para os usuários de interpretador BASIC, à qual eles nem sempre têm acesso fácil...*

Eu estava totalmente envolvido com tecnologia. Nas reuniões do grupo, conheci um engenheiro de computação de 20 e poucos anos, um sujeito bastante inteligente. Pensei: *Vou ficar perto desse cara e ver o que posso aprender.*

Juntos, bolamos um negócio bem interessante.

Na época, desenvolvedores escreviam programas para o Apple II, mas depois que vendiam a cópia de um programa o mundo saía copiando. Com isso, esses caras jamais ganhavam dinheiro. Para fazer as cópias bastavam dois drives de disquete: em um era colocado o programa, no outro, o disco virgem. Depois era só digitar o comando "copy". O pessoal da área de educação estava entre os piores infratores. O sentimento deles era: "Somos educadores, por isso não deveríamos ter de pagar pelos programas."

Assim, meu amigo engenheiro e eu inventamos um método de proteção contra cópias. Cada disquete tinha determinado número de trilhas – acho que 35. Descobrimos um modo de programar o software para que ele escrevesse alguns dados numa meia trilha entre as trilhas: quando se rodava o programa "copy", ele copiava os dados que estavam nas trilhas, mas não nas meias trilhas. Resultado: não era uma cópia. Vendemos o sistema para algumas empresas que estavam desenvolvendo programas de educação. Durante um tempo isso se tornou um pequeno negócio bem-sucedido.

Então eu li que Steve Jobs vinha a Houston falar com nosso grupo de usuários.

Era primavera de 1980. Jobs me fascinava, não somente como pioneiro dos computadores mas como empreendedor: eu tinha lido sobre ele nas revistas de negócios com a mesma admiração que sentia pelas histórias de Fred Smith e Charles Schwab, Ted Turner e William McGowan. Como eles, Jobs tinha começado com pouco mais que uma ideia e um impulso vigoroso. Como eles, estava tendo sucesso em mudar os negócios nos Estados Unidos. Jobs tinha apenas 25 anos, e a empresa que ele havia fundado com Wozniak parecia destinada a entrar em órbita em 1980, com a oferta pública de ações e o lançamento do Apple III, que prometia ser para o Apple II o que o Apple II tinha sido para o Apple I.

Pessoalmente, Jobs era ainda mais instigante do que na mídia impressa. Quando entrou na sala de reuniões foi uma comoção. Ele falou com paixão sobre como o computador pessoal – *seu* computador pessoal – estava revolucionando o mundo. Usou metáforas inspiradoras: "Hoje, com o capital necessário para adquirir um trem de passageiros é possível comprar mil Volkswagens. A diferença é que aquelas mil pessoas têm a liberdade de ir aonde, quando, como e com quem elas quiserem." Sobre os computadores pessoais – *seus* computadores pessoais –, ele dizia que com eles as pessoas seriam capazes de realizar o inimaginável.

Eu tinha 15 anos e estava fascinado pelo homem e pelo que esse homem dizia. Não poderia imaginar que em cinco anos Jobs e eu seríamos não apenas colegas, mas amigos.

A mudança da minha família da Grape Street para uma casa mais chique, no bairro Memorial, coincidiu com o início do meu primeiro ano no ensino médio. Como era previsível, um distrito de classe alta teria uma escola de ensino médio realmente nota dez, e a Memorial High School não decepcionou. Tinha até mesmo um laboratório de informática, algo bastante incomum na época. Claro que entrei para a turma de informática. O Sr. Haynes era o professor.

Ele estava nos ensinando programação – um tema do qual eu já sabia um bocado. E nessa fase da minha adolescência eu não era tímido para mostrar conhecimento. A verdade é que eu era meio metido.

Um dia o Sr. Haynes disse à turma, com certa empolgação, que ia escrever um programa para criar uma onda senoidal usando linguagem de programação BASIC e que todos nós poderíamos observá-lo e aprender. Aquilo não era novidade para mim: eu já havia aprendido a programar em linguagem de máquina, que é como falar diretamente com o microprocessador – um processo bastante complicado. Era difícil (nem consigo mais fazer), e eu tinha orgulho de dominar aquilo.

No instante em que o Sr. Haynes contou seu plano à turma, eu disse que havia um meio muito melhor de criar uma onda senoidal do que a linguagem de programação BASIC. Era possível fazê-lo em linguagem de máquina e seria muito mais rápido.

O Sr. Haynes me lançou um olhar maligno.

– Está bem – concordou ele. – Por que você não escreve em linguagem de máquina e eu escrevo em BASIC e nós voltamos na próxima terça-feira para ver qual programa é mais rápido?

Voltamos na terça, e ele rodou seu programa. *BIP-BIP-BIP. BIP-BIP-BIP. BIP-BIP-BIP. BIP-BIP-BIP.* Onda senoidal.

Então eu rodei o meu.

VRUP – onda senoidal.

A partir desse dia, o Sr. Haynes passou a me odiar. E lamento dizer que não me importei nem um pouco com isso.

Em 12 de agosto de 1981, a IBM lançou o seu PC, o 5150, uma caixa horizontal bege e cinza sobre a qual havia um monitor que também parecia uma caixa bege e cinza, mas menor. Pesava esbeltos 11 quilos e tinha uma CPU Intel 8088 de 4,77 MHz com 29 mil transistores. Despido, o PC tinha apenas 16kB de RAM e nenhum drive de armazenamento de dados: o modelo básico custava meros 1.565 dólares (por volta de 3.900 dólares hoje). Se o cliente optasse pela versão padrão, com 64kB de RAM (expansível para 256kB) e dois drives de disquete de 5,25 polegadas, o preço saltava para 2.880 dólares (7.150 dólares atualmente). Entre os programas disponíveis estavam a planilha VisiCalc, o editor de textos EasyWriter 1.0 e o Adventure, o primeiro jogo desenvolvido por uma pequena empresa de Redmond, em Washington – na época, com apenas seis anos –, chamada Microsoft.

O Apple II tinha uma porção de jogos, mas o 5150 não era apenas mais poderoso que a máquina da Apple, era mais sério. A entrada da IBM no mercado de computadores pessoais era um negócio grande, muito grande.

Durante anos a Big Blue dominara a área de tecnologia como nenhuma outra companhia. Na década de 1980, a IBM era de longe a empresa mais bem-sucedida e mais valiosa dos Estados Unidos. E os programas do 5150 eram feitos sob medida para usuários corporativos, por acaso muito numerosos. Como apontou mais tarde a revista *Wired*, a entrada da Big Blue no mercado dos computadores pessoais "varreria toda a concorrência e teria o campo somente para si, durante um tempo" (observe as três últimas palavras). A IBM colocou o 5150 à venda nas lojas ComputerLand, Sears e Roebuck. Vendeu 65 mil PCs em quatro meses e recebeu 100 mil pedidos no Natal. Com todo o respeito pelo fascinante Steve Jobs, uma dessas vendas foi para mim. Em 12 de agosto de 1981.

Fui convertido instantaneamente pela IBM. Acreditei que converter o computador pessoal em uma máquina profissional (afinal de contas, o termo *business machine* compunha dois terços do nome da IBM) era o futuro. Assim que desmontei meu 5150 – tarefa a que, claro, me dediquei de imediato –, fiz duas descobertas marcantes. Em primeiro lugar, do mesmo modo que o Apple II, a arquitetura do 5150 era aberta, o que permitia entender o que cada chip fazia.

Em segundo lugar, ao desmontar o IBM-PC, detectei que dentro dele não havia nada que fosse da IBM. Todas as peças eram de outras empresas. Havia uma CPU da Intel e cada chip tinha o nome do seu fabricante. Eu poderia entrar na RadioShack ou em outra loja de produtos eletrônicos e comprar os chips de que precisava. E o sistema operacional do PC, o MS-DOS, não era desenvolvido pela IBM, mas por aquela empresa insignificante, a Microsoft.

Somente uma coisa era exclusividade dessa máquina: o sistema básico de entrada e saída. A BIOS. Mas achei estranho haver todas aquelas peças de fornecedores externos. Mais tarde ficaria claro que a IBM tinha criado o PC rapidamente e com componentes encontrados em prateleiras de lojas por uma questão de conveniência, pois estava preocupada com a incursão da Apple nos mercados de consumo e educação. Assim, em vez de criar seu próprio sistema operacional, o que certamente sabia fazer, e de construir seu próprio microprocessador, o que certamente também sabia fazer, a IBM escolheu o DOS da Microsoft e o Intel-8088. A IBM era uma empresa tão gigantesca e poderosa, uma instituição tão americana, tão associada à palavra "computador", que nem sequer imaginaria ser desafiada por qualquer outra companhia.

O verão entre meus segundo e terceiro anos na Memorial High foi movimentado, e não somente por causa do PC. Para começo de conversa, eu agora tinha carteira de motorista, o que expandiu dramaticamente meus horizontes. Estava acostumado a andar de bicicleta por toda Houston para ir a lojas de selos, aos meus vários empregos ou às reuniões do grupo de usuários do Apple – pedalava 30 ou 40 quilômetros até o outro lado da cidade. Mas isso era cansativo, e às vezes chovia. Agora eu podia chegar a todos os lugares com tranquilidade, porque meu pai me deixava usar a velha perua da família, um enorme Oldsmobile Cutlass 1975 azul-claro.

– Se você bater, provavelmente não vai se machucar – dizia meu pai. – Esse carro é um tanque.

Dirigir também expandiu minhas oportunidades econômicas. Naquele verão, arranjei um trabalho novo: com centenas de outros adolescentes, vendi assinaturas do (agora extinto) *Houston Post*, telefonando para pessoas ao acaso e tentando convencê-las a comprar o jornal. Como era naturalmente ambicioso, observei três coisas. Primeira: se eu puxasse conversa com o assinante em potencial, ele se mostraria mais inclinado a comprar de mim. Eu falava com um pesado sotaque texano e os resultados logo apareciam.

O segundo fato que notei foi que as pessoas que estavam se mudando para uma casa nova tinham mais probabilidade de assinar o jornal. E o terceiro, talvez associado ao anterior, foi que as pessoas que estavam se casando eram mais propensas a comprar uma assinatura – talvez empolgadas por estarem se estabelecendo e iniciando uma vida a dois.

Comecei a pensar num plano.

No Texas, quando você quer tirar uma habilitação de casamento, precisa encaminhar um pedido ao tribunal do condado, dando o endereço para onde quer que o documento seja enviado. E eu achava que, segundo a Lei de Liberdade de Informação (FOIA, na sigla em inglês), como cidadão do Texas, podia entrar em qualquer tribunal do estado e dizer: "Quero ver todas as habilitações de casamento emitidas no ano passado." Lembro-me claramente da primeira vez que fiz isso, no tribunal do condado de Harris, no centro de Houston. O sujeito do outro lado do balcão me olhou como se dissesse: "Ah, meu Deus." Depois falou: "Tem certeza?" Em seguida, sumiu pelo que pareceu uma hora e voltou carregando uns livros enormes.

Pensei: *Tirei a sorte grande.*

Num golpe, eu tinha passado do método de tentativa e erro dos telefonemas aleatórios à descoberta de uma mina de ouro de pessoas com muito mais propensão a assinar o jornal.

No início precisei ficar ali sentado e anotar cada nome e endereço. Então percebi que podia levar meu confiável Apple II (era muito mais leve que o IBM PC), ligá-lo e digitar todas as informações.

Havia 16 condados ao redor de Houston. Cada um tinha um tribunal com registros de pedidos de casamento. A sorte grande foi multiplicada por 16. Eu tinha um carro, um computador e amigos. Contratei meus colegas do ensino médio para irem a todos aqueles tribunais e coletar informações (alguns tinham seus próprios Apple II que podiam levar para registrar tudo, outros pegavam o meu emprestado). O passo seguinte foi uma enorme campanha de mala direta, mandando ofertas de assinatura para cada jovem casal daquela lista gigantesca.

Como parte do boom da construção civil em Houston, enormes complexos de apartamentos e condomínios brotavam por todo canto. Eu ia a esses lugares e dizia: "Sou do *Houston Post* e temos uma oferta ótima para fazer: todos vocês, novos moradores, podem receber o jornal de graça por duas semanas. Basta preencher um pequeno formulário."

Vendendo para todos os jovens recém-casados e novos moradores de apartamentos, ganhei pouco mais de 18 mil dólares naquele verão.

No meu terceiro ano na Memorial High, me inscrevi em uma disciplina chamada Governo e Economia. A professora era a Sra. Miller. Como o Sr. Haynes, ela me odiava. Por quê? Lamento dizer que dei um bom motivo para esse desprezo. Desde o primeiro dia na turma dela, minha rotina era a mesma: eu entrava, ia para o fundo da sala e ficava lendo revistas de informática. Não fazia isso só para parecer um espertalhão, mas porque me sentia entediado: a Sra. Miller ensinava o básico de economia e governo, um assunto que eu já dominava bastante bem. Mas ela não sabia disso, é claro; só me via ignorar a aula, e ficou furiosa a ponto de ligar para o meu pai.

– O seu filho não está prestando atenção na minha aula – protestou ela. – Pode dizer a ele para tomar jeito?

– A senhora já fez algum teste com ele? – perguntou meu pai.

A Sra. Miller respondeu que não.

– Por que a senhora não faz um teste? Se ele não se sair bem, me ligue de novo.

Ela acatou a sugestão e eu fui muito bem. Isso não a levou a gostar de mim. Mas o pior estava por vir.

Dois meses depois, a Sra. Miller passou um trabalho para a turma: preencher uma declaração de imposto de renda de 1981. Eu preenchi a minha e a entreguei na data certa.

Na aula seguinte, ela devolveu os trabalhos com as notas, e quando chegou perto de mim – eu continuava sentado no fundo da sala com meus exemplares da *Byte* e da *PC Magazine* –, parou.

– Parece que o Michael cometeu um grande erro na declaração dele.

De repente a turma toda se mostrou muito interessada.

Ela olhou a declaração.

– Aqui diz que você ganhou mais de 18 mil dólares no ano passado, Michael! Meu Deus! Se isso fosse verdade, você teria ganhado mais do que eu em 1981!

A sala ficou em silêncio. Então eu disse:

– Essa é a minha declaração de verdade.

Se fosse possível alguém me odiar mais do que o Sr. Haynes, essa pessoa era a Sra. Miller.

No mesmo instante em que abri meu novo IBM PC e olhei para dentro dele, pensei: *Como posso melhorar isto?* Graças à minha leitura constante da *Byte* e da *PC Magazine*, eu tinha muitas ideias. Queria, de fato, melhorar o PC. Os modems internos eram um negócio totalmente novo – eu precisava instalar um modem. E o PC não vinha com um disco rígido – eu precisava colocar um disco rígido. E bastante memória extra.

O novo grupo de usuários do IBM em que entrei me deu ainda mais ideias. O grupo do Apple era tecnológico e nerd, mas tudo sob a bandeira daquele espírito Apple de rebelião artística: jogos de fliperama e de fantasia – com magos e espadas – ocupavam boa parte da ordem do dia. O grupo do IBM era totalmente diferente. Seus membros eram engenheiros, cientistas e empresários, e a pergunta mais frequente era: como posso usar o computador para fazer negócios? O IBM era uma ferramenta de poder. Até pouco tempo antes as pessoas usavam réguas de cálculo, calculadoras e lápis, e de repente havia planilhas e editores de texto. Um indivíduo podia calcular uma quantidade enorme de dados muito rapidamente – e não precisava ser do departamento de processamento de dados.

Fiz um novo amigo ligado aos computadores: seu nome era John Hart. Ele trabalhava como engenheiro no departamento de TI da Shell Oil. Era um cara superlegal, de uns 40 anos, extremamente bem informado. Eu o visitava em seu escritório ou ia à sua casa, e nós só falávamos sobre computadores: como poderíamos tornar nossos PCs mais potentes? Como usar esse ou aquele programa para fazer negócios? Tudo que olhávamos e em que pensávamos era novíssimo e empolgante, e as possibilidades eram infinitas. Eu estava com 17 anos: uma boa idade para saborear a inexistência de limites.

Então aconteceu algo milagroso: um importante evento anual, a Conferência Nacional sobre Computação, foi realizado em Houston em junho de 1982. Os anúncios começaram a aparecer no jornal em maio: *Promovendo o avanço do profissionalismo... Oitenta sessões técnicas... Mais de 650 empresas em cerca de 3.200 stands proporcionarão um panorama dos mais novos produtos e serviços do ramo!*

Eu estava eufórico. A convenção de quatro dias aconteceu no Astrodome – ou melhor, em dois centros adjacentes ao Astrodome: o Astrohall (anteriormente, o Prédio da Exposição Agropecuária de Houston) e a Astroarena, ao lado. As duas instalações eram meio precárias, o ar-condicionado era uma piada e junho é o mês mais quente e úmido em Houston, semelhante ao inferno – havia dezenas de milhares de participantes apinhados e suando. Para mim, era a Disneylândia. Vi muitas coisas bonitas em todos aqueles stands: periféricos, terminais, sistemas, programas. Novos horizontes se abriram. Particularmente sensacional era o elegante (e caro) Shugart ST412, um disco rígido de 10 megabytes que, por ter as mesmas dimensões que um drive de disquete de 5,25 polegadas, podia ser montado dentro do meu PC, numa das baias de drive de disquete. Hoje em dia 10 megabytes é algo risível, mas na época era gigantesco. Eu precisava ter um. Comprei.

Depois de incrementar meu PC, aconteceu algo interessante: um advogado, pai de um garoto a quem eu estava dando aulas de informática, soube do que eu havia feito com a minha máquina e perguntou se eu podia fazer o mesmo com a dele. Um disco rígido interno e mais memória poderiam acelerar as operações em seu escritório, explicou ele. Depois de eu mexer em seu PC, ele se mostrou muito satisfeito com o resultado. Pagou pelas peças e acrescentou uma bela gorjeta pelo tempo que gastei – como toda a operação me custou apenas 45 minutos, o trabalho teve um ótimo custo-benefício. O advogado ficou tão contente com seu PC "turbinado" que me indicou a outros advogados e médicos, e eu consegui mais trabalho. Então aconteceu outro fato ainda mais interessante.

Um médico me ligou e contou que queria comprar um IBM PC para que eu customizasse. Que modelo deveria adquirir? Eu disse a ele para não se incomodar – eu compraria o computador, colocaria tudo de que ele precisava e venderia a máquina com uma margem de lucro razoável. Essa era uma boa solução para ele, argumentou. Assim, comprei um PC novo, encomendei as peças consultando os anúncios nas últimas páginas da *Byte*, instalei-as e entreguei ao médico um Michael Dell Special. Ele se mostrou muito satisfeito, e eu fiquei também contente por ter feito um bom trabalho.

Então a situação se repetiu. E de novo. De repente, eu tinha entrado no ramo dos computadores.

Estava cansado de dirigir aquele Oldsmobile enorme. Por isso, no início do meu último ano na Memorial, fui com meus pais a uma revenda da BMW no centro de Houston e comprei um 320i branco, novinho em folha, com câmbio manual: uma máquina linda, o sonho de um adolescente. Quando chegou a hora de pagar, o vendedor olhou, naturalmente, para minha mãe e meu pai, presumindo que os pais ricos estavam fazendo a vontade do filho mimado. Adorei o choque do sujeito quando estendi um cheque que cobria a maior parte dos mais de 15 mil dólares e um maço de dinheiro para inteirar a compra. Eu havia levado meus pais como apoio, sabendo que os vendedores não acreditariam que um garoto de 17 anos pudesse ter tanto dinheiro. Eu tinha, e mais ainda, graças à verba das assinaturas do jornal e ao meu novo negócio de computadores customizados.

Foi meio insólito levar meus pais comigo para comprar meu BMW? Não para mim. Eu era ligado a eles e, afinal de contas, qualquer jovem de 17 anos conhece a confusão de sentimentos que esse tipo de intimidade implica. Eu os amava profundamente, mas dizer que eles se metiam na minha vida é um eufemismo. Steven estava na faculdade. Adam, o terceiro filho temporão – na época, com apenas 12 anos –, parecia viver em estado de anarquia. Assim, eu tinha me tornado o centro da vida dos meus pais. Quando estava no terceiro ano do ensino médio, comecei a me rebelar. Juntando os grupos de usuários e os amigos ligados aos computadores, para não mencionar todos os meus diversos empregos, eu tinha uma vida bem agitada. E meus pais viviam pegando no meu pé para saber o que eu fazia, com quem fazia, aonde ia.

Para a última pergunta eu tinha uma resposta pronta:

– A vários lugares.

Por mais que eu amasse meus pais e por mais aconchegante que fosse o dia a dia em casa, a verdade é que eu mal podia esperar para dar o fora dali.

Recebi a carta de aceite da única faculdade à qual me candidatei, a Universidade do Texas, em Austin, e minha vida estava praticamente planejada: eu faria o curso básico de Medicina e me tornaria médico. Não importava a especialidade, desde que pudesse abrir um consultório e meus pais dissessem: "Ah, o Michael... é clínico geral" – ou o que quer que seja. Eu estava seguindo o script no piloto automático. Enquanto isso, havia os computadores, pelos quais estava apaixonado – mas não podia falar sobre isso com meus pais, porque era distante demais do que eles tinham em mente.

Eu me formaria na Memorial High em 1983, mas naquele mês de março fui a Austin para alugar um apartamento com meu próprio dinheiro – uma boia salva-vidas, um oásis de liberdade a 240 lindos quilômetros de casa. No banco de trás do meu BMW havia três IBM PCs incrementados e mais dois no porta-malas.

3

FECHANDO O CAPITAL (EM SIGILO)

CEO, um título com ar importante. Fundador e CEO, mais importante ainda. Certo? Mais ou menos.

A verdade é que os CEOs das empresas de capital aberto, e até mesmo CEOs fundadores, acatam a vontade de seus acionistas e do conselho administrativo. O conselho tem deveres para com os acionistas, o CEO presta contas ao conselho. O conselho estabelece o salário do CEO, supervisiona suas atividades, tem o poder de demiti-lo.

Existem exemplos numerosos de CEOs que entraram em conflito com os acionistas e foram destituídos pelos conselhos. Já aconteceu até com fundadores de grandes empresas – é só lembrar Steve Jobs sendo chutado para a sarjeta pela Apple em 1985.

Assim, ao iniciar minha jornada para fechar o capital da Dell, eu não tinha ilusões. Não me sentia invulnerável nem todo-poderoso. Jamais pensei, nem por um minuto, que estava agindo por conta própria ou impunemente. Eu prestava contas ao nosso conselho, e assim que a notícia dos meus esforços se tornasse pública os acionistas viriam com tudo para cima de mim.

O conselho tinha me dado permissão para iniciar discussões com empresas de *private equity*. Eu precisava descobrir qual ou quais bancos poderiam ajudar a financiar o negócio. E precisava manter – urgentemente – todas essas discussões absolutamente confidenciais. Quando grandes negociações vazam antes de serem anunciadas – e essa seria uma transação gigantesca –, têm muito menos chance de vingar.

Se isso acontece, logo surge uma história que pode ser correta ou não – e há pouca coisa que você (ou melhor, eu) pode fazer a respeito. Praticamente basta dizer: "Sem comentários." Você perdeu o controle da narrativa. Ainda não tem um negócio, não sabe se terá, e qualquer coisa que disser será talvez mal interpretada, prejudicando a viabilidade da operação. Quando você faz o anúncio oficial, abre canais de comunicação com investidores, membros da equipe, clientes. Tem a oportunidade de explicar o negócio. Pode garantir a todas as pessoas afetadas – e isso significa muitas pessoas – que os lucros delas aumentarão e tranquilizá-las com relação ao futuro.

Se ocorre um vazamento, isso se torna impossível. A notícia traz preocupação, tumulto e levanta questões morais dentro da equipe. Existe um risco real de perder pessoas temerosas do que virá. Existe também um risco real de perder clientes para a concorrência, o que gera um ambiente de medo e incerteza a respeito do seu negócio.

Fechar o capital equivale basicamente a colocar a empresa à venda. Eu queria – precisava – que fosse eu o comprador da Dell, com uma ou mais empresas de *private equity*: a que oferecesse o valor mais alto aos nossos acionistas. Mas, ao colocar minha companhia à venda, não seria impossível que alguém tentasse adquiri-la.

Minha companhia. Era um paradoxo: eu não podia dizer que a Dell era minha, porque era uma empresa de capital aberto – eu tinha menos de 16% das ações em circulação. Mas eu a havia fundado, por isso não conseguia deixar de pensar nela como minha.

Em 13 de setembro de 2012, a comissão especial fez uma teleconferência para ouvir nosso diretor financeiro, Brian Gladden, sobre as projeções da administração para o futuro desempenho financeiro da Dell. Representantes da Debevoise & Plimpton, a firma de advocacia contratada pela comissão, participaram da reunião. Eu não.

Brian (como o formulário de referência detalhado para a SEC observaria mais tarde) apresentou a previsão atualizada para o ano fiscal de 2013, refletindo os números frustrantes e o complicado ambiente de consumo que tínhamos observado em julho. Mas, exceto pelas modificações necessárias para refletir essa realidade nova e difícil, ele afirmou que as projeções da administração para a empresa até o ano fiscal de 2016 permaneciam inalteradas.

A comissão especial discordou e pediu que Brian revisasse o plano de modo a refletir uma projeção menos cor-de-rosa do futuro desempenho financeiro da Dell. Além disso, pediu que ele estendesse a previsão até o ano fiscal de 2018, para dar aos potenciais compradores informações suficientes para realizar análises de valor.

Em seguida, a comissão se reuniu numa sessão executiva – sem Brian, sem mim – para discutir as projeções. O formulário de referência preenchido após essa reunião dizia o seguinte: "Dadas a incerteza com relação ao futuro desempenho da empresa e a dificuldade sentida pela administração para alcançar suas estimativas nos trimestres fiscais anteriores, a comissão especial decidiu continuar a explorar alternativas estratégicas potenciais, inclusive permanecendo como uma empresa de capital aberto e executando o plano administrativo de longo prazo, mudanças potenciais nesse plano e ajustes na equipe administrativa."

Em linguagem clara, todas as possibilidades estavam na mesa. Inclusive a de a Dell continuar a ser uma empresa de capital aberto – e a possibilidade de me substituir.

Não era uma guerra. Era a governança corporativa atuando como deveria. Eu sempre tive um relacionamento aberto e transparente com o conselho: gostava de cada membro e respeitava todos, e tenho quase certeza de que era recíproco. Jamais neguei informações ou o acesso a dados. Sempre disse aos conselheiros que podiam e deviam conversar com quem quisessem na empresa, a qualquer momento, sobre mim ou qualquer outra pessoa, em relação a qualquer assunto. Mas a lealdade definitiva do conselho era para com a Dell Inc. e seus acionistas, não para comigo. Isso valia também para a nova comissão especial, cuja missão era vigiar como um falcão tudo que acontecia enquanto eu tentava fechar o capital da empresa. Eles cumpriram a tarefa com determinação.

Enquanto isso, as reuniões continuaram, algumas com a minha presença, outras sem. Reuniões para marcar outras reuniões. Algumas eram puramente processuais, outras de fato importantes.

Enquanto o verão dava lugar ao outono, eu me perguntava por que a decisão demorava tanto. Se a comissão especial achava que não deveríamos fechar o capital, não poderia simplesmente declarar isso? Assim, todos voltaríamos às nossas rotinas. Mas, para ser justo, o grupo estava sendo meticuloso ao extremo.

Alguns dias depois daquela teleconferência, tivemos uma reunião do conselho, imagine só, em Xangai. De vez em quando nos encontrávamos num destino internacional importante para a empresa, e a China certamente cumpria (e ainda cumpre) esse requisito. Fazíamos uma quantidade gigantesca de negócios lá, inclusive emprestar nosso nome a cerca de 1.200 lojas parceiras que vendem nossos produtos. (O logotipo da Dell, com seu característico *E* inclinado, é reconhecido instantaneamente até mesmo em países que usam outro alfabeto.)

Pouco depois de chegarmos, perguntei a Alex Mandl se podíamos conversar.

Para evitar uma possível vigilância eletrônica – afinal de contas, estávamos na China –, decidimos caminhar em volta do hotel, ao ar livre. Eu queria ser cauteloso e não expor minha frustração com a demora do processo, mas não conseguiria escondê-la de todo. Assim, da maneira mais educada possível, perguntei a Alex:

– Quanto tempo demora para descobrir se podemos fechar ou não o capital da empresa?

Alex é um homem forte, um líder corporativo – antes de comandar a Gemalto, foi diretor financeiro e de operações da AT&T – com modos do Velho Mundo e um leve sotaque da Áustria, onde nascera. Ele tinha plena consciência de suas responsabilidades como principal diretor independente no nosso conselho, e especialmente como chefe da comissão especial, e me respondeu:

– Michael, estamos tomando todas as medidas possíveis para garantir que os acionistas sejam bem recompensados qualquer que seja o resultado deste processo.

Vai demorar o tempo que for necessário, era o que Alex estava dizendo.

Educadamente, instiguei-o a dar uma resposta. Educadamente, ele se esquivou das minhas perguntas. Cavalheiros, nós dois. Quando voltamos ao hotel, eu não havia descoberto nada além do que já sabia quando saímos para caminhar.

―

Enquanto isso, sem o meu conhecimento, os especialistas que a comissão especial havia contratado estavam fazendo algumas avaliações bastante apocalípticas sobre a situação da Dell.

Numa reunião fundamental em setembro (para a qual não fui convidado), os representantes da J. P. Morgan, a consultoria financeira contratada pela comissão especial, disseram que, apesar de o mercado de compra alavancada estar forte, eles duvidavam que alguém tivesse interesse em comprar a Dell. Os motivos: nossa grande capitalização, nossa exposição significativa no segmento de PCs, que piorava a olhos vistos, e nosso desempenho operacional em recente declínio. E, para ser franco, a ausência do interesse declarado de qualquer terceira parte em adquirir a empresa nos últimos dois anos.

Em uma reunião após outra, como fiquei sabendo mais tarde, os especialistas continuavam pressionando a comissão especial com o que acreditavam ser perspectivas confiáveis a respeito do produto que deu origem à Dell e foi sua principal fonte de receita durante décadas, o PC. O PC estava morto. Ou morrendo. Na melhor das hipóteses, agonizando. Os analistas do ramo previam – como a J. P. Morgan disse (de novo) à comissão no início de outubro – que "o mercado permaneceria achatado por causa da canibalização do uso de PCs resultante da crescente adoção de tablets e smartphones".

Canibalização!

E se argumentássemos – como eu vinha tentando fazer – que não estávamos mais no negócio de PCs, que estávamos migrando para soluções de TI de ponta a ponta, software e serviços... Os especialistas que a comissão especial havia contratado continuariam afirmando, em voz baixa e grave, que havia sérios riscos em confiar nesse negócio em declínio de PCs para financiar o crescimento dos novos ramos de atuação.

Em outras palavras, segundo os especialistas, nós estávamos bem encalacrados.

Mas eu não achava que estivéssemos encalacrados, de jeito nenhum. O motivo de eu ter pensado pela primeira vez em fechar o capital em 2010, e de estar totalmente envolvido agora, era que eu enxergava oportunidade naquilo que o mundo (e a bolsa de valores) tratava como vulnerabilidade. Onde os especialistas viam trevas e perdição, eu enxergava possibilidades empolgantes.

Sabia que as oportunidades resultavam de olhar as coisas de modo diferente – de ter uma perspectiva contrária. Para mim, seria inimaginável avançar com o fechamento do capital se todo mundo, inclusive os analistas do setor, estivesse dizendo: "Vai ficar tudo bem com o PC."

As vendas de PCs iam de mal a pior na segunda metade de 2012. Eu sentia que isso decorria, em parte, da expectativa em torno da chegada ao mercado do novo sistema operacional da Microsoft, o Windows 8 – os usuários esperavam para ver se ele era de fato bom. A demanda costumava fazer uma pausa antes de uma nova versão. Mas eu me sentia bastante otimista.

Os smartphones e tablets estavam em alta (e a interface de usuário do Windows 8 tinha sido projetada especificamente para funcionar bem com tablets, inclusive o Surface, a resposta da Microsoft ao iPad). Mas eu achava que esses dispositivos, por mais cobiçados que fossem, não substituiriam o PC – se somariam a ele.

As pessoas podiam levar seus dispositivos pessoais para o escritório, mas eu apostava no sólido valor dos PCs como ferramenta de produtividade essencial, especialmente no mercado empresarial. Acreditava que os clientes leriam nos smartphones (e, em menor amplitude, nos tablets) e trabalhariam nos PCs.

Assim, apesar de as vendas dos PCs terem diminuído por um tempo, eu duvidava de que essa queda seria duradoura. E, ainda que os clientes pudessem adiar a substituição dos PCs mais antigos, em algum momento teriam que trocá-los – essa era a minha aposta. Acreditava que poderíamos criar produtos novos e suficientemente atraentes para impelir um ciclo de substituições.

E eu sabia que continuaríamos – como já fazíamos desde antes de haver regras e regulamentos – a criar maneiras de reciclar todos os materiais que colocávamos em nossas máquinas. Pensávamos em soluções para que cada produto manufaturado pudesse ser desconstruído e todas as suas peças pudessem ser reutilizadas.

Jeff Clarke concordava. Nosso vice-presidente, tão fundador quanto eu, tinha entrado na Dell como engenheiro em 1987, apenas três anos depois da fundação, quando contávamos com apenas 150 membros na equipe – um alegre bando de mercenários e desajustados. Jeff tinha subido na hierarquia em virtude de sua capacidade técnica. Logo se destacou como um engenheiro brilhante que comandava o projeto de sucessivas gerações de nossos produtos desktop, com uma atenção extraordinária aos detalhes, à velocidade, ao foco na execução. Jeff tinha uma capacidade incrível de projetar placas-mãe praticamente sem falhas, ou de fato infalíveis, desde o início.

Ele tinha outra qualidade: inteligência tática.

À primeira vista, Jeff era um caipira de San Antonio, filho de um militar da força aérea, meio rude – ou talvez inteiramente rude. Mas apenas à primeira vista. Ele conhecia nosso negócio muito bem, talvez melhor do que qualquer outra pessoa. Era um sujeito direto e sincero, incapaz de dizer algo ao chefe só para agradar. Um dos grandes temores de qualquer um que tenha alcançado o sucesso é viver numa bolha de notícias boas e ouvir apenas o que deseja. Jeff Clarke era (e ainda é) uma das pessoas que garantiam que isso não acontecesse.

Quando contei a ele sobre minha intenção de fechar o capital da Dell, Jeff ficou muito empolgado. Como eu, ele adora a vitória: *Jogue limpo, mas vença.* Nós dois enxergamos o fechamento do capital como um modo de libertar a empresa – revigorar o espírito empreendedor original, ser muito mais agressivo para aumentar a fatia de mercado, investir em pesquisa e desenvolvimento, incrementar a capacidade de venda.

– Isso significa que você me liberaria para ser competitivo de novo no negócio dos PCs? – perguntou ele.

– Sem dúvida – respondi.

Ele riu como um garotinho na manhã de Natal.

Os PCs eram a vida de Jeff, seu verdadeiro amor tecnológico – em sua opinião, os maiores dispositivos de produtividade empresarial já criados. (Também acho.) Como chefe da divisão de produtos e operações, ele tinha sentido a pressão financeira dos relatórios trimestrais mais do que a maioria dos funcionários. Ele soube de imediato que fechar o capital implicaria mudar a postura competitiva da Dell, passando da ofensiva em parte do tempo à ofensiva em tempo integral.

Atuar como uma empresa de capital fechado nos daria liberdade para definir de modo mais agressivo os preços de nossos PCs e servidores. Mas apenas baixá-los não ajudaria se não houvesse um relacionamento com o cliente. Fechar o capital nos libertaria para contratar mais vendedores e expandir nossa rede de parceiros com o objetivo de vender mais produtos tanto para clientes antigos quanto para novos. Aumentar a capacidade de venda se revelou fundamental para o crescimento da nossa fatia de mercado.

Fechar o capital nos permitiria investir mais em pesquisa e desenvolvimento, o que impulsionaria a inovação, criando novos produtos, serviços e soluções. Mas esse objetivo parecia mais desafiador a cada semana que passava.

A vida pessoal continuava a existir, é bom que se diga. Nossos quatro filhos estavam crescendo e sentíamos orgulho de cada um deles. Naquele outono, a mais velha, Kira, ia começar o segundo ano na Vassar College, concentrando-se em estudos internacionais e dominando alguns idiomas. Nossa segunda filha, Alexa, trabalhava duro no Programa de Alunos Especiais Não Graduados, ligado à Escola de Estudos Gerais da Universidade Columbia. Nossos gêmeos, Juliette e Zach, estavam com 16 anos, cursavam o segundo ano do ensino médio e ainda moravam conosco em Austin. Juliette, que participava de provas com seus cavalos árabes desde os 4 anos e tinha ganhado várias competições nacionais, começara a levar cavalos American Saddlebred para exposições e estava se preparando para o seu primeiro Campeonato Mundial. Zachary já havia demonstrado aptidão para os negócios fundando uma colônia de férias bem-sucedida durante o ensino médio e começava a trabalhar em uma nova ideia de empreendimento.

Na geração mais velha, nem tudo ia bem. Em 1984, quando fundei a empresa, minha mãe, uma mulher sempre dinâmica, começou a ter períodos prolongados de fadiga intensa. Consultou-se com seu médico e foi diagnosticada com linfoma de Hodgkin. Depois de longos períodos de um tratamento complexo, o câncer entrou em remissão. Ficamos animados e agradecidos.

Mas em 2009 a doença voltou, e dessa vez não foi embora. O estado da minha mãe piorava a cada dia, e no outono de 2012 ela lutava pela vida. Susan e eu íamos visitá-la em Houston a cada duas semanas, para levar alguma alegria a ela, a meu pai e a nossos filhos, fingindo o máximo de animação que conseguíamos. Mas quando íamos embora era como se o mundo estivesse desmoronando. Tentei me manter esperançoso e guardei minha dor.

Algumas pessoas se vangloriam da própria capacidade de atuar em modo multitarefa – não sei até que ponto consigo fazer isso, mas sou bom em isolar assuntos que não quero acessar a todo momento. Quando você lidera uma equipe de 110 mil pessoas, concentrar-se em um ponto de cada vez é uma habilidade de sobrevivência, e aquele foi um período em que os riscos eram imensamente altos. Eu precisava comandar a empresa, tranquilizar as tropas, supervisionar a carteira de aquisições que crescia, visitar nossas sedes em todo o mundo e ser pai, marido, filho e irmão – ao mesmo tempo que mantinha um segredo absoluto sobre meus planos de fechar o capital da Dell na bolsa de valores.

Foi difícil e incômodo, para dizer o mínimo. Eu não podia falar sobre esse assunto com meus pais. Não podia falar com meus filhos. Não podia falar com meus irmãos. Havia apenas poucas pessoas na Dell com quem eu podia conversar sobre o que estava acontecendo. Minha esposa era a única a quem eu podia contar tudo, e agradeço a Deus por ela – em muitos sentidos, mas especialmente nesse momento.

Conversávamos durante longas caminhadas e passeios de bicicleta, analisando cada aspecto. A princípio Susan não entendia por que eu estava querendo fazer isso. Por que mexer em algo que está indo bem?, ela pensava, e não somente por ser minha companheira de vida, alguém que sempre me apoiava. Ela também entende de negócios: quando nos conhecemos, em 1988, Susan trabalhava na Trammel Crow, uma das imobiliárias mais bem-sucedidas da América do Norte na época. Ela era uma agente de leasing industrial muito competente, tinha aptidão para o cargo.

E assim, quando contei sobre a transformação da empresa, sobre as aquisições que custavam muito, mas poderiam se desdobrar em tantas coisas mais, e sobre minha visão otimista do futuro do PC, ela entendeu imediatamente meu ponto de vista – e soube que os pessimistas estavam errados. Mesmo que eles fossem muitos, impositivos e enfáticos, e ainda por cima influentes: bastava olhar o valor das nossas ações.

Susan entendia que, apesar de serem impositivos, enfáticos e influentes, eles estavam errados. Por isso continuamos caminhando e conversando.

✦

Sala de dados. Parece misterioso como algo saído de um filme de espionagem, no entanto é muito mais geek: uma área de armazenamento segura na internet, mais ou menos como o Dropbox ou o Google Drive, em que postamos documentos para que diferentes partes possam ler e assiná-los. Naquele outono, criamos uma sala de dados contendo toneladas de informações sobre a Dell, inclusive o histórico financeiro, além de uma visão geral de todos os aspectos da empresa: produtos, clientes, operações, cadeia de suprimentos. Tanto a Kohlberg Kravis Roberts (KKR) quanto a Silver Lake Partners (SLP) – ainda sem que uma soubesse do interesse da outra – tiveram acesso a essas informações. Elas nos estudaram, e no início de outubro tivemos reuniões de diligência prévia, primeiro com a KKR e uma semana depois com a SLP.

Para ajudar a manter a confidencialidade, realizamos as reuniões na minha casa nas colinas de Austin, numa sala de conferências no primeiro andar. É uma sala grande com uma mesa comprida, janelas amplas e uma bela vista da cidade ao longe. De lá é possível ver a Torre Principal da Universidade do Texas e o prédio J. Frank Dobie, onde morei quando era calouro. Veja que curioso: se você for ao meu antigo quarto no edifício-dormitório, o Dobie 2713 (como eu fiz), verá que a janela está virada para essa casa, com vista para quilômetros da paisagem de Austin. Lembro-me de olhar pela janelinha do meu quarto de blocos de concreto e pensar: "Eu gostaria de um dia morar naquelas colinas. Deve ser muito bom."

As duas reuniões foram similares e ao mesmo tempo muito diferentes.

Em ambas, as roupas eram casuais e a atmosfera era amistosa e colaborativa. Afinal de contas, se a oferta de alguma das firmas fosse bem-sucedida, nos tornaríamos sócios. Tanto a SLP como a KKR vieram com uma lista de perguntas e tópicos que desejavam discutir. Como administradores, nós estávamos ali para responder às perguntas e ajudá-los a entender a Dell suficientemente bem para que pudessem fazer suas ofertas.

Uma dúzia de pessoas participou de cada reunião: na da Dell, além de mim, estavam o diretor financeiro, Brian Gladden, nosso principal consultor jurídico, Larry Tu, nosso controlador, Tom Sweet, Jeff Clarke e o vice-presidente de finanças de operações, Jeff Likosar. A comissão especial mandou um advogado da Debevoise Plimpton e um banqueiro do J. P. Morgan para monitorar questões jurídicas e financeiras. E cada firma proponente trouxe cinco pessoas. Na primeira reunião, George Roberts comandou o interrogatório por parte da KKR. George e eu tínhamos conversado tantas vezes que partimos direto para o que interessava.

A KKR queria saber como ficariam nossas finanças se fôssemos em frente. Poderíamos recapturar a fatia de mercado que havia encolhido? Qual era a nossa visão para o futuro do PC? O que esperávamos em termos de fluxos de caixa futuros? E como estávamos trabalhando para transformar a empresa?

Quando a Silver Lake veio, uma semana depois, seus representantes estavam interessados nas nossas finanças – mas desejavam conversar sobre mais assuntos, muitos mais. Diferentemente da KKR, a SLP era uma empresa de *private equity* com foco em tecnologia. E todos na reunião, inclusive Egon Durban, vinham do escritório da SLP no Vale do Silício. Eles entendiam de tecnologia, falavam a nossa língua.

Desde o início ficou claro que a equipe da Silver Lake entendia aspectos do nosso negócio que a KKR havia ignorado: a importância das aquisições, o valor da propriedade intelectual, a natureza dos ciclos dos sistemas operacionais. Por ter nascido como uma empresa de *private equity* com foco em tecnologia, a Silver Lake tinha profissionais que sabiam bastante de tecnologia. Assim, quando falamos sobre virtualização, microprocessadores ou NAND-flash (um tipo de memória de armazenamento não volátil que não precisa de eletricidade para reter os dados) ou qualquer assunto complicado da área, eles compreenderam exatamente o que estávamos dizendo.

E a Silver Lake sabia o que eu sabia: que mesmo se o Windows 8 não fosse tão bom quanto eu esperava, a Microsoft em algum momento criaria uma versão que os clientes desejariam – e nosso negócio de PCs acompanharia esse movimento. Eles entendiam os efeitos do crescimento da capacidade de vendas e do acréscimo de novos clientes. E quando falamos sobre como os novos desenvolvimentos em nuvem, armazenamento, segurança e internet das coisas – dispositivos que recebem e transferem dados por redes sem interação humana – afetariam nossas estratégias de produtos, a equipe da SLP estava muito mais inteirada do assunto, aparentemente, do que a KKR.

Em 23 de outubro, 12 dias depois da reunião com a Silver Lake, tanto a KKR quanto a SLP entregaram propostas preliminares não vinculativas para adquirir a Dell Inc. A KKR propôs o preço de compra de 12 a 13 dólares por ação para todas as nossas ações em circulação, afora as minhas e as de propriedade da Southeastern (e presumiram que todas seriam roladas na transação). Para além disso, esperavam um investimento adicional de 500 milhões de dólares feito por mim. A Silver Lake propôs o preço de compra de 11,22 a 12,16 dólares por ação para todas as ações em circulação, afora as minhas (de novo presumiram que todas seriam roladas na transação), e indicaram que eu era a única parte com a qual eles estavam interessados em se associar.

Senti que as duas empresas poderiam fazer ofertas consideravelmente melhores.

Meu trabalho como CEO era lutar para aumentar o valor da empresa, a fim de beneficiar todos os acionistas. E assim, por carta e em reuniões subsequentes na minha casa, encorajei a KKR e a Silver Lake a melhorar as ofertas. Destaquei cada detalhe da transformação que estava acontecendo na Dell e que podia ter sido omitido ou pouco enfatizado nas reuniões de diligência prévia. Pedi que cada empresa fizesse sua melhor oferta, sabendo que o conselho rejeitaria qualquer uma que considerasse inadequada.

Enquanto isso, a comissão especial contratou uma firma importante, o Boston Consulting Group (BCG), para explorar potenciais alternativas estratégicas sobre as quais vinha falando.

Então o Windows 8 foi lançado.

Para dizer o mínimo, o alardeado novo sistema operacional da Microsoft teve um desempenho oposto às minhas expectativas. Houve muito alvoroço em torno da nova interface orientada para tablets, e os usuários a odiaram. "É o Edsel [um carro bastante pomposo lançado pela Ford nos anos 1950] dos sistemas operacionais", apontou um resenhista da *PC Magazine*. "Ninguém vai se sentar diante de um computador e dizer: 'Uau, mal posso esperar para migrar para o Windows 8!'" As vendas de PCs afundavam. E, apesar de o fluxo de caixa da Dell Inc. estar bastante forte – 3,2 bilhões de dólares nos últimos 12 meses –, nossos lucros sofriam.

Parte do motivo era que estávamos no meio de nossa transformação – investindo nas áreas novas em que acreditávamos profundamente. Mas os investidores diziam: "Por que vocês estão fazendo isso? Essas medidas não estão gerando nenhum lucro. Além disso, o negócio de PCs está passando por dificuldades. Realmente não levamos muita fé na empresa."

Em 15 de novembro de 2012 foram divulgados os resultados financeiros do terceiro trimestre do ano fiscal de 2013. Os números não eram nada animadores. Nossa receita de 13,72 bilhões de dólares estava 260 milhões abaixo do ponto médio da faixa de orientação para o terceiro trimestre, que havíamos projetado em agosto.

No dia seguinte, a cotação da ação ordinária da Dell caiu 7,3%, chegando a 8,86 dólares.

Havia um misto de emoções dentro de mim. Em certo sentido, devo admitir – sou humano! –, me senti abandonado pelos acionistas. Parecia que eles tinham deixado de compreender tudo o que vínhamos planejando e o que estávamos fazendo de fato. Não gostavam da empresa. Não a valorizavam. Nos meus piores momentos, eu dizia: "Eles são idiotas demais para trabalhar aqui." Provavelmente eu não deveria admitir isso – peço desculpas aos acionistas da Dell –, mas na época, com tanta coisa acontecendo, apesar da minha capacidade de isolar assuntos em compartimentos estanques, meus sentimentos estavam em polvorosa.

Neste ponto, devo ser bastante claro: sou otimista por natureza – acho que esse é um jeito melhor de viver. Ninguém abre uma empresa se não for otimista. (Um apetite saudável pelo risco também ajuda.) Eu acreditava totalmente em nossa transformação. No meu íntimo, sabia que o preço ridículo das ações não representava o fundo do poço, mas uma oportunidade incrível. Mais uma vez, deixei isso bem claro tanto para a KKR quanto para a Silver Lake, mas as duas firmas tinham reservas, se é que não tinham dúvidas, sobre o que (nas palavras do formulário de referência da Dell) estava se tornando uma ladainha: "O recente fracasso da empresa em alcançar suas projeções, a fraqueza cada vez maior do mercado de PCs, a perda de participação nos mercados emergentes e os riscos de execução associados a se tornar um provedor de ESS [sigla em inglês para software e serviços voltados para empresas]."

Quatro dias após o feriado de Ação de Graças, a Silver Lake me entregou um esboço de proposta revisado, com o preço de compra em branco. Quatro dias depois a KKR fez o mesmo. Isso, em si, não era muito significativo: só me dizia que as duas firmas ainda estavam a bordo, revisando os números. E eu tinha me comprometido a contribuir com minhas ações – naquele momento, 15,7% da empresa – a qualquer preço que um proponente bem-sucedido estivesse disposto a pagar.

No último dia do mês liguei para o chefe da comissão especial, Alex Mandl, e disse que estava mais entusiasmado do que nunca para fechar o capital da Dell. Também contei que poderia fornecer o máximo de capital próprio para a transação. Ao mesmo tempo, Alex e eu sabíamos que havia um teto para a quantidade de capital próprio que eu *deveria* colocar em jogo.

O sucesso espetacular da Dell Inc. em mais de 28 anos tinha deixado muitos membros da nossa incrível equipe, e a mim mesmo, bastante ricos. Em teoria, eu sozinho poderia fornecer todo o capital necessário para comprar de volta a minha – desculpe, *a* – empresa. Mas isso criaria todo tipo de problemas jurídicos potenciais. Se eu estivesse estabelecendo sozinho o preço de venda para o fechamento do capital, a precificação não seria considerada justa, porque eu sou a personificação do *insider*. Sem ninguém de fora investindo, o conselho não teria com que comparar a minha oferta.

Em 29 de novembro me reuni com o pessoal do Boston Consulting Group. Os caminhos dos principais executivos dessa empresa haviam se cruzado com os meus muitas vezes – mas não eram eles. Não reconheci ninguém na sala. Mesmo assim, percebi que a comissão especial confiava neles como consultores e lhes dediquei o devido respeito. Apresentei minha visão da transformação como um copo meio cheio. Eles permaneceram sérios, sem revelar nada. Fizeram algumas perguntas objetivas sobre a capacidade da Dell de cortar custos e recuperar sua fatia de mercado. Expressei minha crença profunda em que essas eram montanhas que poderíamos escalar depois de fechar o capital.

A reunião durou apenas uma hora. Os consultores não solicitaram um novo encontro. Foi a última vez que os vi.

E em 3 de dezembro havia uma oferta a menos.

Naquele dia, George Roberts ligou e disse que a KKR não entregaria uma segunda oferta à Dell. Os motivos que ele deu não foram surpresa: a tendência declinante do mercado de PCs, a preocupação dos analistas da área de tecnologia com as pressões competitivas enfrentadas pela Dell – pressões que, para a KKR, tinham sido validadas por nossos números decepcionantes no terceiro trimestre. Sem ressentimentos – eram apenas negócios. George me desejou sorte, e eu acreditei que ele falava a sério.

Se fiquei desapontado? Claro, sou humano. Mas não precisava de dez firmas de *private equity* para me ajudarem a fechar o capital da empresa, pensei. Uma só bastaria.

No dia seguinte, a Silver Lake apresentou uma proposta atualizada não vinculante para adquirir a empresa a 12,70 dólares por ação.

Dois dias depois, em 6 de dezembro, eu me reuni com todo o conselho, inclusive a comissão especial. Primeiro Alex Mandl informou todo mundo a respeito do status do trabalho da comissão e das contribuições da J. P. Morgan e do BCG. Ambos – nenhuma surpresa – continuavam céticos em relação ao fechamento do capital. Então eu fiz uma apresentação.

Aquele era o meu conselho administrativo, eu era o presidente. No entanto, havia surgido uma divisão entre mim e eles, fruto de novas ideias, ideias até discutíveis, que amedrontavam algumas pessoas habituadas a uma situação estável (ainda que problemática): uma corporação global muito grande, muito importante, com dificuldades crescentes. Eu era o capitão do navio – alguém que deveria decidir a direção e apresentar certezas, mas que agora havia criado dúvidas. Tinha plena consciência do meu papel e das minhas responsabilidades. Precisava falar com firmeza, tranquilizar. Eu me sentia seguro, então falei com calma, mas de modo passional, sobre minha convicção de que fechar o capital era o melhor caminho possível para a Dell, para os acionistas, para os clientes. E disse a todos o que planejava fazer assim que isso acontecesse.

Disse que ampliaríamos nossa capacidade de oferecer software e serviços para empresas por meio de investimentos significativos em pesquisa e desenvolvimento, além de novas aquisições.

Disse que contrataríamos um grande número de vendedores adicionais.

Disse que expandiríamos nossa participação em mercados emergentes.

Disse que investiríamos significativamente no negócio de PCs.

Disse que esses passos eram o caminho certo a seguir. No entanto, se tomássemos essas iniciativas como uma empresa de capital aberto, eu sabia – e todo mundo na sala sabia – que elas seriam mal recebidas pelo mercado porque reduziriam a lucratividade a curto prazo, aumentariam os gastos operacionais e as despesas de capital e implicariam um risco significativo.

Afirmei que o fechamento do capital era do interesse dos acionistas da Dell porque eles receberiam uma parte do potencial ganho positivo dessas iniciativas na forma de um prêmio por suas ações, sem arcar com o risco e as incertezas de executar as decisões.

Assim que terminei de falar, olhei os rostos familiares em volta da mesa. As expressões eram evasivas. Eles tinham perguntas.

Por que a Silver Lake? A diretoria deveria tentar trazer mais um ou dois proponentes enquanto as discussões ainda eram privadas? Ou será que, correndo o risco de liberar forças imprevisíveis e incontroláveis, deveríamos divulgar o plano?

Reiterei minha crença em que a SLP, com suas raízes e seu conhecimento tecnológicos, seria uma sócia fantástica. Por outro lado, eu estava completamente aberto a considerar qualquer proponente que o conselho quisesse apresentar. Fechar o capital era um passo enorme, como todo mundo na sala sabia muito bem. Nenhuma opção que trouxesse o melhor acordo possível para os nossos acionistas deveria ser desconsiderada.

E se, depois de tudo isso, simplesmente não houvesse acordo?

– Estou disposto a continuar como CEO se permanecermos uma empresa de capital aberto – avisei. – Estou disposto a tentar executar a maior parte possível do meu plano nessas condições. Mas posso prometer uma coisa: o mercado não vai ficar feliz, nem os acionistas.

Dezembro de 2012 foi um mês movimentado, para dizer o mínimo. (Eu não fazia ideia de que os meses seguintes fariam com que aquele dezembro parecesse plácido.) Enquanto a comissão especial se reunia com seus consultores, minha equipe executiva e eu considerávamos cada ângulo possível do fechamento do capital, seguindo as rígidas regras da correção legal e financeira. No entanto, sentimentos poderosos borbulhavam sob a camada superficial da retidão corporativa.

Um dia depois da minha apresentação ao conselho, Alex Mandl, por recomendação da J. P. Morgan – que achava importante que esse processo tivesse mais de um patrocinador potencial –, contatou a empresa de *private equity* TPG (Texas-Pacific Group) e convidou-a a fazer uma proposta para adquirir a Dell. A TPG concordou, assinou um contrato de confidencialidade e obteve acesso à sala de dados. No dia 11 me reuni com um grupo de sócios da TPG num escritório de advocacia no centro de Austin para falar sobre a Dell e a transformação que estávamos fazendo e responder às perguntas. Eles eram inteligentes e afiados. Mesmo assim, no fundo eu ainda achava que a Silver Lake era a única empresa que realmente falava a nossa língua. Mas...

No dia anterior, 10 de dezembro, Mandl disse à Silver Lake que o preço oferecido por eles, 12,70 dólares, era baixo demais e que a comissão especial só permitiria que a SLP continuasse no processo se fizesse uma oferta significativamente mais alta. Então Egon Durban pediu permissão à comissão para buscar financiamento junto à Microsoft. Alex disse a Egon que discutiria o pedido com a comissão e seus conselheiros. Quando um dos principais advogados da Debevoise contatou Durban naquela tarde para falar do pedido à Microsoft, ouviu dele que a Silver Lake não continuaria no processo a não ser que tivesse permissão de falar com a Microsoft.

No dia seguinte – enquanto eu me reunia com os sócios da TPG –, a comissão especial decidiu deixar que a SLP discutisse o financiamento com a Microsoft e um pequeno grupo de bancos, desde que todas as partes assinassem contratos de confidencialidade. Nos dois dias seguintes, a Dell estabeleceu contratos de confidencialidade com o Royal Bank of Canada, o Credit Suisse, o Barclays e o Bank of America Merrill Lynch. Marquei uma reunião com a Silver Lake, minha equipe e os bancos para 17 de dezembro.

Fui para Nova York na tarde do dia 16, domingo, chegando a tempo de jantar com Alexa.

A reunião aconteceu às 8h15 do dia seguinte, no escritório da Silver Lake em sua torre com fachada de vidro no número 9 da rua 57 Oeste. Era um dia fresco e nevoento em Manhattan, que estava apinhada de compradores e turistas. Nós nos reunimos numa enorme sala no 32º andar e havia muitas pessoas presentes: além de mim, Brian Gladden, Durban e sua equipe, cada banco havia trazido uma dúzia de representantes. Havia um grupo de advogados. Olhei a sala cheia e senti medo.

Não medo de algum dos presentes, nem de nada que pudesse acontecer na reunião. Tudo isso era positivo – estávamos avançando no processo. O que me apavorava era que, em meio àquela multidão de chefes e auxiliares, algum cabeça-oca poderia soprar alguma palavra que ouviu sobre os procedimentos à esposa, ao marido, à namorada ou ao namorado.

Parecia imensamente provável que a notícia da reunião vazasse. Se isso acontecesse, o fechamento do capital afundaria antes de vingar.

Mas isso não aconteceu. Não vazou nenhuma palavra naquela semana nem na seguinte. Depois da grande reunião, voltei diretamente para Austin e jantei com David Bonderman, cofundador da TPG, e John Marren, chefe de investimentos em tecnologia, para falar sobre a possibilidade de serem meus sócios. Eles fizeram as perguntas que eu previa, e eu tinha boas respostas. A atmosfera foi tranquila e cordial. Uma semana depois, porém, Jim Coulter – sócio de Bonderman na fundação da empresa – e Marren me ligaram dizendo que por vários motivos, entre os quais o tamanho do investimento necessário e suas preocupações sobre o financiamento bancário, eles não fariam uma oferta pela Dell. Liguei para Alex para avisar. Mais tarde descobriria o que realmente vinha incomodando a TPG: aquela velha história do declínio dos negócios com PCs, para não falar na redução do nosso desempenho operacional.

Portanto, estávamos de volta a um único pretendente. E as conversas entre a Silver Lake e a comissão especial, das quais eu não participava, continuaram em um pingue-pongue, para lá e para cá.

Os feriados de fim de ano chegaram e foram embora. Em 2 de janeiro de 2013, como descobri mais tarde, os consultores do BCG se reuniram com a comissão especial e fizeram uma previsão financeira pessimista para a Dell. Particularmente preocupante para eles era o nosso negócio de computação para usuário final [ou EUC, sigla em inglês para *end-user computing*]: PCs, monitores e outros acessórios. Os consultores projetavam que o mercado geral de EUC continuaria em transformação, deslocando-se do chamado segmento premium, de margem alta, para um segmento de margem menor – com PCs mais baratos fabricados na Ásia. Também previam que este mercado poderia encolher em até 10 bilhões de dólares nos quatro anos seguintes. Eles manifestaram a preocupação de que o relacionamento da Dell com os atuais consumidores e vendedores poderia se deteriorar à medida que mantivéssemos a transição para outros negócios. Para completar, lembraram à comissão que, ainda que nos últimos quatro anos tivéssemos usado 11,4 bilhões de dólares dos nossos recursos de caixa para financiar aquisições nas áreas de software e soluções para empresas, 65% da nossa receita ainda vinha do negócio de computação para usuário final ou relacionado a ele – os mesmos negócios que eles tanto criticavam.

Feliz Ano-Novo!

Dois dias depois, em 4 de janeiro, os quatro bancos com os quais tínhamos nos reunido – o Royal Bank of Canada, o Credit Suisse, o Barclays e o Bank of America Merrill Lynch – voltaram com ofertas fortes e apoio irrestrito ao fechamento do capital. Logo a Microsoft se comprometeria em se associar a nós na operação com um empréstimo de 2 bilhões de dólares. Esse empréstimo não era realmente necessário, mas o modo como foi estruturado nos permitiu baixar a taxa de juros sobre o dinheiro que pegaríamos emprestado com os bancos.

Parecia que estávamos no caminho certo. Passei a semana seguinte discretamente confiante.

Então, na segunda-feira, 14 de janeiro, *aquilo* foi jogado no ventilador. A Bloomberg News informou: "Segundo duas fontes bem informadas, a Dell Inc., fabricante de computadores que perdeu quase um terço do valor no ano passado, está envolvida em negociações de compra por firmas de *private equity*."

Em outras palavras: dois cabeças-ocas que estiveram na grande reunião em Nova York. Ou pessoas próximas a esses cabeças-ocas.

A cotação das nossas ações subiu 13% num único dia, chegando a 12,19 dólares. Os boatos corriam solto. Com quem nós iríamos nos associar? (Uma das fontes anônimas mencionava a Silver Lake e a TPG, o que, claro, era só meio certo.) Quando seria anunciado o acordo? (Uma das fontes dizia que talvez já naquela semana, o que por acaso era consideravelmente prematuro.)

De certa forma, os detalhes não importavam. Agora o fechamento do capital era de conhecimento público e as sementes do caos tinham sido plantadas.

4

DANDO A PARTIDA

No verão de 1983 eu tinha tempo de sobra. Muito tempo. Era uma novidade para mim.

Alguns jovens têm folga no verão depois de se formar no ensino médio. Ganham dias livres para se divertir antes de começar a faculdade e dar início, de fato, à vida adulta. Garotos que eu conhecia da Memorial High passaram boa parte daquele verão indo a San Marcos para flutuar com boias no rio.

Como você provavelmente já adivinhou, esse não era o meu estilo. Não que eu fosse avesso à diversão; apenas tinha uma ideia de lazer diferente da que era comum na maioria dos garotos da minha idade.

Naquele ano não tive um trabalho de verão propriamente dito. Aos olhos dos outros (e até onde meus pais sabiam), eu estava à toa, era um calouro da Universidade do Texas indo e vindo de Houston e meu novo apartamento em Austin a bordo do meu lindo BMW branco – um belo carro para dirigir acelerando, algo que eu adorava fazer.

Mas havia outro carro muito mais adequado ao negócio que eu havia começado. Ou melhor, *negócios*, no plural.

O carro tinha sido repassado dos meus pais para mim: um Cadillac cupê DeVille 1978 – marrom, com teto de vinil combinando, muito classudo. Um enorme pedaço de ferro de Detroit, de uma época em que Detroit se orgulhava de fazer carros grandes. Eu o dirigia como se fosse um superbarco – não era exatamente ágil, mas muito estável. Esqueça a economia de combustível: aquele barco consumia galões por quilômetro.

Por que eu me incomodaria com aquele carro grande e velho, um veículo que poderia constranger a maioria dos caras de 18 anos, quando tinha um BMW novo? (Sem mencionar que marrom era a cor da antiga rival da Universidade do Texas, a Texas A&M.)

Eu adorava aquele Cadillac *porque* ele era grande.

Eu ainda estava incrementando os PCs da IBM. Ainda comprava drives de disquete, discos rígidos e chips de memória e os instalava nos IBM básicos que eu comprava no varejo. Em seguida, vendia com lucro os computadores mais potentes para médicos, advogados e arquitetos. Assim que cheguei a Austin coloquei pequenos anúncios no jornal local e logo comecei a atender novos clientes, o que me forneceu o capital de giro necessário para comprar mais PCs e suprir uma demanda que me parecia crescente. E aquele cupê DeVille era muito conveniente para transportar o estoque bruto necessário para o trabalho de incrementar os PCs da IBM, que vinham em caixas imensas. No enorme porta-malas cabiam três "monstrengos" daqueles. No banco de trás, depois de empurrar o banco dianteiro ao máximo, inclinar o encosto para a frente (no DeVille não havia portas traseiras) e espremer cada caixa, cabiam quatro. Outras duas podiam ser empilhadas no banco do carona.

Tenho certeza de que eu proporcionava uma visão curiosa quando percorria a Interestadual 35: um garoto de bochechas gorduchas com cabelo encaracolado e óculos escuros ao volante de um Cadillac gigantesco, cheio de caixas enormes, com a traseira quase tocando o asfalto sob o peso de todos aqueles computadores.

E ainda havia o outro negócio.

Os PCs da IBM vendiam loucamente desde o instante em que foram lançados, mas a demanda gigantesca provocou disparidades de suprimento entre as lojas de varejo que vendiam o produto. Houston podia encomendar 10 mil unidades, Dallas, mais 10 mil, Phoenix, outras 10 mil. Mas a IBM não conseguia fornecer todo esse suprimento a tempo, de modo que alguns desses revendedores acabavam recebendo apenas 4 ou 5 mil unidades de cada vez. Em resposta, os revendedores começaram a aumentar o número de pedidos – 20 mil, 50 mil de uma vez – para garantir a quantidade de que precisavam. O resultado foi um caos no varejo: havia cidades com excesso de estoques, outras com falta.

Aproveitei muito bem essa confusão no mercado.

Não sei se àquela altura eu já conhecia a palavra *arbitragem*, mas o conceito – ou seja, que eu poderia ganhar algum dinheiro a partir dessas incongruências de suprimento – me veio num clarão. Percebi que só precisava ir a uma cidade que tivesse excesso de PCs, comprar alguns, levá-los para outra cidade onde houvesse escassez e vendê-los. Parece simples? Realmente era.

Assim começaram as viagens de compra e venda.

Eu localizava um varejista que tivesse comprado um número excessivo de PCs da IBM, digamos, uma ComputerLand em Phoenix, telefonava para lá e perguntava se poderia comprar alguns. Para a loja era um ótimo negócio – tão bom que em muitos casos os lojistas concordavam em vender alguns por um preço abaixo do custo. Eu pegava um voo da Southwestern Airlines para Phoenix, alugava um caminhão grande – naquela época, acredite ou não, isso era permitido a um garoto de 18 anos – e ia à ComputerLand. Lá, entregava um cheque ao portador, colocava os trinta ou quarenta PCs no caminhão e dirigia até uma loja onde houvesse falta de máquinas, digamos, uma Businessland em Tucson, e vendia a carga inteira por 50, 70 ou 80 dólares a mais do que havia pagado por unidade.

Resultado: lucro instantâneo de 2 mil dólares.

Talvez você esteja fazendo um cálculo mental: um garoto de 18 anos que não estivesse traficando drogas tinha realmente 50 ou 60 mil dólares para pagar por aqueles computadores?

A resposta é sim. Meu negócio de incrementar PCs estava indo tão bem a ponto de eu ter um fluxo de caixa constante. E a revenda de computadores foi lucrativa desde o início.

Depois de um tempo descobri que podia transportar caixas grandes a um preço muito barato pelos ônibus Greyhound. Assim, se estivesse arbitrando entre lojas de computadores dentro do Texas, podia mandar um cheque para um lojista em San Antonio que tivesse PCs em excesso, pedir que ele levasse os computadores à estação de ônibus e os despachasse num Greyhound. Depois, eu mesmo os pegava em Dallas, Houston ou Austin e os levava a uma loja que estivesse precisando de computadores. Se houvesse mais do que cinco ou dez, eu chamava um colega e dizia:

– Ei, quer me ajudar em um negócio e ganhar um dinheiro?

O colega trazia seu carro e me ajudava.

Assim o verão passou. Não fui me divertir em San Marcos, mas ganhei um bom dinheiro.

―

Então começaram as aulas na faculdade. Em teoria, eu era um estudante de medicina na Universidade do Texas, a caminho de me tornar o médico que meus pais queriam que eu fosse.

A realidade, porém, era um tanto diferente.

Quando o primeiro semestre começou, em agosto de 1983, eu estava comandando um negócio próspero em meu apartamento em Austin. Meus PCs da IBM cirurgicamente alterados vendiam quase tão depressa quanto eu conseguia incrementá-los. O apartamento estava atulhado até o teto com computadores e caixas de máquinas, periféricos e parafernálias: discos rígidos, drives de disquete, chips de memória, placas-mãe e ferros de soldar.

Eu tinha um colega de apartamento, David Myers, amigo de infância da Meyerland. Meus pais conheciam os pais dele desde sempre, ele e eu gostávamos muito um do outro, de modo que morar juntos pareceu uma boa ideia. O apartamento tinha aproximadamente 55 metros quadrados: cada um ocupava um quarto com banheiro e compartilhávamos uma pequena sala. Meu estoque crescente de computadores e peças logo se esparramou pela sala. A princípio, David não viu problema nisso.

Passei a frequentar a faculdade. Sentado na aula de biologia ou química orgânica, ouvia o professor falando sem parar, fazia algumas anotações obedientemente, mas olhava pela janela e pensava em quando voltaria para o que me interessava de fato. E, claro, não participava muito das atividades universitárias. Ainda que o futebol americano fosse o forte da UT, e todo jogo do time da casa provocasse uma enorme comoção no campus, fui somente a um jogo e saí depois do primeiro tempo. Tinha outras coisas a fazer.

Os anúncios que eu publicava nos jornais caíram na boca dos usuários de computadores mais experientes em Austin. Médicos, advogados e arquitetos continuavam a me contratar para modificar seus PCs. Além disso, eu fazia alguns negócios com faculdades menores na área. Lembro que a Southwestern University, em Georgetown, cerca de 30 quilômetros ao norte da cidade, comprou uma dúzia de máquinas comigo. Fui até lá pessoalmente entregá-las e configurá-las.

Uma observação interessante é que não vendi nenhum computador para estudantes. Jamais. Os alunos da UT, pelo menos os que eu conhecia, não sabiam nada sobre computadores e não se importavam com eles. Era uma época muito diferente.

Descobri que a três quarteirões do campus havia um escritório onde o estado do Texas publicava licitações. Digamos que o Departamento de Estradas precisasse de quatro PCs com tais e tais especificações. Alguém de lá ia a esse escritório de licitações e fazia um pedido de propostas, que eram públicas. Assim, qualquer pessoa (como eu) podia entrar e dizer:

– Gostaria de ver todas as licitações de equipamentos em tais e tais categorias.

E esse escritório entregava os papéis aos interessados. Nada era eletrônico – eram folhas físicas. Eu voltava ao apartamento e analisava todos os pedidos, jogando fora os que não tinham a ver com minha expertise. Examinando os que restavam – e não eram apenas de computadores incrementados; havia também kits de memória, disco rígido e placas de I/O (input/output), acessórios que maximizavam a funcionalidade de um computador –, eu calculava por quanto podia vender cada um deles para vencer a licitação e ainda ter lucro. Então escrevia à mão as propostas, voltava de bicicleta ao escritório e as entregava.

Nenhum desses contratos era muito grande, mas comecei a ganhá-los, o que se somou aos meus outros negócios que já eram bons. Logo minha receita bruta oscilava entre 50 e 80 mil dólares por mês. Pode parecer impressionante, mas eu estava gastando quase cada centavo em estoque novo.

A notícia chegou a Houston. Quem sabe dizer como? De algum modo, as notícias costumam circular. De repente havia pessoas dizendo aos meus pais:

– Uau, o Michael tem um negócio próspero, parabéns!

E meus pais reagiram assim:

– O quê? Ele deveria estar na faculdade!

Um dia eles apareceram em Austin. De surpresa. Não foi uma surpresa total – quase isso. Certa tarde, o telefone tocou no meu apartamento. Atendi e escutei a voz da minha mãe:

– Estamos no aeroporto, acabamos de pousar. Viemos ver você.

– Fantástico! – respondi. Em seguida, desliguei o telefone e comecei a limpar furiosamente o quarto. Consegui colocar tudo na banheira do meu colega: caixas, peças e ferros de soldar. Não na minha banheira. E se minha mãe ou meu pai precisasse usar o banheiro?

Eles chegaram. Eu sorri, beijei-os e convidei-os a entrar. De repente parecia haver um monte de gente naquela sala minúscula. Eles olharam em volta e assentiram. Levei-os ao meu quarto – eles olharam em volta e assentiram de novo.

– Onde estão os seus livros? – perguntou meu pai.

Ops!

Pense rápido.

– Na biblioteca – respondi. – Eu estudo na biblioteca.

– Huumm – disse meu pai.

– Huumm – disse minha mãe.

Então saímos e passeamos pelo campus – o terreno da universidade era (e ainda é) grande e lindo –, depois fomos jantar. Eles voltaram para Houston, mais ou menos satisfeitos com o que tinham visto. Crise evitada.

―

Meu desempenho escolar era sofrível, mas meus negócios prosperavam. Eu ainda estava viajando, comprando e vendendo, principalmente nos fins de semana, porque, afinal de contas, eu precisava ao menos frequentar as aulas. Dallas, Houston, San Antonio, Phoenix, Tucson: acumulei um bocado de milhas pela Southwestern Airlines. E continuei vendendo e instalando computadores incrementados por toda Austin. Tinha uma pequena equipe de colegas estudantes da UT que me ajudavam a transportar as máquinas e configurá-las: meu colega de apartamento, David; um amigo de David chamado Jeremy Lee e o irmão mais novo de Jeremy, também chamado David; um cara chamado Mark DeWalsh, que tinha conhecido meu irmão Steven no ensino médio. Eles começaram com pouco ou nenhum conhecimento sobre computadores, mas aprenderam depressa. Eu pagava a eles e tudo corria bem.

Até que parou de dar certo – pelo menos com meu colega de apartamento. David tinha aceitado bem quando atulhei sua banheira de equipamentos daquela vez, mas à medida que a sala do nosso apartamentinho se parecia cada vez mais com um laboratório/oficina/armazém, repleta de computadores encaixotados e fora das caixas, monitores, cartões de memória e ferros de soldar, ele se mostrava mais infeliz. Nossas interações se tornaram lacônicas, e eu raramente o via sorrir. Até que um dia de manhã, ao tentar abrir a porta do meu quarto, não consegui. Quando finalmente empurrei-a alguns centímetros, vi qual era o problema: estava bloqueada por pesadas caixas de computadores. Enquanto eu dormia, David tinha me emparedado.

Mensagem recebida.

Naquele mês de novembro me mudei para um dormitório, o Dobie, na extremidade do campus. O Dobie era um prédio de 27 andares; por sorteio ganhei um quarto no último andar – o Dobie 2713, com uma linda vista para as colinas a oeste de Austin – e um colega de quarto que, para minha sorte, fazia parte da equipe olímpica de ciclismo dos Estados Unidos. Ele passava o dia inteiro, todos os dias, treinando naquelas mesmas colinas, e só usava o quarto para dormir. Toda noite ele chegava e caía na cama, exausto; e de manhã ele sumia antes de eu acordar. Para ser honesto, não lembro o nome dele, mas tenho uma gratidão eterna por ele ter sido o colega de quarto perfeito.

Era ótimo para mim que ele passasse tanto tempo fora. Logo havia no meu quartinho do dormitório um estoque tão grande quanto houvera no apartamento, embora houvesse menos espaço ainda. Coitado do cara da transportadora UPS – sei que eu o deixava completamente maluco. Ele precisava trazer todas aquelas caixas pesadas com computadores e monitores no carrinho até o 27º andar, no mesmo elevador usado por todos os estudantes que moravam no prédio, que parava em quase todos os andares. E com frequência o sujeito precisava fazer várias viagens. Como eu estava administrando meu dinheiro muito rigidamente, encomendava todo aquele material para ser pago na entrega, de modo que o entregador também precisava receber os pagamentos. Eu costumava andar com grandes maços de notas de 20, 50 e 100 dólares no bolso. Ainda bem que nunca fui assaltado!

Mas estar no último andar do Dobie era ótimo para mim, pensando bem, e não somente por causa da vista. Ali ficava a estação de retransmissão das afiliadas da Austin TV: ABC, CBS e NBC. Na cobertura – isso foi muito antes da TV a cabo –, havia diversas antenas parabólicas. E o centro de controle de TV ficava ao lado do meu quarto. Ao observar os técnicos entrando e saindo – às vezes a porta estava aberta –, eu vislumbrava todo aquele equipamento interessante lá dentro. Como equipamentos eletrônicos eram basicamente meus objetos prediletos no mundo, minha curiosidade natural foi instigada, e comecei a fazer uma série de perguntas àqueles sujeitos da TV. Como a maioria das pessoas, eles gostavam que outros perguntassem sobre seu trabalho, e logo nos tornamos bastante amigos. A ponto de eu conseguir convencê-los a me ceder uma conexão por cabo das estações de Dallas e Houston.

Por que Dallas e Houston? Quase todo mundo que ia para a Universidade do Texas era do Texas, e a maioria vinha das duas maiores cidades do estado. E (claro que isso foi muito antes da internet), como eu, eram faminto por notícias de casa.

Eles tinham uma necessidade, eu tinha uma solução.

Passando um cabo pelos dois últimos andares do Dobie (só precisei fazer alguns furinhos), montei uma rede que permitia a qualquer um que tivesse uma TV assistir às estações de Dallas e Houston. Mas não era só isso. Às vezes, numa sexta-feira ou num sábado, eu ia à Blockbuster e alugava um filme – digamos, *Clube dos Cafajestes* – e anunciava aos caras do 26º e do 27º andares que às oito da noite haveria exibição. Às oito horas, eu colocava a fita no meu aparelho de videocassete e, bingo!, Noite de Cinema na KDEL.

Isso é piada, claro. Não havia nenhuma sigla de emissora com parte do meu sobrenome. Meu experimento em transmissão via cabo era apenas uma diversão – ninguém precisava pagar nada. Mesmo assim, quando a administração do prédio descobriu, não achou nada engraçado.

– Você não pode fazer isso – disseram. – Precisa parar.

Por mim, tudo bem. Eu tinha muitas outras coisas para fazer.

⬥

Minha mãe e meu pai ouviam falar cada vez mais sobre o negócio bastante bem-sucedido que eu comandava, e não estavam gostando. Quando voltaram a Austin, dessa vez, não foi uma ocasião feliz. Logo depois do Dia de Ação de Graças disseram que vinham passar alguns dias e reservaram um quarto no Hyatt Regency. Numa noite, combinamos nos encontrar pouco antes do jantar. Assim que passei pela porta vi que os dois estavam chateados.

– Michael – disse meu pai –, você frequenta a escola aqui ou está administrando uma empresa? Uma empresa de *computadores*? – Ele fez com que isso parecesse um tanto desagradável.

– Mais ou menos as duas coisas – respondi. Não estava sendo sincero.

Percebi que minha mãe ia chorar. Isso é uma coisa que nenhum filho deseja ver. Meu pai balançou a cabeça.

– Michael – disse ele. – Michael. Você precisa decidir quais são suas prioridades. Esse negócio de computadores... – Ele hesitou. – Pode ser um ótimo passatempo para você. Mas a sua vida, Michael. A sua vida.

Eu estava olhando para o chão, com vergonha e orgulhoso ao mesmo tempo, obediente e rebelde. Não tinha ideia do que dizer a eles.

– O que você quer fazer da sua *vida*, Michael? – perguntou meu pai.

– Quero competir com a IBM! – respondi. Só estava meio brincando. Mas meu pai não achou nada engraçado.

– Você só está aqui para uma coisa – disse ele. – Receber a formação de que precisa para se colocar no caminho certo na vida.

Murmurei algo sobre não ter tanta certeza de que o caminho do qual ele estava falando era o certo para mim.

Então olhei para minha mãe.

Agora as lágrimas rolavam, e ela segurava com as duas mãos a gola do vestido.

– Michael – começou ela. E então disse meu nome de novo. – Michael.

O gesto que ela estava fazendo era mais do que um gesto. Ela parecia a ponto de rasgar a roupa, uma antiga expressão de luto entre os judeus. Bem ali, num quarto do Hyatt Regency Austin, estava colocando mais de 5 mil anos de culpa judaica na minha cabeça e dizendo que, se eu não me emendasse, estaria morto para ela.

Claro que desabei.

Eu estava chorando, minha mãe e meu pai também. Quando finalmente consegui juntar alguma dignidade, assoei o nariz e olhei para eles.

– Está bem – disse.

Eles me olhavam. É algo bastante forte quando seus pais o encaram desse jeito.

– Está bem – repeti. – Chega de computadores. Só a faculdade. Só a faculdade. Prometo.

Eu estava falando sério. Mas tudo que sentia era dor.

Nos dez dias seguintes parei por completo. Literalmente, não encostei a mão num computador. Nada de upgrade de memória, nenhuma instalação de disco rígido, nada de viajar e comprar. Nada de *Byte* ou *PC Magazine*. Fui às aulas e me esforcei ao máximo para prestar atenção. Tomei notas.

Para satisfazer minha fixação tecnológica, achei que ajudaria dedicar atenção a outra paixão, o áudio de alta qualidade. Eu adorava escutar rock – Rolling Stones, Doors, Jimi Hendrix, Queen, Roxy Music – bem alto. Naqueles tempos, pouco antes do CD, os audiófilos ainda babavam diante dos toca-discos Thorens, receivers Harman Kardon, enormes caixas de som Klipsch. No meu tempo livre, eu frequentava as lojas de áudio de alta qualidade em Austin, esperando que a aparência e o cheiro daqueles componentes maravilhosos aliviassem minha fissura por placas de memória, placas-mãe e chips de BIOS – para não mencionar a empolgação que eu sentia só por estar no ramo dos computadores.

Não ajudou.

Na verdade, aqueles dez dias de desejo intenso aguçaram meu foco. Percebi que a perspectiva de exercer a medicina, em qualquer especialidade, não tinha nenhum apelo para mim. E que a perspectiva de basear minha vida profissional nos computadores era mais do que atraente – era absolutamente empolgante.

Então cheguei a um estratagema muito típico dos 18 anos: voltaria ao meu negócio de computadores e não contaria nada aos meus pais. Brilhante, certo? Além disso, o recesso de Natal estava chegando: eu poderia reiniciar as atividades sem me preocupar com as aulas.

Àquela altura, estava claro que um pequeno quarto de dormitório no 27º andar de um prédio era inadequado para armazenar o estoque. Se eu quisesse voltar para os computadores com pique total, precisaria de muito mais espaço. Assim, com capital de giro suficiente no banco, decidi arranjar outro lugar que fosse meu.

No início de janeiro me mudei para um condomínio alguns quarteirões ao norte do campus, na Duval Street 3200. Era o prédio mais legal da área – tinha uma garagem subterrânea com portão para o meu BMW –, e a minha unidade era das mais simpáticas, um apartamento de dois quartos no terceiro andar. Intencionalmente escolhi o andar mais alto, porque os apartamentos ali tinham pé-direito duplo, perfeito para empilhar estoque. E logo haveria um bocado de estoque novo.

Quando o segundo semestre começou, eu estava de volta aos negócios com energia redobrada: fazendo upgrade, viajando para comprar, revendendo. Decidi que, se eu quisesse mesmo ter uma empresa, precisava agir como um empresário, por isso pesquisei como montar uma estrutura de verdade, com nome fantasia. Depois, preenchi a papelada para me tornar o único proprietário, me estabelecendo como PC's Limited. Não era exatamente um nome genial, mas, como meus computadores incrementados pareciam se vender sozinhos, o marketing atraente era a menor das minhas preocupações.

Mais uma vez, meus pais ficaram profundamente decepcionados.

No fim de fevereiro de 1984, eu passava menos tempo ainda em sala de aula do que no primeiro semestre. Estava claro que a hora de abrir o jogo com minha mãe e meu pai se aproximava. Porém, mais ou menos nessa época fiz uma descoberta muito útil no livro de regras da Universidade do Texas: era possível parar um semestre e depois se rematricular sem sofrer penalidades acadêmicas. Sem dúvida, era algo que eu poderia dizer a eles – assim que conseguisse puxar o assunto.

Enquanto isso, continuava percorrendo Austin com minha pequena equipe de ajudantes e fazendo instalações. Nos fins de semanas viajava de avião pelo Texas e o Arizona, comprando e vendendo PCs. O dinheiro continuava entrando, e as despesas gerais eram baixas. Meu apartamento ficava ao lado do da senhoria – chamava-se Liba Taub. Se algum dia ela viu todas as caixas de computadores empilhadas até o teto de cinco metros e meio de altura do meu apartamento de pé-direito duplo, não pareceu preocupada. Eu era um rapaz legal, pagava o aluguel em dia. Não dava festas loucas.

Nas férias de primavera daquele ano fui com minha mãe, meu pai e Adam à Inglaterra, visitar Steven. Meu irmão mais velho, o mais inteligente dos três, tinha se formado na faculdade em três anos e meio e entrado na Baylor Medical School. Por isso tivera seis meses de folga e decidira trabalhar como barman em Londres.

Era minha primeira viagem para fora do país. Estivemos em todos os pontos turísticos: a Torre de Londres, o castelo de Windsor, o Parlamento. Mas também fiz alguns passeios sozinho, para olhar o que *realmente* me fascinava na Inglaterra. Para começo de conversa, isso foi mais ou menos na época em que os CDs estavam sendo apresentados ao público em geral, e por algum motivo a nova tecnologia tinha deslanchado mais depressa no Reino Unido do que nos Estados Unidos. Era possível entrar na loja de música HMV e comprar uma porção de CDs. Eu estava maravilhado com a qualidade do áudio – e mal conseguia esperar para ouvir aquilo pelas grandes caixas de som Klipsch que tinha comprado para o apartamento novo.

Outra coisa que me impressionou foi a profusão de lojas de computadores – e a profunda ignorância das pessoas que trabalhavam nelas. Na Inglaterra, como nos Estados Unidos, essas lojas vendiam PCs por 3 mil dólares ou mais quando os componentes valiam entre 600 ou 700 dólares. E os vendedores não sabiam praticamente nada em termos de serviço e suporte. Nem os clientes nem os varejistas pareciam se importar. Todo mundo queria computadores, e libras e xelins trocavam de mãos o tempo inteiro.

Foi nessa viagem que minha mãe começou de repente a ficar exausta. Quando voltamos para casa, ela procurou um médico e logo recebeu o diagnóstico que todos temíamos: linfoma não Hodgkin. Mas os especialistas em câncer no MD Anderson em Houston se mostraram esperançosos, e nós também. Todos sabíamos como mamãe era batalhadora.

Na volta ao Texas dei a notícia aos meus pais. Com toda a segurança que consegui juntar, disse a verdade: eu estava comandando um negócio que faturava consistentemente 50 mil dólares por mês e achava que podia aumentar esse valor de modo considerável. Disse que havia mais boas notícias: eu podia deixar a UT sem penalidade acadêmica e me rematricular no futuro, se quisesse. Fiz a promessa solene de que, se meu empreendimento comercial não desse certo, voltaria para a faculdade.

Não vou dizer que eles ficaram empolgados. Houve testas franzidas e cabeças balançando, mas acabaram concordando, embora contrariados. Levaria alguns anos até que meu relacionamento com mamãe e papai voltasse ao que era. Mesmo assim, eles eram pessoas sensatas que entendiam o que significava lucro: viam a lógica da minha escolha, mesmo que desejassem para mim algo diferente. E a triste verdade é que minha mãe talvez estivesse cansada demais para discutir comigo.

Algumas semanas depois recebi um telefonema de Kelley Guest. Sócio de uma firma de advocacia na cidade, Kelley tinha comprado alguns kits de upgrade de disco rígido comigo, para ele e para várias outras pessoas em seu escritório.

– Andei pensando que você deveria abrir uma empresa de verdade.

– Como assim? – perguntei.

Kelley disse que, se meus negócios continuassem crescendo, logo eu estaria contratando pessoas para me ajudar em tempo integral. Oferecer benefícios extras, como plano de saúde, disse ele, seria o melhor modo de atrair profissionais de qualidade, e ser dono de uma corporação me permitiria acesso a tais benefícios. Também disse que havia determinadas vantagens fiscais disponíveis para uma corporação que não seriam aplicáveis a uma empresa individual.

– Parece bom – disse eu. – Quanto isso vai me custar?

– Preciso de mais um desses kits de upgrade. Então por que não fazemos uma troca? Eu faço a sua incorporação, você instala o kit de disco rígido e estamos quites.

Pareceu bom para mim. Instalei o kit e Kelley cuidou da papelada. Mas então ele me chamou de volta e disse:

– Michael, houve um pequeno problema. Não pudemos abrir a empresa com o nome "PC's Limited", porque é genérico demais. Por isso chamei a empresa de Dell Computer Corporation e você pode fazer negócios como PC's Limited.

– Tudo bem. Sem problema.

– Mais uma coisa: você precisa pagar 1 mil dólares se quiser abrir uma empresa no Texas.

Você pode achar que com 60 ou 70 mil dólares de receita bruta todo mês eu consideraria meros 1 mil dólares uma pechincha. Não era bem assim. Eu precisava pagar o aluguel do apartamento e, como sempre, comprar estoque novo – quase tudo que eu ganhava era reinvestido no negócio. Eu vivia com uma margem bastante estreita de lucro.

– Preciso vender mais coisas – respondi. – Falo com você em alguns dias.

Em 3 de maio de 1984 minha pequena operação de um homem só se tornou formalmente a Dell Computer Corporation, com o nome fantasia PC's Limited. Faltavam apenas duas semanas para as provas finais. Fiz os exames e passei raspando, depois abandonei a faculdade para sempre.

Eu achava que uma empresa de verdade deveria ter uma sede de verdade. Logo depois da incorporação aluguei um espaço de 90 metros quadrados num complexo de escritórios poucos quilômetros ao norte do centro de Austin, a Unidade F11 no North Lamar Boulevard, número 7.801. E em seguida fiz minha primeira contratação.

Terry Hostetler era gerente de uma loja local chamada The Software Place. Nós nos conhecemos quando eu vendi um computador de demonstração para a loja, e nos entendemos de imediato. Ambos estávamos tremendamente empolgados com a revolução do PC e nossos interesses meio que se completavam: Terry tinha um grande conhecimento sobre software, eu, sobre hardware. Ele era inteligente, maduro – tinha 23 anos enquanto eu estava com 19, e era casado, o que parecia muito adulto para mim –, e gostávamos de conversar sobre tecnologia. Muito. Tínhamos até um humor meio parecido. Achei que havia encontrado um amigo.

Um dia fomos almoçar juntos e depois rodamos por Austin no meu BMW, falando sobre esperanças e sonhos. Uma das minhas ideias, contei a Terry, era comprar uma franquia ComputerLand ou Businessland e transformá-la em algo maior. Nas minhas explorações pela cidade eu passara algum tempo numa loja chamada CompuAdd, que vendia componentes de computador em vez de computadores, e conheci o dono, um sujeito chamado Bill Hayden. Hayden me disse que, graças ao boom de tecnologia em Austin, ele estava ganhando uma fortuna. E achou que estava impressionando um garoto rebelde, mas quando o avaliei achei que podia fazer tudo o que ele fazia e muito mais.

Eu era meio metido aos 19 anos? Claro que era. É preciso ser, quando se quer fazer algo importante. Nesse ponto, você já deve ter percebido que sou um sujeito muito competitivo, e achava que tinha todo tipo de ideias que Bill Hayden jamais imaginaria.

Uma das minhas ideias era apenas uma extensão do que eu já fazia: colocar anúncios e receber pedidos por telefone para kits de memória e de disco rígido e PCs incrementados. Eu estava sempre atento aos preços mais baratos para componentes de computadores e achava que podia poupar os clientes da tarefa de fazer comparação de preços, repassando a economia para eles e ainda tendo lucro. E minhas máquinas incrementadas, que continham esses componentes, eram melhores e não eram tão caras quanto os PCs da IBM ou da Compaq que os consumidores encontravam nas lojas de varejo. Além disso, ao contrário das lojas de varejo, eu estava preparado para oferecer suporte técnico confiável (e gratuito).

Até então eu só vinha publicando anúncios em Austin, mas, com duas pessoas atendendo o telefone para mim, achei que poderia fazer propaganda em nível nacional – digamos, na *PC Week* e na *Computer Shopper*, ambas com periodicidade suficientemente curta para que eu pudesse manter controle sobre os preços. Os clientes podiam ligar de qualquer local e dizer que tipo de memória ou kit de disco rígido desejavam. Se estivessem encomendando um computador incrementado, bastava informar quanta memória queriam na máquina, qual o tamanho do disco rígido, qual a velocidade do processador. Assim que nos davam um número de cartão de crédito, podíamos mandar os kits ou montar um computador customizado em cerca de uma hora e enviar no mesmo dia. Parece simples, mas ninguém além de nós fazia isso.

Terry ouviu com atenção tudo o que eu estava dizendo. Contou que também sonhava iniciar sua própria empresa de tecnologia em Austin, e o que eu dizia parecia perfeito para ele.

– Por que não vem trabalhar comigo? – perguntei.

Ele não hesitou.

Não fomos somente eu e Terry durante muito tempo. Começamos a contratar técnicos e vendedores imediatamente, primeiro dois, depois mais dois. Nosso pequeno escritório de 90 metros quadrados era dividido em quatro seções: na frente havia um minúsculo showroom onde clientes locais podiam adquirir kits ou computadores incrementados; logo atrás ficavam o escritório de Terry e o meu. Em seguida havia um espaço com quatro mesas compridas; em duas se instalaram nossos técnicos com seus chips, placas, placas-mãe, drivers e ferros de soldar; outras duas eram ocupadas por nossos vendedores, que recebiam os telefonemas e anotavam os pedidos em formulários em triplicata. Na parte de trás havia um depósito para computadores e peças.

Chegavam muitos pedidos. Os de fora do estado vinham por um número de telefone que eu tive o orgulho de criar: 1-800-426-5150 / 1-800-IBM-5150. (O 5150 era o PC padrão da IBM, mas nós também incrementávamos máquinas Compaq.) Quando tínhamos alguns kits e computadores prontos, embalávamos e levávamos à UPS, correndo para chegar antes das cinco da tarde, quando eles fechavam.

À medida que os negócios cresciam, continuamos contratando um vendedor ou um técnico por semana. Logo aquele espaço pequeno se tornou bastante caótico. Assim, quando o F1, um escritório bem maior, ao lado, ficou vago, nós o alugamos. O novo espaço tinha diversos cubículos para os vendedores e os técnicos e salas maiores para Terry e eu. Logo tudo pareceu mais organizado.

Quero dizer, mais ou menos organizado. Nosso sistema de pedidos consistia em três varais pendurados entre os cubículos, com as folhas amarelas dos formulários em triplicata pregadas neles. O varal de cima era para os pedidos que precisavam ser atendidos, o do meio, para pedidos que esperavam a entrega das peças, e o de baixo, para pedidos que, por algum motivo (às vezes as peças não chegavam a tempo), não tínhamos ideia de como atender. Nosso sistema de contabilidade consistia em pilhas de formulários em triplicata e recibos de cartões de crédito.

Terry e eu tínhamos várias funções. Ele era nosso especialista em software, além de gerente do escritório e contador. Eu investigava os suprimentos de maior qualidade e menor preço, ajudava a atender os telefonemas com pedidos de suporte e de vez em quando colaborava com os técnicos para incrementar as máquinas. Durante aquela primavera e aquele verão, os negócios continuaram crescendo, nós continuamos contratando, e o escritório era agitado e barulhento da manhã à noite. Éramos um bando de bucaneiros da informática, e às vezes o simples nível de atividade era assustador. Guardávamos alguns bastões de espuma numa caixa do lado de fora da porta de Terry, e quando as coisas ficavam muito loucas batíamos um no outro com aquilo, para aliviar a tensão.

Era divertido, era estressante, ocupava todo o nosso tempo e sugava toda a nossa energia. Eu sentia orgulho do meu pequeno bando. Mas eu era o chefe, tinha 19 anos e minha experiência nos negócios era diferente da deles. Hoje vejo que, tão jovem, eu não estava emocionalmente preparado para entender aquela situação. Numa quinta-feira naquele outono, Terry me disse que ia sair para almoçar.

– Certo – falei. – Até mais tarde.

A hora do almoço passou e Terry não voltou. Achei estranho. Liguei para a casa dele.

– Não estou me sentindo muito bem – avisou ele. – Vou tirar o restante do dia de folga.

– Ok. Vejo você de manhã.

Mas na manhã seguinte ele não apareceu, nem na tarde seguinte, e no sábado fui vê-lo. Ele parecia infeliz. Durante um bom tempo não quis falar nada. Então me olhou e disse:

– Eu não aguento mais, Michael. É muita pressão, simplesmente não consigo.

– Como assim? Você não pode me deixar. Não sei nada sobre contabilidade e software.

Agora sei que não foi a atitude mais sensível do mundo.

Terry balançou a cabeça.

– Não consigo – repetiu. – É muita pressão para mim.

Tentei convencê-lo a mudar de ideia, mas não houve jeito. Voltei ao escritório e olhei a pilha de papéis na mesa dele, tentando entendê-los. A contabilidade era uma língua estranha para mim. Pela primeira vez na vida, eu não tinha a menor ideia do que fazer. Estava sozinho e com medo.

5

O SR. DENALI

O fim de semana do Super Bowl de 2013 foi memorável para mim, e eu nem assisti ao jogo.

Na quarta-feira, 30 de janeiro, no escritório da nossa fundação em Austin, Susan e eu anunciamos que a Michael e Susan Dell Foundation (MSDF) doaria 50 milhões de dólares para a nova faculdade de medicina da universidade. Foi uma ocasião festiva: nossos gêmeos, Zachary e Juliette, estavam presentes, além do reitor do sistema da Universidade do Texas e do presidente da UT. Mas não pude ficar para a recepção que aconteceu em seguida – assim que a cerimônia terminou, peguei meu carro e fui para o aeroporto, onde encontrei nosso diretor financeiro, Brian Gladden, o controlador, Tom Sweet, o consultor geral, Larry Tu, e outra advogada nossa, Janet Wright, e voamos para Nova York. Nos quatro dias e meio seguintes passei quase todas as horas em que estive desperto numa maratona de conversas com a comissão especial, detalhando os termos finais do fechamento de capital. Até hoje penso nesse momento como o Super Bowl das negociações.

Fazia meses que a situação vinha se arrastando, e Egon Durban e eu pressionávamos para finalmente resolvê-la. Os boatos sobre a Dell tinham se tornado implacáveis, e os clientes estavam preocupados. A United Technologies, por exemplo, iria nos premiar com um grande contrato. Porém, com o status da empresa ainda desconhecido, eles começaram a desconfiar. Enquanto isso, tudo que podíamos dizer era: "Não fazemos comentários sobre boatos e especulações." Na tentativa de levar Alex Mandl a comover a comissão, eu dizia a ele como nossos grandes clientes estavam insatisfeitos, mas Alex, frio e durão como sempre, recusava-se a deixar-se apressar. Ele e eu tínhamos visões próprias de como fazer o melhor para os nossos acionistas, e elas não se alinhavam.

As conversas começaram cedo e animadas na manhã de quinta-feira, nos escritórios da Debevoise & Plimpton em Manhattan, e foram intensas desde o início. Apesar de a Silver Lake e eu termos demonstrado que tínhamos o financiamento para pagar o que, a nosso ver, era um preço bastante justo pela empresa – eu havia concordado em aceitar 13,36 dólares por ação pelos meus 279 milhões de ações e a Silver Lake estava oferecendo aos acionistas 13,60 –, os membros da comissão não se mostraram impressionados. Questionavam cada detalhe da nossa proposta, analisavam cada parágrafo. Se houvesse alguma chance de conseguir um preço melhor para os acionistas, eles estavam decididos a fazê-lo. Queriam procurar outros pretendentes – o jargão para esse processo é *go-shop* – e estavam preparados para pôr na mesa uma oferta extraordinária: a Dell consideraria pagar todos os custos que qualquer pretendente adequado tivesse ao fazer diligência prévia sobre nós, até 25 milhões de dólares. Era uma ideia bastante incomum, para dizer o mínimo. Na prática, era como estender um tapete vermelho. Mas, afinal de contas, não estávamos falando sobre uma compra comum de empresa.

A cada manhã Durban e eu nos encontrávamos no saguão do hotel, o Four Seasons na rua 57, e caminhávamos até os escritórios da Debevoise na esquina da 56 com a Terceira Avenida, para batalhar. Havia uma lista enorme de questões não resolvidas – e Alex continuava indagando: "Quais são os compromissos finais com os bancos, qual é a estrutura de capital esperada, e quanto à Microsoft?"

A comissão especial não era a única parte com a qual discutíamos. Ainda estávamos martelando os termos de pagamento dos empréstimos bancários e os 2 bilhões de dólares da Microsoft. A generosidade da Microsoft vinha com uma condição: eles estavam insatisfeitos com o número de pessoas na China que baixavam cópias piratas do Windows, por isso queriam que aumentássemos à força a taxa de anexação do Windows aos PCs que vendíamos lá. Nós também queríamos isso – os programas piratas costumavam causar problemas em nossos computadores. Mas queríamos estabelecer um objetivo alcançável.

Tudo isso para dizer que, juntando nossos advogados e nosso pessoal de finanças, e os advogados e o pessoal de finanças da comissão – a Debevoise e a J. P. Morgan, além do Evercore, o banco de investimentos que a comissão tinha contratado como segundo consultor financeiro –, muitas negociações aconteciam ao mesmo tempo. Toda vez que havia uma alteração no acordo, precisávamos fazer com que o banco aprovasse, e então os documentos bancários tinham de ser assinados de modo que a comissão pudesse ver e aprovar as assinaturas. Os mensageiros estavam sempre ocupados. Os e-mails "voavam", densos e velozes, com frequência até três ou quatro da madrugada. Em nome do sigilo, cada parte fundamental citada em cada documento tinha um codinome: a Dell Inc. era Águia Marinha; a Silver Lake era Salamandra; a Microsoft era Matterhorn. Eu era o Sr. Denali. Essa prática era comum em negociações confidenciais – em geral, os nomes começam com a primeira letra da entidade ou pessoa de quem se está falando –, mas só fiquei sabendo disso no verão, quando alguém da nossa equipe começou a falar sobre Denali.

– O que é Denali? – perguntei.

– Ah, é você – respondeu a pessoa.

Na quinta, na sexta e no sábado todo mundo que fazia parte do acordo se sentou na sala de reuniões na Debevoise, falando sem parar. Às vezes, quando chegávamos a um impasse relativo a um termo ou outro do acordo, Durban e eu saíamos para dar uma longa caminhada no Central Park e clarear a mente antes de voltar à mesa de negociações. Na noite de sábado, 2 de fevereiro, eu precisava de uma pausa, por isso levei minha filha Alexa, que nessa época morava em Nova York, para um jogo dos Knicks no Madison Square Garden.

Eu tinha comprado lugares perto da quadra, mas, por mais que tentasse, não conseguia permanecer concentrado no jogo. Meu cérebro estava em aceleração máxima: eu não conseguia parar de pensar naquelas negociações, ao mesmo tempo que lutava, sem muito sucesso, para manter a fisionomia impassível. Lembro-me de ter tido um pensamento absurdo: "Bom, se eu estou aqui curtindo o jogo sem outras preocupações, talvez as pessoas pensem que os boatos são falsos." Falar é fácil! Sentado na minha cadeira dobrável no piso do Garden ou indo ao bar no intervalo, me sentia como se estivesse na fila do gargarejo das partes interessadas. Spike Lee estava sentado ali perto – assim como o chefe de uma grande empresa de *private equity*. Quando esse sujeito me viu, levantou as sobrancelhas e disse:

– Notícia interessante!

Claro que eu sabia exatamente do que ele estava falando. E claro que eu não podia dizer nada, a não ser:

– É, e este jogo aqui?

Depois voltei ao hotel, mas naquela noite o sono demorou a vir. Eu tinha esperado que as negociações terminassem no domingo, no máximo, mas tudo continuava indefinido. Estávamos num ponto em que a coisa seria resolvida num prazo mais ou menos curto ou simplesmente não iria acontecer.

À uma da madrugada meu telefone soltou um bip anunciando um novo e-mail. Era a Microsoft dizendo que tinha concordado com nossa proposta e faria o empréstimo. Boa notícia, mas ainda precisávamos de várias outras. Às duas da madrugada, outro bip do telefone. A Silver Lake tinha mandado uma carta delineando duas opções para o conselho: 13,60 dólares por ação se continuássemos a pagar dividendos até o fechamento do negócio ou 13,75 por ação se parássemos de pagar dividendos. Segundo a carta, era a última e melhor oferta, não sujeita a novas negociações. Na manhã seguinte, o domingo do Super Bowl, Durban e eu entregamos a proposta à comissão especial, e naquela tarde eles fizeram uma reunião para avaliar. Responderam que não estavam interessados em nenhum plano que descontinuasse os dividendos e mostraram-se insatisfeitos com o valor de 13,60 por ação. Alex disse a Durban que ele precisaria se esforçar mais. Durban disse a Alex que a Silver Lake não se dispunha a aumentar a oferta. Estávamos oficialmente empacados.

Mas não estávamos, na verdade. Durban e eu sentíamos que a situação não era imutável, e que apesar do ultimato da Silver Lake, de que aquela era a "última e melhor" oferta, Durban e sua equipe podiam encontrar um modo de acrescentar mais alguns centavos. Enquanto isso eu precisava voltar a Austin – tinha várias reuniões com clientes importantes programadas para segunda-feira, dia 4 –, e Durban também tinha negócios importantes na Califórnia. Nós dois achamos que poderíamos continuar as negociações pelo telefone.

No avião para casa recebi um e-mail de um dos nossos principais executivos de vendas, com mais notícias ruins: a AXA, a seguradora francesa, tinha sérias preocupações com todos os boatos e especulações e havia acabado de cancelar um contrato de 150 milhões de dólares conosco por causa da incerteza. O executivo acrescentou que outros clientes suspenderiam compras conosco até que alguma posição fosse anunciada, para um lado ou para o outro. Enquanto isso, tudo o que eu podia dizer a eles era: "Nós não fazemos comentários sobre boatos e especulações."

A pressão não vinha somente de fora. Como nosso ano fiscal começa no início de fevereiro, todo ano, mais ou menos nessa época, fazemos uma grande reunião de vendas (nós a chamamos de FRS, ou Field Readiness Seminar – Seminário de Preparação de Campo –, um nome que criamos nos anos 1980 e mantivemos desde então). É o momento em que milhares dos nossos vendedores de todo o mundo se reúnem para receber treinamento sobre novos produtos, soluções e serviços da Dell. Eu precisaria viajar para Las Vegas na terça-feira, dia 5, subir ao palco e falar com todas aquelas pessoas, e todas iriam querer saber que diabos estava acontecendo com a empresa. E a última coisa que eu queria dizer era: "Sem comentários."

Contei tudo a Alex. Disse que nossos clientes estavam se afastando, que estávamos perdendo grandes negócios, que eu precisava ser capaz de tranquilizar nossa força de vendas. Será que, por favor, poderíamos resolver isso até a manhã de terça-feira, no máximo?, perguntei.

Como sempre, Alex não se deixou apressar.

– O dividendo é inegociável – disse. – E o preço está baixo demais.

Assim, voltamos ao trabalho. Enquanto os Estados Unidos assistiam ao grande jogo, Durban, eu e vários de nossos representantes passamos o domingo do Super Bowl tentando descobrir como poderíamos aumentar nossa oferta. Naquela noite – não vimos o jogo, os Ravens venceram os 49ers por 34 a 31 –, ainda estávamos deliberando.

Como compradores, a Silver Lake e eu queríamos pagar o mínimo possível pela empresa. Mas também queríamos que o negócio acontecesse. A Silver Lake achou (eles estavam estabelecendo o preço, não eu) que acrescentar cinco centavos à nossa oferta anterior, a um custo de cinco centavos vezes 1,79 bilhão de ações – 90 milhões de dólares –, faria uma diferença substancial aos olhos do conselho e pouca diferença para nós se, como prevíamos, nossa tese estivesse correta e fechar o capital da empresa levasse, com o tempo, a um grande aumento de valor. E se nossa tese estivesse errada e perdêssemos – e não achávamos que perderíamos –, teríamos perdido muito mais que 90 milhões de dólares.

Assim, na manhã de segunda-feira, a Silver Lake e eu concordamos em aumentar a oferta em cinco centavos por ação, chegando a 13,65 dólares, e concordamos que a empresa continuaria a pagar os dividendos trimestrais regulares. Durban disse a Alex que esse era o preço absolutamente mais alto ao qual podiam chegar, e por volta das dez da manhã Larry Tu mandou um e-mail indicando que Alex e Jeff Rosen (um advogado importante da Debevoise) conversariam sobre isso e em seguida ligariam para Durban.

O Super Bowl já era história, mas no nosso Super Bowl o jogo estava na prorrogação.

Durante todo o dia e a noite de segunda-feira, dia 4, a comissão especial deliberou com o Boston Consulting Group, a Debevoise, o J. P. Morgan e a Evercore. Às 22 horas, Alex e a comissão fizeram uma teleconferência com o conselho administrativo da Dell e a Debevoise – eu não participei –, e Alex, em nome da comissão especial, recomendou que o conselho aceitasse nossa oferta. O conselho acatou de modo unânime a recomendação. Às 22h45, recebemos a notícia de que o acordo estava aprovado. Depois do telefonema, nossos advogados e os da comissão especial trabalharam durante a noite para finalizar a documentação da transação, e na manhã de terça-feira, 5 de fevereiro, tornou-se oficial: nosso plano era fechar o capital, tendo a Silver Lake como minha sócia numa compra alavancada de 24,4 bilhões de dólares a 13,65 dólares por ação.

Pensamos que fosse o fim do processo. Era só o começo.

―

A reação foi imediata e enorme. Como era de esperar, cada veículo de mídia mergulhou fundo na apuração da história. O *The Wall Street Journal* observou que a compra potencial seria a maior do gênero desde a crise financeira de 2008, mas disse que a jogada era "arriscada" e, com efeito, uma "admissão" de que eu "não fui capaz de realizar as mudanças necessárias para melhorar a receita e os lucros da [minha] empresa aos olhos de Wall Street". Segundo a matéria, eu era "um homem... cada vez mais preocupado com seu legado". Fazia anos, afirmaram fontes anônimas ao jornal, "que o Sr. Dell não demonstrava o mesmo entusiasmo que tinha quando havia recuperado o cargo de CEO em 2007".

A mídia podia falar o que quisesse, mas a verdade é que eu estava muito empolgado com o futuro da empresa, ainda que houvesse alguns fiapos de verdade por trás das críticas. E o fato de o mercado não gostar da empresa tinha criado a oportunidade que eu estava aproveitando. Obrigado, mercado.

Agradeço a você por ter reduzido o preço da empresa. De outro modo seria impossível comprá-la de volta, quer o mercado estivesse certo ou errado.

A sensação era agridoce.

No entanto, eu estava mais entusiasmado do que nunca com as perspectivas da empresa. Com quem os veículos de imprensa haviam falado?, pensei.

O *The New York Times* aplaudiu o negócio como "uma jogada ousada", mas disse que era "uma enorme aposta. Vai sobrecarregar a Dell com uma nova dívida de 15 bilhões e não fará nada para desviar as forças que alteram o ramo da tecnologia e solapam os negócios da empresa".

Era uma abordagem interessante, considerando que eu vinha tentando dizer a quem quisesse ouvir que, longe de precisar "desviar as forças que alteram o ramo da tecnologia", a Dell estava no processo de aproveitar e comandar essas mesmas forças.

Não importava. Todo mundo parecia ter um objetivo próprio.

A CNN avisava a quem quisesse ouvir que, "segundo os críticos, Michael Dell não é um grande inovador, por isso jamais transformará a Dell na próxima Apple ou Samsung".

A imprensa havia me chamado de um sem-número de adjetivos no correr dos anos: *enfant terrible*, menino prodígio, gênio, idiota – e eu desenvolvi uma casca grossa em relação a isso. A maioria das críticas não me incomoda por muito tempo, em parte porque sei que a mídia está mais interessada em criar controvérsias do que em apresentar fatos objetivos. Percebo que a maioria das notícias é exagerada nas duas direções, positiva ou negativa, e que a verdade está sempre mais perto do meio.

Curiosamente, nunca tive o menor desejo de transformar a Dell na próxima Apple ou Samsung. Sempre quis transformar a Dell de hoje na Dell de amanhã – e já tínhamos dado uma boa largada para isso acontecer.

Pelo visto, nosso progresso era uma grande ameaça para a HP, nossa maior concorrente na época, que sentiu necessidade de semear um pouco dos velhos medos, incertezas e dúvidas no mercado. Poucas horas depois do anúncio, a HP fez uma declaração que parecia terrível: "A Dell tem uma estrada muito difícil pela frente. A empresa está diante de um longo período de incertezas e de uma transição que não será boa para os clientes. Com uma dívida significativa, a capacidade da Dell para investir em novos produtos e serviços será extremamente limitada. As compras alavancadas costumam deixar os consumidores e as inovações parados no meio do caminho. Acreditamos que os clientes da Dell estarão ansiosos para explorar alternativas, e a HP planeja aproveitar essa oportunidade."

Em outras palavras, eles estão ferrados, comprem conosco.

Não podia ser verdade, não se dependesse de mim.

Os contragolpes tinham apenas começado. Na sexta-feira, 8 de fevereiro, a Southwestern Asset Management divulgou uma longa e acalorada carta para os acionistas da Dell, assinada por O. Mason Hawkins, o CEO. A carta, que obteve grande destaque na imprensa, chamava a oferta de compra de "muito inadequada" e dizia que "claramente representa uma proposta programada de modo oportunista para fechar o capital da empresa por um preço muito abaixo do valor intrínseco da Dell, privando os acionistas de participar da substancial criação de valor futuro para a empresa". E qual era a ideia de Mason Hawkins de uma avaliação adequada?

Não deveriam ser 13,75, 13,85 ou 14 dólares por ação. Nem 15, 16 ou mesmo 20. Não, a administração da Southwestern afirmava que o preço correto era de 23,72 dólares por ação, o que fazia com que a empresa valesse mais de 42 bilhões de dólares.

Como a Southwestern havia chegado a esse número? Hawkins explicou cuidadosamente na carta. Ele avaliava nosso negócio de PCs em 2,78 por ação, outras linhas de produtos a um valor combinado de 13,36 por ação. Calculou que os 13,7 bilhões que tínhamos gastado com aquisições desde 2007 representavam 7,58 dólares por ação. Somando tudo, chegaram a 23,72 dólares.

Mas esse valor tinha outro significado: ecoava com precisão nosso valor na bolsa no dia em que eu voltei ao posto de CEO, em 2007 (antes da grande crise financeira). A Southwestern estava tentando colocar na cabeça dos acionistas que, de fato, eu tinha jogado a empresa no chão.

Hawkins não pleiteava que eu fosse deposto do cargo de CEO, mas tentava brandir os 8,5% de participação da Southwestern na Dell – abaixo apenas dos meus 15,7% –, para fomentar um motim dos acionistas contra o acordo. Sua carta reclamava que, como a Southwestern havia gastado cerca de 2,28 bilhões para acumular seus 147 milhões de ações da Dell, ela perderia cerca de 270 milhões de dólares da sua participação se a empresa fosse vendida a 13,65 dólares por ação.

Não fiquei com raiva de Hawkins. Eu via o que ele estava tentando fazer: obter o melhor retorno possível para o seu investimento.

Foi estranho, porque se a carta da Southwestern fosse de fato persuasiva, os papéis da Dell saltariam imediatamente para mais de 20 dólares por ação, eliminando a necessidade de fechar o capital. Mas isso não aconteceu. Na sexta-feira em que a carta foi publicada, as ações da Dell subiram apenas alguns centavos, de 13,53 para 13,63. E a carta deixava de mencionar que o preço não afetado das nossas ações – antes de todos os boatos virem à tona, em meados de janeiro – estava cerca de 3 dólares abaixo disso. A transação que propúnhamos oferecia aos acionistas parte do benefício potencial do nosso plano sem que eles precisassem correr nenhum risco. Assim, em vez de ter uma ação de cerca de 10 dólares, eles receberiam 13,65 por ação. Se não quisessem, podiam votar contra o acordo, e suas ações provavelmente retornariam ao patamar de cerca de 10 dólares cada. A escolha parecia bastante clara, mas os descontentes quase nunca enxergam com clareza, e o descontentamento do nosso maior acionista tinha aberto uma porta para todo tipo de problemas.

Problemas que surgiram de imediato. Um dia depois da carta da Southwestern, o *Barron's* publicou uma reportagem intitulada "O acordo da Dell pode morrer". "O acordo de Michael Dell para fechar o capital da empresa que leva seu nome foi tratado inicialmente como quase certo em Wall Street", começava. "Mas há um risco razoável de que a resistência dos acionistas atrapalhe a transação." A matéria prosseguia dizendo que a oposição da Southwestern poderia galvanizar os acionistas da Dell, muitos dos quais, segundo ela, estavam insatisfeitos com o preço supostamente baixo que eu planejava pagar.

A lógica do *Barron's* era que os 13,65 por ação alcançavam apenas oito vezes nosso lucro projetado para 2013, de 1,67 dólar por ação, e apenas seis vezes os ganhos, excluído nosso capital líquido de 5 bilhões de dólares, que chegava a 3 dólares por ação. "Isso é um roubo, dado que a Dell supostamente ganhou 1,71 dólar por ação em seu ano fiscal recém-concluído em janeiro", continuava a matéria. "Nenhuma empresa importante jamais fechou o capital a um preço tão baixo. A maioria das compras alavancadas é feita pelo dobro do valor da transação da Dell."

Mas se o acordo era um roubo tão grande, por que o mercado não reagia?

O jornalista continuava citando a projeção otimista que eu tinha feito no nosso dia anual do investidor, em junho: eu dissera que nosso objetivo era gerar 74 bilhões de receita e 6 bilhões de lucro operacional no ano fiscal de 2015 – ganhos substanciais que seriam impelidos em boa parte por nossos negócios de software e serviços, que vinham em acelerado crescimento. "Dada aquela apresentação", disse um gerente de investimentos citado na matéria, "é uma farsa que o conselho da Dell tenha considerado esse preço justo."

Ao ler essa declaração, senti que havia atravessado o espelho e entrado em um estranho País das Maravilhas: os argumentos que eu vinha levantando nos últimos seis meses estavam sendo usados contra mim. A verdadeira farsa – eu percebera havia muito tempo – era que os investidores não conseguiam enxergar para além do clichê de "Fabricante de PCs em Dificuldades" e ver como éramos de fato grandes e nos tornaríamos ainda maiores. Era exatamente porque os investidores se recusavam a ser otimistas com relação à Dell que eu estava segurando o touro pelos chifres.

A primeira busca de ofertas (*go-shop*) tinha acontecido a portas fechadas, antes que o público soubesse que estávamos colocando a empresa à venda. A KKR e a TPG tinham entrado e depois saído. O segundo *go-shop* foi um processo muito diferente, começando com um estrondo logo depois do anúncio, em 5 de fevereiro. Agora, sob a supervisão da comissão especial, a Evercore contatou potenciais interessados para averiguar se estariam dispostos a fazer uma oferta melhor do que a nossa. Até 23 de março, a data final para o período de 45 dias de *go-shop*, a Evercore faria contato com 67 partes no total: 19 partes estratégicas (empresas de tecnologia, como Hewlett Packard, IBM, Cisco e Lenovo), 18 patrocinadores financeiros (firmas de investimentos, como Insight, Francisco Partners e Riverwood) e trinta outras instituições, inclusive fundos soberanos (estatais). Além disso, a Evercore recebeu seis pedidos de informações, dois de partes estratégicas e dois de patrocinadores financeiros. Das 61 instituições com as quais a Evercore se comunicou, 11 expressaram interesse numa possível transação. As águas estavam em ebulição.

Se você piscasse durante a leitura da reportagem de 9 de fevereiro no *Barron's*, talvez deixasse de perceber este aparte, pequeno mas interessante: "É possível, também, que algum proeminente investidor ativista, como Bill Ackman, Carl Icahn ou Dan Loeb, assuma um posicionamento com relação à Dell e se oponha à venda, programada para acontecer na metade do ano."

Investidor ativista é uma espécie de eufemismo para descrever Carl Icahn. *Saqueador corporativo* seria uma descrição mais precisa, e talvez *oportunista encrenqueiro* estivesse ainda mais próximo da verdade. Desde o fim da década de 1970, Icahn tinha demonstrado uma grande capacidade para obter posições significativas em empresas que enfrentavam problemas ou derretiam e em seguida forçá-las a comprar de volta as próprias ações a um preço muito alto ou pressionando a liderança da empresa a tomar decisões que levassem o preço das ações a aumentar – ou seja, o valor da participação dele. Carl Icahn gostava de se apresentar como grande defensor do homem comum, do acionista comum, mas era um grande defensor de Carl Icahn. Às vezes, ele apenas se despojava e vendia os ativos de uma empresa sem se preocupar com seus funcionários e acionistas, mas com grande ganho financeiro para si mesmo. Em outras ocasiões – e isso ficava cada vez mais claro à medida que sua reputação e sua riqueza cresciam –, ele só precisava ameaçar tomar posse da empresa para convencê-la a comprar suas ações com um grande sobrepreço: essa prática encantadora era conhecida como *greenmail*. Ele parecia ter pouco ou nenhum interesse no que uma corporação-alvo tivesse feito ou fizesse: para ele, o jogo era tudo.

E era um jogo. Ser um desmancha-prazeres era seu modo de se divertir e ao mesmo tempo enriquecer. Segundo a lenda, ele havia pagado por seus estudos em Princeton com ganhos no pôquer. Suas práticas comerciais não eram diferentes. Quem tivesse mais fichas na mesa depois de a poeira baixar vencia. Ele tinha atacado dezenas de empresas, muitas delas nomes bem conhecidos – Transworld Airlines (TWA), Marshall Field, Phillips Petroleum, Nabisco, Blockbuster, Texaco, Marvel Comics, Herbalife, Netflix, Motorola –, e embolsado bilhões.

E de repente Carl Icahn, um sujeito em quem eu nunca havia pensado muito a não ser como um encrenqueiro em histórias de negócios que não me envolviam, apareceu – *bip* – na tela do meu radar.

A princípio, não estava claro o que ele pretendia fazer. Em 26 de fevereiro, um representante da empresa de Icahn, a Icahn Enterprises, contatou a

Debevoise & Plimpton para informar que Icahn desejava obter informações confidenciais sobre a Dell visando a uma "transação possível" relacionada à empresa. A Debevoise mandou para a Icahn Enterprises um esboço de contrato de confidencialidade, e, naquela noite, representantes da J. P. Morgan e da Debevoise se reuniram com o próprio Icahn para saber que tipo de transação ele tinha em mente.

Logo descobrimos. Em 5 de março, Icahn mandou uma carta para o nosso conselho, seu primeiro disparo contra a nossa proa. A carta dizia que a Icahn Enterprises era proprietária relevante de ações da Dell Inc. e que Icahn "acreditava que a transação contemplada pelo acordo de fusão não era do interesse dos acionistas da empresa e desvalorizava consideravelmente a Dell". A carta incluía uma proposta alternativa para a compra que a Silver Lake e eu tínhamos oferecido: uma recapitalização alavancada da Dell, além de um dividendo especial para os acionistas da empresa. A carta também indicava a intenção da Icahn Enterprises de realizar uma disputa por procuração para controlar a Dell, caso nossos acionistas não aprovassem a compra.

Até que ponto a participação de Icahn na Dell era significativa? Em 6 de março, a CNBC informou que ele havia alcançado uma posição na empresa que poderia se aproximar de 100 milhões de ações – mais ou menos 6% de todo o estoque não afiliado, não muito atrás da participação da Southeastern, de 8,5%.

Nos negócios, você pode se cercar das pessoas mais capazes, pode planejar com cuidado e inteligência, mas não se iluda: de vez em quando será atingido em cheio por algo que nunca havia previsto. E essa ocasião se mostrava exatamente assim.

Outro jogador importante entrava na briga. No fim de janeiro, o Grupo Blackstone, uma das maiores empresas de *private equity* e serviços financeiros do mundo, havia contatado a Evercore dizendo que, assim que o segundo *go-shop* começasse, eles desejavam fazer uma proposta para adquirir a Dell. Em fevereiro, a Blackstone assinou um contrato de confidencialidade e obteve acesso à sala de dados. Além disso, modificou sua abordagem original, afirmando que agora pretendia formar um consórcio para tentar adquirir a companhia. E em 1º de março, a Francisco Partners, uma empresa de *private equity* especializada no ramo de tecnologia, juntou-se ao contrato de confidencialidade da Blackstone e obteve acesso à sala de dados. Várias outras empresas se somariam a elas. A Blackstone declarou à mídia que talvez tentasse abrir mão da Dell Financial Services, uma subsidiária nossa, para ajudar a financiar o negócio.

Icahn estava realizando suas próprias manobras. Em 7 de março, ele contatou a Debevoise com sua última jogada estratégica: requisitava uma renúncia da Seção 203 da Lei Geral de Corporações em Delaware, que impõe restrições às combinações entre uma corporação e seus principais acionistas. Uma semana depois, Icahn comunicou à comissão especial que havia apresentado uma notificação com base na HSR – Lei de Melhorias Antitruste Hart-Scott-Rodino – informando que poderia adquirir até 25% das ações em circulação da Dell. Agora Icahn estava dizendo que desejava que a Dell continuasse como uma empresa de capital aberto e adulava nossos acionistas com a proposta de que pagássemos um dividendo único especial de 9 dólares por ação, além dos trimestrais regulares.

Os grandes couraçados estavam manobrando para se posicionar, reunindo forças para a luta que viria.

Enquanto isso, eu precisava tranquilizar as tropas, 100 mil membros da equipe da Dell que estavam preocupados com o futuro. No Seminário de Preparação de Campo em Las Vegas, logo depois do anúncio de fevereiro, eu havia dito a nossos milhares de vendedores que tinha absoluta confiança no fechamento do capital e na nossa capacidade de controlá-lo. Disse isso em termos gerais, positivos, de cabeça erguida, com um sorriso. Acreditava totalmente no que estava dizendo, e a força de vendas acreditou em mim.

Então vieram Icahn e outros acontecimentos de fevereiro e março e um milhão de matérias nos jornais de economia e na TV. Nos meses seguintes, embarquei numa viagem pelas sedes da Dell ao redor do mundo – lugares como Pequim (Beijing), Bangalore, Londres e Moscou – para tranquilizar os muitos membros de nossa equipe e dizer que estava tudo sob controle. Era uma dança estranha que eu precisava fazer. Com todas as restrições de confidencialidade, não podia revelar muita coisa, então falava algo assim:

– Só posso dizer que estou no meio de muitas discussões e, ainda que não possa detalhar exatamente o que está acontecendo, tenho confiança em que chegaremos a um resultado ótimo para vocês, para nossos clientes, nossos acionistas e nossa empresa. Assim, se vocês confiarem em mim, se acreditarem em mim, tudo ficará bem. Não se preocupem.

Parece simples. Era simples. Mas eles acreditaram porque eu nunca havia mentido para eles antes e não estava mentindo agora. No entanto, eu não tinha certeza de que iria controlar os acontecimentos que se desdobravam rapidamente.

Na terceira semana de março, Icahn e a Blackstone surgiram como os principais competidores para uma transação alternativa. E estavam fazendo muito barulho. Icahn se dizia disposto a usar o próprio dinheiro para ajudar a financiar um acordo que lhe permitisse comprar não 25%, mas 58% da Dell a 15 dólares por ação, deixando o restante da empresa com o capital aberto. A Blackstone se declarava preparada para oferecer 14,25 dólares por ação em troca de toda a empresa, tudo em dinheiro ou parte em ações, mantendo a Dell como empresa de capital aberto. Os dois afirmavam possuir cartas de bancos que confiavam neles – mas não eram cartas de compromisso, e nós tínhamos *quatro* bancos formalmente comprometidos em nos ajudar. Mesmo assim, a comissão especial disse estar pronta para negociar com Icahn e com a Blackstone. Mais do que isso, declarou publicamente ter decidido que os dois planos preliminares submetidos pela Blackstone e por Icahn podiam resultar em "propostas superiores" à nossa, o que era o pressuposto para levar adiante as discussões.

A mídia estava prestando atenção em todo esse movimento. "Será que Michael Dell pode perder tudo?" – era a pergunta feita por mais de um veículo. Começaram a surgir boatos de que a Blackstone estava pensando em me substituir como CEO, caso vencesse a batalha contra mim e a Silver Lake. Dois possíveis sucessores viviam sendo mencionados no noticiário. Um era Mark Hurd, conhecido como um mago operacional, ex-CEO da Hewlett Packard e no momento presidente da Oracle. O outro era Michael Capellas, ex-CEO da Compaq, agora na diretoria da Cisco. E mais ou menos nessa época – e sem que eu soubesse – Chinh Chu, diretor-executivo da Blackstone, e Capellas se reuniram com Jeff Clarke em Austin.

Eles chegaram com tudo. Cheios de bravata, como lembra Jeff. Disseram a ele que estavam levando a sério a tomada de controle da Dell.

– Michael pode ficar de fora – disseram. – E talvez sejamos nós.

Pelo modo como falavam, lembra Jeff, isso não parecia um talvez. Se eu fosse afastado, perguntaram, Jeff estaria interessado em se juntar a eles?

Jeff desejou sorte e disse que se sentiria honrado em continuar a trabalhar comigo onde quer que eu estivesse.

A conversa sobre me substituir não parecia relevante, e isso nem tinha a ver com meu orgulho. Só me incomodava porque criava incerteza. Fiquei pensando em como os boatos poderiam mudar a maneira como nossos empregados e clientes, nossos parceiros e fornecedores avaliavam seu relacionamento com a empresa. Não importava de fato quem eram os candidatos – eu sentia que aquela conversa era apenas um ardil para mudar a dinâmica numa possível negociação futura envolvendo meu nome.

Talvez Icahn e a Blackstone achassem que sua tática de incutir medo lhes daria uma posição vantajosa na negociação comigo. Eles tinham lido nosso acordo com a Silver Lake, segundo o qual eu ficaria no controle da empresa e tomaria as decisões-chave. A Silver Lake investiria junto. Eu entendia que Icahn e a Blackstone poderiam dizer: "Nós gostaríamos de opinar mais sobre essa questão."

Claro que poderiam surgir cenários em que algo assim viesse à tona, se, por exemplo, a Blackstone tivesse dito: "Vamos nos associar a você a 15 dólares por ação, mas queremos ter tais e tais direitos de governança." Se eles estivessem oferecendo mais aos acionistas, eu me sentiria compelido a encontrar um modo de chegar a um acordo com eles. Talvez fosse isso que eles estivessem buscando.

Jamais achei que a ameaça de me substituir fosse verdadeira. Imagino que a maioria dos supostos candidatos também não achasse. Talvez um ou dois engolissem a história, mas isso só significava que tinham caído na armadilha.

De qualquer modo, o sucesso da empresa era e é mais importante para mim do que meu cargo. Sempre senti que, se alguém pudesse fazer um trabalho melhor como líder, eu assumiria um papel diferente para ajudar a empresa. Fiz isso entre 2004 e 2007 e estava pronto para fazer de novo se a situação exigisse. E, claro, numa empresa de capital aberto, essas decisões são tomadas pelo conselho.

Na nossa reunião de acionistas anterior, em julho de 2012, fui reeleito presidente e CEO com mais de 96% dos votos. Mesmo assim, muita coisa havia acontecido desde então.

Em 25 de março, Icahn anunciou que estava aberto a somar forças com a Blackstone.

Dois dias depois, em 27 de março, o *The Wall Street Journal* informou que a Blackstone estava disposta a me manter como principal executivo. *Tremenda gentileza deles*, pensei. "Abrir a porta para manter o Sr. Dell como CEO pode ajudar a empresa de *private equity* a convencê-lo a concordar com a proposta dela", disse o *Journal*. *Boa sorte com isso*, pensei. Eu conhecia Steve Schwarzman, cofundador da Blackstone, havia décadas, e tinha um grande respeito por ele. Mas se apoiar a proposta da Blackstone implicava trabalhar com o sujeito que, pelas minhas costas, procurou Jeff Clarke e tentou convencê-lo a me pôr para fora, *muito obrigado, mas não*, pensei.

Porém, resolvi não expressar meus pensamentos.

Quando chegou abril, Icahn parecia ser o responsável pela maior parte do alarido. No dia 17, a comissão especial anunciou que tinha feito um acordo com o "investidor bilionário", como a mídia gostava de chamá-lo (eu tinha outros nomes para ele). Icahn prometeu não comprar, sozinho ou com qualquer outro acionista, mais de 10% das ações da Dell. Em troca, a comissão permitiria que ele conversasse com outros grandes acionistas sobre somar forças contra mim e a Silver Lake. Pelo que a comissão especial disse à imprensa, o acordo maximizava as chances de obter a melhor oferta possível da parte de Icahn, e também protegia os acionistas da Dell do acúmulo de um "interesse votante indevidamente influente".

No papel, a ideia parecia boa. Mas Icahn não estava exatamente prometendo se comportar. Numa declaração – de repente ele passou a fazer declarações em todo canto –, ele disse que mantinha o direito de comandar uma rebelião de acionistas contra a diretoria da Dell se a empresa continuasse a favorecer a mim e Silver Lake. Também disse que estava recusando o reembolso da despesa de até 25 milhões de dólares de diligência prévia que a comissão especial havia oferecido, de modo a ainda poder travar uma guerra potencial contra o conselho. Ele estava seguindo suas próprias regras, repetindo o que tinha feito dezenas de vezes antes: administrando com espertaza uma campanha de relações públicas que fazia com que ele parecesse o defensor solitário dos direitos dos acionistas, não o pirata ganancioso que de fato era.

Enquanto isso, o consórcio da Blackstone, agora com quatro empresas (Blackstone, Insight, Francisco e Riverwood), vinha aumentando a temperatura. Em meados de abril tivemos uma grande reunião de diligência prévia com eles no hotel Marriott, perto da nossa sede em Round Rock. Foi uma cena e tanto: precisamos reservar um salão de baile para caber todo mundo. Eles tinham contratado todos os consultores imagináveis – havia pelo menos cinquenta pessoas da parte deles e vinte da nossa em mesas compridas com microfones. A intervalos de alguns minutos um moderador anunciava: "O próximo a falar é fulano." Eles nos interrogaram durante horas sobre nossas finanças, nossas remessas, nossos planos.

E então pularam fora. Em 18 de abril, Steve Schwarzman me ligou, parecendo arrependido porém prático. Disse que, apesar de sentir um respeito enorme pela Dell como empresa global e por mim como fundador e líder, nossos números de vendas de PCs, divulgados havia pouco (com uma queda de 11% no primeiro trimestre – ainda que as vendas de PCs em todo o mundo tivessem caído 14% no mesmo período), e nossa previsão de queda na receita operacional (de 5,6 bilhões de dólares no mês de julho anterior para 3 bilhões) faziam com que a aquisição fosse difícil demais para a Blackstone. A notícia foi divulgada no dia seguinte, e o preço das nossas ações caiu de 13,95 para 13,40 dólares – era a primeira vez, desde o início de fevereiro, que o preço da ação ficava abaixo do valor que a Silver Lake e eu estávamos oferecendo. (Isso também significava que cada ação comprada, inclusive por Icahn, tinha sido adquirida a preços mais altos do que o que a Silver Lake e eu estávamos oferecendo.) Agora os investidores pareciam estar pensando que não surgiria uma oferta maior.

Éramos somente nós contra Icahn.

Aos brados, ele continuava afirmando – Icahn adorava aparecer na TV – que nossa oferta desvalorizava a empresa.

– É uma farsa. É quase como um quadro do *Saturday Night Live* – afirmou à CNBC. Ele dizia a todos os veículos de mídia possíveis que tinha planos de manter parte da Dell como empresa de capital aberto. Depois anunciou que tinha outro aliado. Em 9 de maio, surgiu sua última trama: *Icahn e Southwestern Asset Management fazem contestação agressiva à compra da Dell*, anunciavam as manchetes.

Parecia uma união inevitável: a Southwestern, com sua reclamação constante sobre a suposta mesquinharia da nossa oferta, e o Pirata Carl, o

Amigo do Acionista. Juntos, eles tinham 13% da Dell e – claro – grandes planos para a empresa. Um componente fundamental era a intenção de me despejar. Eles escreveram uma carta feroz para o nosso conselho, acusando-o de insultar a inteligência dos acionistas. Diziam-se concentrados no interesse dos minoritários ao mesmo tempo que aceitavam a oferta de Michael Dell para comprar a empresa por "um preço muito abaixo do que consideramos seu valor justo".

A carta continuava: "Vocês sancionaram a oferta de Michael Dell, o que, espantosamente, permite a ele comprar a empresa com o próprio dinheiro dos acionistas. Para piorar, concordaram em dar ao Sr. Dell uma multa por desistência que pode chegar a 450 milhões de dólares."

Esse era o velho Icahn com o vodu que ele fazia tão... não direi "bem", mas acho que poderia dizer "com eficácia": verbalize uma mentira grosseira e repita-a alto e com frequência, e muitas pessoas vão acreditar. "Comprar a empresa com o dinheiro dos próprios acionistas" era apenas escrita criativa – o seu modo de dizer que ele e a Southwestern achavam nossa oferta baixa demais. E quanto à multa por desistência que poderia chegar a 450 milhões de dólares, esse era um dinheiro potencialmente devido à Silver Lake, não a mim, caso o negócio fracassasse em favor de uma proposta alternativa feita fora do período de *go-shop*. Caso o acordo fosse recusado em favor da proposta de Icahn, a multa seria muito mais baixa: 180 milhões de dólares. É verdade que eu perderia bastante dinheiro se o negócio fracassasse, mas não tinha nenhuma necessidade de uma multa por desistência. Por outro lado, a Silver Lake teria gastado um tempo enorme e recursos substanciais no processo e, sem dúvida, merecia uma compensação adequada.

Mas, naturalmente, estávamos fazendo todo o possível para garantir que o negócio não fracassasse.

De modo natural demais, Carl Icahn estava fazendo todo o possível para garantir que ele fracassasse. E para ganhar uma quantidade enorme de dinheiro se isso acontecesse.

Icahn e a Southwestern propunham manter a Dell como empresa de capital aberto e permitir que os acionistas preservassem sua participação na empresa. Diziam que queriam oferecer aos acionistas 12 dólares por ação, em dinheiro ou em ações adicionais. Queriam que o conselho da Dell apresentasse a proposta deles aos acionistas e que se isso não fosse aceito, que a reunião anual da Dell, quando novos diretores seriam eleitos, também incluísse uma votação sobre a nossa oferta (da Silver Lake e minha). Eles pretendiam montar sua própria chapa de indicados à diretoria na reunião.

Prometiam trabalhar "arduamente" para convencer os outros acionistas a rejeitar nossa oferta. "Esta empresa sofreu por tempo suficiente em consequência de decisões erradas tomadas pelo conselho e sua administração", escreveram. "Não tomem outra decisão errada que leve a empresa a passar por uma luta por procuração que seria desnecessariamente debilitante. Permitam que os acionistas decidam por si mesmos qual oferta escolher."

Icahn disse à CNBC estar confiante em que ele e a Southwestern poderiam convencer os acionistas da Dell a votar contra a nossa proposta. Afirmou que se seus candidatos ao conselho fossem eleitos, ele podia garantir que eu não comandaria mais a empresa.

– É incrível o que pode ser feito assim que mudarmos a liderança – disse.

Eu já havia enfrentado adversários, mas nenhum que mentisse repetida e escancaradamente em rede nacional. Seu apreço pela honestidade e pela verdade era inexistente – Icahn estava disposto a fazer e dizer qualquer coisa para alcançar seus objetivos, e ele é bastante hábil com seus truques.

Acredito que todos temos melhor performance quando estamos em uma competição, seja justa, amistosa ou não – mas, sem dúvida, uma competição justa e amistosa é sempre bem-vinda. Já tive muitos competidores ao longo dos anos – CompuAdd, IBM, Compaq – e acho bom identificar um adversário para atacar. Icahn se tornou um alvo fácil – declarou guerra contra nós, de modo que foi fácil declarar guerra contra ele.

Dessa vez, o embate era pessoal.

6

UM RAPAZ COM PRESSA

Eu estava sentado no banco de trás de uma radiopatrulha do Departamento de Polícia de Austin, algemado. Meu crime: dirigir a 150 quilômetros por hora numa área com limite de 90 por hora. Assim que o policial verificou o número da placa do meu carro, surgiu uma lista de multas por excesso de velocidade tão extensa que gerou um mandado de prisão contra mim. O veículo que tinha me ajudado a ganhar todas aquelas multas era um Porsche 911 vermelho, uma máquina linda que eu havia comprado depois da morte do meu BMW, em decorrência da falta de manutenção. É recomendável colocar óleo no carro de vez em quando – mas acho que eu estava ocupado demais para prestar atenção a detalhes como esse. Também estava ocupado demais para pagar todas aquelas multas por excesso de velocidade. Eu tinha acabado de fazer 20 anos, era um rapaz com pressa.

O 911 era um carro fantástico, com aceleração incrível, mas, ao comprá-lo, eu não tinha considerado que os carros vermelhos são ímãs de policiais, especialmente se você estiver correndo muito, o que eu fazia com frequência, e se você tiver 20 anos e for irresponsável, o que eu era. Eu adorava acelerar, e os policiais de Austin adoravam me parar. Eles sempre diziam a mesma coisa:

– O seu pai comprou esse carro para você, filho?

E eu sempre respondia do mesmo modo:

– Não, senhor. Peço desculpas, senhor policial. Não percebi que estava dirigindo tão rápido.

Isso jamais me tirou da encrenca, e agora eu estava pagando pela insensatez. O policial me levou à delegacia, onde me ficharam, mas, felizmente, não fui posto na cela. Fiquei sem graça demais, sabia que tinha feito uma coisa errada. Com meus pais eu podia ser um pouco rebelde, mas sempre tive respeito e admiração pelo trabalho duro que militares, policiais e bombeiros fazem. Era hora de pagar e baixar a bola – além de comprar um carro que chamasse menos atenção. Troquei o 911 por outro Porsche, um 928 preto, que eu também adorava. E tentei dirigir de modo um pouco mais responsável.

(Anos mais tarde, quando contei essa história a Susan, ela disse: "Incrível! Então eu me casei com um gângster?")

Era setembro de 1985 e a Dell Computer Corporation – nome fantasia, PC's Limited – estava prosperando. Tínhamos alcançado mais de 6 milhões de dólares em vendas nos primeiros meses de operação (esse número cresceria para 55 milhões no fim do nosso ano cheio, em 31 de janeiro de 1986) e crescíamos a passos largos. Ainda vendíamos PCs incrementados a médicos, advogados e arquitetos por toda Austin, mas, graças aos anúncios nacionais nas revistas de informática, vendíamos também para esses profissionais de todo o país. E mais: tínhamos começado a receber pedidos de empresas bastante grandes, como Texaco, Ford, Monsanto e outras. Já não anotávamos os pedidos à mão nem os pendurávamos em varais – agora eu podia contratar um funcionário para criar um sistema de entrada de pedidos que nossos vendedores usariam em seus PCs. Já mencionei que eles tinham PCs? O único problema era que os computadores da nossa empresa não estavam em rede, de modo que no fim do expediente cada vendedor me entregava um disquete contendo os pedidos que havia recebido naquele dia. Então eu carregava cada um deles no nosso banco de dados de pedidos.

Era tudo um pouquinho improvisado à medida que prosperávamos. Talvez mais do que um pouquinho.

Sabíamos o que estávamos fazendo? Sim e não. Apesar da minha infância empreendedora, eu nunca havia administrado uma empresa, de modo que havia uma curva de aprendizado a percorrer. Mas não se tratava apenas de aprender a administrar uma empresa, mas de aprender a administrar uma empresa que não se parecia com as outras – ainda que, à primeira vista, a PC's Limited se parecesse com muitas empresas de informática. Na segunda metade da década de 1980, houve um boom de startups no nosso ramo. Na época, existia uma revista mensal chamada *Computer Shopper* – que cresceu até ficar com centenas de páginas, mais ou menos metade delas com conteúdo editorial e matérias técnicas. O restante eram anúncios de centenas de empresas novas que pareciam muito semelhantes. Éramos uma delas. No entanto, dentre todas as que tentavam nos imitar montando PCs sob encomenda e despachando-os no mesmo dia, além de oferecer suporte técnico gratuito por telefone, fomos a única que prosperou e obteve sucesso.

Não começamos a trabalhar sob encomenda porque enxergávamos um paradigma gigantesco no futuro. Começamos assim porque não tínhamos capital para produzir em massa. Essa foi uma deficiência fortuita. E muitas das maiores lições que aprendemos nos anos de formação da empresa vieram do mesmo modo, por experiência própria. Experimentamos e improvisamos o caminho para o sucesso.

A PC's Limited era como um foguete em ascensão, mas com um desvio de trajetória. Nosso desenvolvimento era irregular. Tínhamos um modelo de negócios que se desenhava como "apaguem as luzes, vamos sacudir o universo": vendendo direto aos consumidores, dando a eles exatamente os computadores e periféricos que queriam a preços muito inferiores aos das lojas de varejo. Éramos únicos – e tão fora do radar que nossos maiores concorrentes, a IBM e a Compaq, não conseguiam sequer nos detectar. Para eles éramos apenas uma empresa de pedidos pelo correio. Não achavam que estivéssemos fazendo engenharia de verdade. Não achavam que tivéssemos uma cadeia de suprimentos. Não achavam que tivéssemos um modelo de negócio superior. E por isso não precisavam se preocupar conosco. Foi assim que continuamos crescendo, crescendo e crescendo. Ser subestimados pela IBM e pela Compaq era uma força motivadora poderosa.

Nossas vendas cresciam semana a semana, assim como nosso bando maltrapilho de mercenários e bucaneiros. Pensando bem, a coisa não fazia sentido. Ali estava eu, com 20 anos, um cara que tinha abandonado a faculdade com um capital básico de mil dólares, dizendo: "Ei, quem quer trabalhar nesta empresa?" Estávamos num parque industrial mediano, numa parte não tão aprazível de Austin, onde os aluguéis eram baixos. Não éramos exatamente o empregador que todo mundo escolheria. Por isso recrutávamos quem conseguíamos, e não poderíamos ser mais heterogêneos.

Eu tinha contratado vice-presidentes de produção, vendas, suporte técnico, marketing, serviço ao cliente e compras. Tinha criado alguma disciplina financeira contratando um diretor financeiro e uma chefe de contabilidade, que eram casados – vamos chamá-los de Bill e Betty Bolton. Algo bem significativo para mim foi ter uma secretária, Kaye Banda, uma mulher de 40 e poucos anos que quase se tornou minha mãe substituta em Austin. Kaye era uma figura pequenina, de coração gigantesco e sorriso largo, que exalava energia positiva quer você estivesse na presença dela ou falando pelo telefone. Tinha um jeito mágico de fazer com que todo mundo que interagia com ela se sentisse confortável e importante. Além disso, era hábil e sutil em garantir que eu cuidasse de mim mesmo e não fizesse muita bobagem.

Agora éramos uns sessenta e não cabíamos mais na sede do North Lamar Boulevard. Por isso nos mudamos para novas instalações, um prédio de 2.800 metros quadrados na Headway Circle, 1.611, com coloridas listras horizontais pintadas do lado de fora. Era o maior prédio que eu já vira – de jeito nenhum iríamos encher tudo aquilo. Enchemos rapidamente.

Eu trabalhava 16 horas por dia para manter tudo funcionando: tinha uma cama nos fundos da minha sala, onde cochilava quando virava as noites. Em Houston, meus pais morriam de preocupação, apavorados com a hipótese de eu estar mexendo com algo acima da minha capacidade profissional. E não era somente comigo que eles estavam preocupados – havia muitas pessoas trabalhando para mim, algumas casadas e com filhos, pessoas cujo sustento dependia da empresa. E se esse castelo de cartas que eu estava construindo desmoronasse?

Mais ou menos nessa época aconteceu um fato curioso: meus avós por parte de mãe, Rubin e Hilda Langfan, foram a Houston e depois vieram com meus pais a Austin para me encontrar. Meu avô era um empresário bem-sucedido: trabalhava com seu irmão em investimentos imobiliários em Nova York. Quando lhe mostrei, orgulhoso, o caos controlado que era a nossa sede, com os engenheiros fazendo upgrade em PCs, os vendedores recebendo pedidos assim que chegavam, nosso pessoal do escritório fazendo o máximo para acompanhar todas as transações, ele começou a gargalhar, tanto que mal consegui fazer com que parasse.

– O que é, Poppy? – perguntei. – O que há de tão engraçado?

– Michael! – disse ele. – Você é um empresário!

Era o maior elogio que ele poderia ter feito.

Estávamos nos saindo muito bem, melhorando o produto da IBM e reduzindo os preços – reduzindo bastante. Em junho daquele ano (1985), lançamos o primeiro computador com nossa marca, o Turbo PC, com uma CPU Intel 8088, 640K de RAM e disquete 5,25 de 360K. O preço de venda (somente pelo correio ou telefone) era 795 dólares. Um IBM PC com configuração semelhante era vendido (apenas em lojas) entre 1.500 e 2.500 dólares. A versão da Compaq custava pelo menos 1.500 dólares. Quando falei pela primeira vez com Kelley Guest sobre o Turbo PC, as especificações e o preço, ele disse:

– Michael, se você consegue fazer isso, um dia vai dominar o mundo.

Nós ainda não dominávamos o mundo, mas estávamos vendendo uma tonelada daqueles Turbo PCs. Mesmo assim, eu tinha planos mais ambiciosos.

No ano anterior, a IBM tinha lançado o PC AT, com um sistema operacional baseado no microprocessador Intel 286. Um dia, enquanto folheava uma das minhas revistas de tecnologia prediletas, a *EE Times* (*Electrical Engineering Times*), vi uma reportagem sobre uma empresa chamada Chips and Technologies, que tinha projetado uma série de cinco chips ASIC – circuitos integrados para aplicações específicas – que podiam ser usados para construir um microcomputador baseado no Intel 286 compatível com o PC AT da IBM. Pensei: *Cara, preciso arranjar uns desses agora mesmo.*

A Chips and Technologies era comandada por um sujeito chamado Gordon Campbell. Logo liguei para ele.

– Ouvi falar sobre o que vocês estão fazendo – disse. – Estou muito interessado. Como posso conseguir uns chipsets desses?

Campbell disse que poderia me vender três kits.

– Você tem um esquema de referência? – perguntei.

Quando uma empresa quer vender um chip (ou, nesse caso, um conjunto de chips), ela fornece um esquema de referência dizendo como conectar os chips com o microprocessador, com os chips de memória, enfim, com todos os chips necessários para tornar um computador compatível com o 286.

Mandei um cheque para Campbell e recebi os conjuntos de chips e o esquema de referência pelo correio. Peguei um e pus na minha mesa ao lado do esquema. Olhei o chipset, olhei o esquema. Pensei: *Que diabo eu faço agora?* Aquilo ia além do meu conhecimento técnico.

Liguei para o meu vendedor da Intel.

– Quero projetar um computador compatível com o 286 e preciso de um engenheiro. Você conhece algum bom?

Ele começou a citar nomes:

– Esse cara aqui da Texas Instruments, esses caras da Compaq, IBM, Data General, Motorola...

Peguei lápis e papel e comecei a anotar os nomes. Era uma dúzia, no total, e contatei todos eles. Alguns não quiseram se reunir comigo, outros se reuniram, mas não quiseram fazer. Um deles, Jay Bell, era diferente de todos os outros.

Jay era um homem singular. Alto e magro, com bigode farto e olhar penetrante por trás dos óculos de lentes grossas, falava e pensava rápido – fervilhava de energia e ideias. E era de confiança. Tinha projetado para a Xerox alguns sistemas baseados em microprocessadores que funcionavam muito bem, e não era tímido ao dizer isso. Quando mostrei a ele o chipset e o esquema, ele disse:

– Isso é fácil. Eu poderia montar um protótipo em uma ou duas semanas.

Olhei-o com curiosidade, pensando: verdade? Uma ou duas semanas? Como vai fazer?

– Quanto isso vai me custar? – perguntei.

Ele pensou durante um segundo.

– Posso montar uma placa-mãe e lhe dar um protótipo por mil dólares – respondeu.

Isso me pegou de surpresa. Eu imaginei que ele pediria muito mais.

– Vou passar umas semanas fora da cidade. Vou lhe dar mil agora. Quando voltar, se você tiver um protótipo que funcione, dou mais mil.

Nesse meio-tempo, pensei assim: não sei se esse sujeito é capaz de fazer isso, mas são só mil dólares. Além disso, ele já teve sucesso suficiente com projetos de pequenos sistemas de computador, e talvez não esteja jogando conversa fiada para cima de mim. É provável que a perspectiva de ganhar mais mil dólares o motive a terminar o serviço. Não achei que ele iria simplesmente pegar o dinheiro e sumir. Fechamos negócio.

Eu estaria fora por três semanas. Era um tempo muito longo para estar longe do timão do meu navio, mas eu tinha negócios importantes a fazer. Nosso nicho do mercado de computadores estava indo bem, mas para continuar a crescer depressa precisávamos estabelecer relacionamentos diretos com os fornecedores de todos os componentes principais. Qualquer economia nos pouparia problemas, e eu sabia que as cadeias de suprimento das peças que estávamos encomendando praticavam margens que eu poderia reduzir drasticamente se fosse direto à fonte.

Havia tido esse insight ao examinar algumas placas de circuito impresso que compráramos: descobri que todas elas tinham uma cópia minúscula do logotipo do fabricante na parte de baixo. Mas não as estávamos comprando do fabricante. Eu estava cansado de lidar com distribuidores, revendedores, intermediários e agentes, queria ir às fábricas onde as placas eram feitas. E quase todas – bem como as fábricas que produziam praticamente tudo que comprávamos – se localizavam no Extremo Oriente.

Naquele outono, eu tinha descoberto uma espécie de circuito de feiras de eletrônicos em Taiwan, no Japão, na Coreia e em Hong Kong. Por isso peguei um avião e fui para lá.

Eu estava com 20 anos, cheio de energia e curiosidade, sem nada que me prendesse a Austin a não ser a empresa. E, com o ímpeto que tínhamos, confiava em que meus chefes de departamento podiam dar conta de tudo enquanto eu estivesse fora. Eu ligaria de tempos em tempos para saber como o trabalho estava fluindo.

Eu estava empolgado – meu Deus, como eu estava empolgado. Havia todo um mundo novo lá fora, apenas esperando que eu o descobrisse. Eu só tinha estado fora do país uma vez, quando visitamos Steve em Londres. Isso agora era *muito* fora do país.

Adorei a viagem. Adorei negociar nas feiras em Taipei, Hong Kong, Tóquio, Osaka e Seul, falando com o pessoal da Samsung, Kyocera, Sharp, Sanyo, Sony e Panasonic, entregando e colecionando cartões de visita, fazendo amigos quando perguntava o preço de 100 mil unidades e de 1 milhão de unidades, e dizendo "Me mande uma amostra", vendo os olhos das pessoas se iluminarem quando falava da minha empresa.

Adorei ver que no menu do restaurante do meu hotel em Seul havia apenas três pratos: Kimchi nº 1, Kimchi nº 2 e Kimchi nº 3. Era mesmo uma parte diferente do mundo.

Estar no Extremo Oriente e dissecar o funcionamento interno de toda a cadeia de suprimentos, da qual eu só conhecia algumas partes, era como descascar uma cebola e ir até o centro. Desde os 13 anos eu desmontava computadores e examinava as peças por dentro. Agora, estava visitando os lugares onde esse tipo de trabalho era feito, vestindo macacão de proteção e andando no chão de fábrica com os caras que comandavam aquilo, e eles estavam me mostrando todo o processo. Eu não poderia estar mais perto da ação.

Algumas fábricas eram muito mais preocupadas com a segurança dos trabalhadores do que outras, e isso capturou minha atenção. Uma planta que visitei em Taiwan tinha um esgoto aberto com produtos químicos correndo pelo meio do piso de concreto. *Isto não é uma boa ideia*, pensei. Na Dell, seguíamos uma filosofia simples, que temos ainda hoje: ninguém jamais deve se machucar trabalhando lá.

Eu aprendia a cada minuto. Vi como os fornecedores de Taiwan e Hong Kong eram ótimos negociadores, mas os japoneses eram um pouco mais formais e ligados aos protocolos. Eu estava falando sobre quantas fontes, monitores ou teclados seria possível colocar num contêiner de navio de seis ou doze metros, depois calculando com que frequência precisaria que um contêiner cheio desses produtos fosse despachado e qual seria o custo para transportar cada um. E também se eu conseguiria que o fornecedor me desse prazo para pagar ou se precisaria mandar uma carta de crédito.

A cada momento estava calculando as possibilidades, porque a diferença entre o custo dos componentes na fonte e o custo nos Estados Unidos, na ponta da cadeia de suprimentos, era enorme.

Quando voltei para casa, senti que tinha saltado vários níveis no jogo. Havia conseguido de muitos fornecedores o compromisso de nos enviar o material diretamente, poupando milhões em custo de produtos. Era um grande avanço sobre nossos concorrentes – e uma vantagem da qual precisávamos mais do que nunca, porque havia muita concorrência.

Voltei e encontrei Jay Bell ainda trabalhando duro em nosso protótipo do 286, mas – segundo ele – perto de chegar a uma solução. O esquema que a Chips and Technologies havia fornecido tinha todo tipo de erros, e o único modo de encontrá-los era conectar tudo e corrigir os circuitos um por um. Jay estava escrevendo à mão exatamente como fazer com que a coisa funcionasse, e era um processo muito exaustivo.

Até então ele havia trabalhado em casa, mas eu o queria por perto quando ele enfim tivesse sucesso – e eu sabia que teria. Por isso instalei-o numa espécie de sala secreta em nosso prédio (ninguém tinha conhecimento da presença dele ali, não havia nenhum nome na porta) e fiz com que ele prometesse que não falaria com ninguém da equipe da PC's Limited. Era crucial manter o projeto em sigilo até estarmos prontos para divulgá-lo.

Quanto mais eu conhecia Jay, mais estranho o achava. Talvez ele fosse bipolar: tinha longos surtos de energia e trabalhava 36, 48 ou até 72 horas direto, depois desmoronava. Dia ou noite não significavam nada para ele. Uma vez, logo depois de eu voltar da Ásia, o toque do telefone me arrancou de um sono profundo: eram três da madrugada e quem telefonava eram meus velhos amigos do departamento de polícia de Austin.

– Senhor, parece que alguém invadiu o seu prédio – avisou o policial.

– Epa, isso não é nada bom – respondi. – Já estou indo.

Entrei no estacionamento e encontrei uma cena totalmente surreal, iluminada pelas luzes vermelhas e azuis que piscavam em várias radiopatrulhas: Jay estava dentro do prédio, mostrando sua carteira de motorista pela janela do refeitório, enquanto meia dúzia de policiais permanecia do lado de fora com as armas apontadas.

– Tudo bem, policiais, eu o conheço – disse. – Está ótimo, não se preocupem, vai ficar tudo bem.

Jay estivera trabalhando até tarde e abrira alguma porta que disparou um alarme.

Nesse meio-tempo, eu queria colocar todos os recursos possíveis no projeto do 286. Contratei um grupo de engenheiros indianos com conhecimento de hardware e software para prestar consultoria a Jay. Eles haviam trabalhado num sistema de computador 286 de 10 MHz (velocidade do processador) e, supostamente, teriam uma BIOS compatível com o AT. Eu queria avaliar a possibilidade de comprá-la deles.

Eu mesmo fui pegar esses sujeitos no aeroporto de Austin. Eram cinco, mas apenas um – seu nome era Subramonian Shankar – falava inglês suficiente. Não fazia muito tempo que estavam nos Estados Unidos, e tudo que viam ainda os espantava. Instalei-os num condomínio residencial com jardim diante da nossa sede, do outro lado da rua: três caras num apartamento e dois em outro. Acabei convencendo o administrador do prédio a derrubar uma parede para transformar as acomodações em um só apartamento grande: os engenheiros trabalhavam e moravam lá.

Nenhum deles dirigia, por isso uma vez por semana eu os levava ao supermercado HEB para comprar comida. Na primeira vez que eles entraram no HEB, ficaram de queixo caído: nunca tinham visto nada parecido com a fartura insana de uma loja de alimentos nos Estados Unidos.

Os engenheiros indianos começaram revisando as capacidades do chipset da Chips and Technologies em velocidades de CPU de 8 MHz e 10 MHz. De vez em quando, eu passava no apartamento para perguntar sobre o andamento do trabalho. Fiquei pasmo com o aroma forte de curry e com o fato de aqueles caras, por mais inteligentes e trabalhadores que fossem, largarem tudo para assistir à luta livre sempre que era transmitida na TV. Eram obcecados pelo esporte.

No início de dezembro, Jay tinha um protótipo parcialmente funcional, e em meados de janeiro, depois de centenas de horas de trabalho, tanto sozinho quanto em colaboração com os engenheiros indianos, ele havia concluído o projeto. Encontramos uma empresa em Austin que projetava placas de circuito e contratamos a melhor desenhista de placas, uma mulher de meia-idade que fumava feito uma chaminé enquanto trabalhava. Enfrentei as nuvens de fumaça para me inclinar por cima do ombro dela e observar com fascínio o desenho que ela criava. Projetar a melhor rota dos circuitos, que use a menor quantidade de espaço e ao mesmo tempo não justaponha circuitos que possam criar interferência eletrônica se forem postos perto demais, era um processo que combinava arte e ciência.

Mas a desenhista conseguiu, e aquela placa de circuitos se tornou a base do computador 286 que lançamos em março de 1986. Foi um sucesso instantâneo. Numa rápida sucessão, criamos três PCs novos: um computador de baixo custo operando a 8 MHz, uma máquina de 10 MHz mais rápida do que qualquer outra compatível com o IBM AT no mercado e uma versão de 12 MHz que eclipsava todos os concorrentes, inclusive a Compaq e a IBM.

Em pouco tempo, lançaríamos uma máquina de 16 MHz que abalaria o mundo dos computadores pessoais. "Se você já sonhou em subir no equivalente computacional de um jato F-18, apertando o acelerador e partindo direto para as nuvens, sente-se diante de um desses", escreveria a *PC Magazine*. "Depois de algumas horas a 16 MHz, um vagaroso IBM AT parece uma relíquia empoeirada de um museu da informática."

Naquela primavera, nossa pequena empresa decrépita estava em condições de dominar o mundo dos computadores. Era empolgante demais: crescíamos muito mais rápido do que toda a nossa indústria, apesar de na época sermos mesmo pequenos. Os PCs estavam apenas começando a se tornar importantes – quem os comprava eram pessoas da área técnica, engenheiros e aficionados, não o público geral. Lembro-me de quando minha mãe entrou numa feira da Comdex em Atlanta, onde demonstrávamos nosso novo computador 286 de 16 MHz – ela sentiu orgulho em ver o que seu filho estava fazendo. No entanto, por mais louco que pareça, nossa pequena empresa também estava tremendamente encrencada.

Dois fatores principais atuavam contra nós. O primeiro era financeiro, e era sério. Apesar dos novos relacionamentos empresariais que eu tinha costurado no Extremo Oriente e das linhas de suprimentos muito melhoradas que eu havia estabelecido, estava operando com cartas de crédito emitidas no dia do embarque. Os embarques eram quase sempre por via aérea, e o transporte aéreo era caro. Apesar de nossas vendas estarem a todo o vapor – esperávamos mais de 52 milhões de dólares em vendas naquele ano fiscal –, nossas finanças não caminhavam no mesmo ritmo. Naquela primavera tínhamos apenas 300 mil dólares em dinheiro. Quase toda a receita que entrava logo saía para a folha de pagamento e para as peças, e nosso crédito bancário em Austin tinha se esticado a ponto de esgarçar – mais do que eu imaginava.

Naquela primavera, o estado do Texas se encontrava no meio de uma séria recessão, e a capital tinha seus próprios problemas. Demissões no governo do estado eram iminentes. Os preços dos imóveis estavam despencando, as empresas sofriam. Abri uma linha de crédito de 600 mil dólares num banco da cidade chamado Mbank. Isso era pouquíssimo para o volume dos negócios que vínhamos fazendo, mas não parecia haver perspectiva de obter mais dinheiro. Sem que eu soubesse, o Mbank estava pensando seriamente em encerrar minha conta, porque (ninguém em Austin fazia ideia disto) o próprio Mbank estava numa tremenda dificuldade financeira.

Isso era só o começo das más notícias.

A grande marreta que caiu sobre nós naquela primavera veio por cortesia da Comissão Federal de Comunicações (FCC, na sigla em inglês). Havia indícios de que os computadores pessoais emitiam interferência de radiofrequência, a não ser que fossem adequadamente blindados – e muitos clones de PCs não eram. Assim, a FCC tinha começado a baixar medidas duras sobre os fabricantes de computadores pessoais, como descobrimos por meio de uma carta de cessação e desistência que recebemos em abril. "Chegou ao nosso conhecimento", dizia a carta, "que vocês estão fabricando esses dispositivos sem a necessária aprovação Classe B do FCC." Segundo a carta, deveríamos interromper imediatamente as operações de fabricação. Também recebemos a ordem de pagar quase 10 mil dólares em multas.

Para mim, isso caiu de paraquedas. Que diabos era FCC? Com 20 anos, eu não fazia a mínima ideia do que poderia ser.

Telefonei para Kelley Guest.

Kelley foi nossa sorte, não pela primeira nem pela última vez. Ele era amigo de Dick Wiley, presidente da FCC na década de 1970. Depois de sair da comissão, Wiley tinha entrado no ramo da defesa do consumidor, combatendo o excesso de regulamentações. Assim, contratamos Dick Wiley, que foi à FCC e disse: "Esses caras são um bando de garotos, e eles estão tentando fazer a coisa certa."

Buscamos essa alternativa porque não havia outra naquele momento. Todos os dias, durante duas semanas naqueles meses de abril e maio, sem nenhum produto saindo e a receita encolhendo, nós – Jay Bell, dois dos nossos outros engenheiros e eu – fomos a uma área de testes de um laboratório em San Antonio, para tentar enquadrar uma de nossas máquinas 286 na conformidade exigida. Todos os dias experimentávamos diferentes configurações de componentes para levar o perfil de emissões a um ponto em que pudesse passar várias vezes no teste da FCC. E todas as noites, quando encostava a cabeça no travesseiro, com nossa empresa empacada, eu pensava em todas as pessoas que trabalhavam lá, algumas com famílias, por cujo sustento eu era responsável.

Resolvemos o perfil de emissões em menos de duas semanas. Foi sorte. Se tivéssemos demorado muito mais, a PC's Limited se tornaria a PC's Exterminada.

A empresa dobrava de tamanho a cada ano. Isso, em si, era espantoso e bastante incomum. Ela estava se saindo muito bem, em comparação com qualquer jovem startup, mas eu sabia que precisávamos de ajuda. Estávamos crescendo mais do que tudo: nossos prédios, sistemas telefônicos, sistemas de administração de pedidos, fornecedores, relacionamentos bancários.

Nada conseguia acompanhar nossa escalada meteórica. De certa forma, nem eu mesmo conseguia.

Nas poucas horas em que não estava trabalhando, eu devorava livros sobre liderança e gestão, para aprender tudo sobre temas que desconhecia. Eu tinha 21 anos, era curioso e ambicioso, mas alguém da minha idade tinha que passar por muitos estágios de aprendizado ainda. Até então eu havia tentado contratar os melhores profissionais possíveis: pessoas capazes de ajudar a empresa a se desenvolver, que sabiam mais sobre sua área de conhecimento do que eu. Caso contrário, por que contratá-las? Cometi alguns erros nessa hora fatídica, mas fui bastante rápido em corrigi-los e seguir em frente.

Percebi que meu maior equívoco não era alguém que eu tivesse contratado, mas alguém que eu *ainda não* havia contratado.

Até certo ponto, eu estava fazendo um voo solitário na PC's Limited. Era presidente e CEO e tinha 100% das ações da empresa, o que era raro. Não havia outros fundadores nem investidores de risco ou conselho administrativo – ao contrário da Compaq, a 240 quilômetros dali, em Houston. Eu tinha uma camada de vice-presidentes de departamentos-chave, mas percebia que na estrutura administrativa da PC's Limited faltava uma peça crucial no topo.

Eu precisava de alguém com a experiência que eu não tinha para administrar a empresa.

Várias pessoas em Austin haviam mencionado o nome de Lee Walker. O consenso parecia ser que ele era um sujeito extraordinário, alguém que tinha muito conhecimento e grandes realizações no currículo. Era praticamente só isso que eu sabia sobre ele. Lembre-se, estamos falando de um período antes da internet – não era possível pesquisar no Google. Assim, quando um conhecido meu chamado Jim Seymour disse que podia marcar um jantar com Walker e mais um sujeito que eu estava pensando em contratar como presidente, um executivo da Timex, minha curiosidade foi atiçada.

O próprio Seymour era uma pessoa interessante. Comentarista superinteligente e criterioso da área da computação pessoal, morador de Austin, tinha se consagrado como uma espécie de guru escrevendo colunas e resenhando produtos novos para a *PC Magazine* e a *PC Week*. Podia ser cáustico, mas até então havia sido amistoso comigo e com a empresa. Além disso, era o maior sujeito que eu tinha visto na vida – devia pesar uns 200 quilos.

Seymour me disse que Lee tinha jogado basquete e se formado em física na Texas A&M – o que já era uma combinação surpreendente – e, para completar as incongruências, era fluente em russo e tinha MBA da Harvard Business School. Havia trabalhado na Union Carbide, mas descobriu cedo que não tinha o perfil corporativo, e então se transformou num empreendedor muito bem-sucedido. Era dono de uma empresa que produzia gordura vegetal em Chicago, um laboratório metalúrgico nuclear que produzia grânulos de dióxido de amerício para detectores de fumaça, uma empresa de válvulas especiais e outra de produtos médicos. Aos 45 anos, estava pisando um pouco no freio e prestes a ir passar o verão no sul da França. Segundo Seymour, eu poderia tentar um encontro antes de ele partir e propor uma contratação como consultor temporário. Seymour fez elogios a Lee porque ele tinha um grande conhecimento em diversas áreas – e distribuir elogios à toa não era do feitio dele.

Em uma noite de maio, nós quatro – Seymour, Lee, o executivo da Timex e eu – nos encontramos num restaurante chinês chamado Beijing Imperium, e a primeira coisa que notei foi que Lee Walker também era enorme – verticalmente, tinha dois metros e cinco. Havia jogado como pivô nos Aggies (Texas A&M Aggies, time de futebol americano). Mais tarde, ficou claro que essa não era nem de longe a característica mais interessante dele.

Foi uma noite estranha, com três caras de 40 e poucos anos e eu. Lembro-me de ter ouvido muito mais do que falado. Walker falou sem parar sobre um cara do Brooklyn Dodger de quem eu tinha uma vaga ideia dos tempos em que trocava cartões de beisebol, Carl Furillo. Não conseguimos conversar muito sobre negócios. Mas de um modo inesperado, que até pareceu instintivo, Lee Walker me chamou bem mais atenção que o executivo da Timex. Este parecia um funcionário corporativo, pouca coisa além disso. Walker, ao contrário, parecia um profissional muito mais preparado, cheio de qualidades. Sua natureza gentil e sua inteligência me impressionaram imediatamente. Ele era firme mas caloroso, articulado mas excêntrico. Não parecia estar procurando emprego. Gostei dele – e, por alguma razão, senti que podia confiar nele. Estava claro que, apesar de todas as minhas leituras na área de administração, ele sabia muitíssimo mais sobre negócios do que eu, um jovem de apenas 21 anos.

Dois dias depois, me arrisquei e fui até a casa de Lee Walker em Cat Mountain, nas colinas a noroeste de Austin. Não tinha telefonado antes, era pura e simplesmente uma visita informal – coisa que a gente não faz com qualquer pessoa. Mas achei que, se tivesse decifrado Walker corretamente, ele era o tipo de sujeito que não se incomodaria com isso.

Não se incomodou. Pareceu meio surpreso ao abrir a porta da frente, mas em seguida sorriu e me convidou para entrar. Disse que estava almoçando e perguntou se eu estava com fome.

Nós nos sentamos à mesa da cozinha diante de uma sopa de tomate e sanduíches de atum. Fui direto ao ponto:

– Você gostaria de ser presidente da minha empresa?

Ele sorriu de novo e balançou a cabeça.

– Vou para a França daqui a uma semana. Vou passar o verão inteiro lá, talvez mais algum tempo. – Comemos em silêncio por um instante, depois ele disse: – Por que não me fala sobre sua empresa? Como você começou?

Contei tudo sobre como entrei nos negócios, remontando ao fascínio da minha família pelas finanças e pelos mercados, minhas primeiras incursões no empreendedorismo, trocando selos em feiras e depois por catálogo, entregando jornais e fazendo um sucesso enorme com a venda de assinaturas, tudo isso junto a minha paixão por computadores. Era fácil falar com Lee, porque eu sentia que ele estava escutando de verdade, processando tudo em algum nível profundo.

– Vamos dar uma volta – disse ele.

Lee me levou por uma trilha na floresta, e, como senti que ele estava interessado no que eu dizia, continuei falando. Contei como desmontei o Apple II e passei a incrementar PCs da IBM, como comecei um pequeno negócio vendendo-os, o que acabou virando um negócio não tão pequeno assim. Ele riu quando falei sobre meus dias fazendo arbitragem com PCs e as viagens para compra e venda. E sobre minha ida para Austin e a UT, o apartamento com meu amigo, o dia em que escondi todas as peças de computadores na banheira de David quando meus pais foram me visitar. Foi engraçado: enquanto eu rememorava como meus pais ficaram desapontados e com raiva ao saber que eu ia abandonar a faculdade e abrir mão de um futuro como médico para trabalhar naquela startup maluca, todas as emoções voltaram – um misto de tristeza, orgulho, desafio e amor por meus pais, por mais que eles estivessem chateados comigo. Eu sabia que tinha condições de fazer com que sentissem orgulho de mim.

Então contei sobre a sede do North Lamar, depois a da Headway Circle e em seguida sobre minha pequena empresa heterogênea, contratação por contratação, uma por semana, até o ponto em que estávamos. Ele assentia, ouvindo, e suas reações breves mas atenciosas me levaram a perceber que aquela era a primeira pessoa que eu já conhecera que era capaz de entender os negócios, de verdade, num nível intelectual. Ele entendia. Percebeu na hora as vantagens e desvantagens da nossa cadeia de suprimentos, compreendeu todo o nosso modelo de negócio. Eu disse a Lee que sentia intensamente que poderíamos ter sucesso onde outros estavam fracassando. Só precisava da ajuda de alguém que soubesse o tipo de coisas que eu desconhecia. Precisava delegar esse conhecimento a alguém enquanto eu me concentrava em criar novos produtos, em melhorar o relacionamento com os clientes, em manter o crescimento da empresa. Poderíamos dividir e conquistar, eu disse.

A trilha fazia um círculo até voltar à entrada de veículos de Lee. Quando saímos da floresta, ele deu um sorriso meio triste e apertou minha mão:

– Você é um rapaz extraordinário – disse. – Mas não posso ajudá-lo. Sinto muito.

7

O FIM ESTÁ PRÓXIMO?

Apesar de todo o som e toda a fúria, a proposta de Icahn e da Southeastern tinha uma falha lógica central: Icahn continuava afirmando que, como minha estratégia de transformação para a empresa estava funcionando, a Dell valia muito mais do que o montante que a Silver Lake e eu estávamos oferecendo. Mas também batia o pé ao afirmar que a liderança da empresa precisava ser substituída. Ele estava me elogiando e ao mesmo tempo ameaçando me substituir.

Mas eu não achava que ele quisesse tomar a empresa de mim. Só estava usando algumas técnicas requentadas de seu manual para tentar nos pressionar a adoçar a nossa oferta – e torná-lo ainda mais rico.

Havia quem concordasse comigo. Em 11 de maio, sob a manchete "Por que Michael Dell ainda vence", Holman Jenkis escreveu no *The Wall Street Journal*: "O Sr. Icahn ameaça uma guerra por procuração se a Dell não usar sua estratégia de alavancagem, mas não tentará comprar a empresa para poder ele próprio realizá-la. Ele não quer o risco. Só quer que o Sr. Dell pague mais pelo risco – coisa que este se recusou a fazer, com considerável sangue-frio. O fim está próximo."

Não suficientemente próximo, como se viu.

Em 13 de maio, a comissão especial escreveu uma carta para Icahn pedindo que ele explicasse seu plano em detalhes. Na semana seguinte, Icahn continuou aparecendo na CNBC, na Bloomberg News e em qualquer jornal de economia que quisesse falar com ele – e todos queriam, porque ele rendia matérias ótimas, era um ímã de audiência. De novo e de novo mandava a mesma mensagem: os acionistas da Dell deveriam receber um bônus. A empresa deveria continuar com o capital aberto. A liderança deveria ser substituída.

Não era o tipo de explicação que a comissão especial queria ouvir.

Assim, em 20 de maio, ela escreveu de novo para Icahn dizendo que não daria continuidade à conversa se ele não apresentasse uma "proposta superior" à nossa. "A não ser que recebamos uma resposta à nossa carta de 13 de maio, não estamos em condições de avaliar se sua proposta atende àquele padrão", disse a comissão. "Para nós, não está claro se o senhor pretende formular sua transação como uma real proposta de aquisição que o conselho possa avaliar."

Eu tinha quase certeza de que não estava claro. Icahn não tinha nenhum plano para a Dell. Só estava tentando valorizar mais suas ações, usando qualquer meio necessário.

Mais ou menos nessa época tive uma ideia maluca: por que não perguntar a ele, cara a cara?

Nunca havíamos nos encontrado pessoalmente, mas tínhamos conversado cinco anos antes, quando ele me ligou, assim como quem não quer nada, para me fazer algumas perguntas sobre a Motorola, onde ele ia começar sua última batalha por procuração. Eu não me lembrava de fato da conversa, mas me lembrava da batalha: foi suja. Icahn comprou uma tonelada de ações e colocou algumas pessoas no conselho da empresa, depois perdeu muito dinheiro quando as ações da Motorola afundaram. Quer saber se ele se importava com a Motorola como empresa? Não. Para Icahn, era como se fosse um jogo de pôquer. Ele era um jogador, e os jogadores sabem que às vezes precisam recuar. Eu só queria perguntar o que o levava a pensar que me venceria.

A princípio, era apenas uma ideia vaga. No entanto, quanto mais eu pensava no assunto, mais intrigante parecia: por que não perguntar pessoalmente?

Minha agenda tinha outras ideias.

O Dia da Lembrança, segunda-feira, dia 27, era uma data de família em Austin. Susan e eu fomos torcer por Zachary, nosso filho que completava seu primeiro triatlo – algo impressionante para um garoto de 17 anos. (Zach estava seguindo os passos da mãe: Susan competiu em provas de ciclismo, maratona e triatlo – inclusive no Campeonato Mundial Ironman, em Kona, no Havaí – desde a época em que estava na faculdade até quase os 50 anos. Sem dúvida, Zach herdou a capacidade atlética dela.) Ele terminou o evento em um tempo excelente, e nós ficamos muito orgulhosos.

Na terça-feira, 28, eu estava de volta ao escritório, pois precisava me preparar para a nossa conferência anual de analistas de tecnologia no dia 29, uma reunião que duraria a manhã inteira, com centenas de pessoas de empresas como Gartner, IDC, 451 Research, Forrester e outras. Durante cerca de seis horas, eu teria que passar cada minuto dando aos analistas uma visão positiva de nossa transformação e rebatendo com educação perguntas que seriam persistentes sobre as negociações para fechar o capital.

No dia 30, eu viajaria a Toronto para me reunir com clientes e nossa equipe do Canadá. No dia seguinte, iria para Washington, DC, encontrar minha filha Kira, que estava fazendo estágio lá. Passaria o sábado, dia 1º, com ela, depois viajaria à noite para Bangalore, na Índia, onde me reuniria com nossa equipe em 3 de junho (a gente perde um dia viajando para o leste). Depois iria para Pequim, no dia 4; Chengdu, na China, no dia 5; por fim, para Austin, na sexta-feira, dia 7, para me preparar para uma reunião da família Lieberman (a família de Susan) no final de semana.

Então, no dia 28, surgiu uma emergência.

Uma de nossas filhas teve um problema de saúde e era preciso que nos encontrássemos com ela e com os médicos que a atendiam. Minha empresa era muito importante para mim, e esse era um momento crítico para o fechamento do capital, mas nada jamais ficara acima das necessidades da minha família. A conferência de analistas da área de tecnologia não podia ser cancelada, mas se eu saísse de Austin no início da tarde de quarta-feira, poderia viajar a Nova York e participar da reunião da família com os médicos na manhã de quinta, antes de ir para Toronto.

Eu estava no carro, a caminho do aeroporto, e de repente me dei conta: iria passar 18 horas em Manhattan. Talvez houvesse tempo para um encontro cara a cara com Carl Icahn.

E foi assim que tomei uma atitude incomum. Sem consultar meus advogados na Wachtell Lipton, ou mesmo falar com Egon Durban, decidi simplesmente telefonar para Icahn. Confrontar o adversário.

Liguei para o celular, ele atendeu na hora.
– Ei, Carl! Aqui é Michael Dell. Como você está?
Houve uma breve pausa enquanto ele processava essa estranha reviravolta nos acontecimentos.
– Bem, Michael, e você?
Ele pareceu surpreso, para dizer o mínimo, mas também meio empolgado por eu estar ligando.
– Ótimo! – respondi. Pelo meu tom de voz, eu não parecia nem um pouco um cara que estava no meio de uma viagem pelo mundo para defender a empresa que tinha fundado; estava mais para alguém relaxando numa praia no Havaí. – Olha – continuei –, estou indo a Nova York para uma visita rápida, só vou ficar até o meio-dia de amanhã. Pensei em encontrá-lo para batermos um papo sobre o que vem acontecendo. Eu adoraria ouvir suas ideias.
– Seria fantástico, Michael. Simplesmente fantástico. Eu adoraria fazer isso. – Ao contrário de mim, acho que ele não estava fingindo. Parecia entusiasmado de verdade. Eu quase podia ouvir as engrenagens girando na cabeça dele: *Talvez eu tenha posto o Dell onde quero. Talvez ele me ofereça 15 dólares por ação.*
– Tive uma ideia ótima – disse ele. – Por que você não vem jantar no meu apartamento? Você tem algum plano?
– Vou dar uma olhada. – Fingi que estava consultando a agenda. Olhei para Susan, sentada ao meu lado, trocando mensagens com um de nossos filhos. – Não, esta noite está bem – respondi.
– Ótimo! Olha, preciso me desculpar antes de tudo. Minha mulher adora cozinhar, mas, cá entre nós, ela é péssima nisso.
– Sem problema – eu disse, apesar de o jantar não parecer nem um pouco atraente. – Vamos conversar e vai ser bom.
– Ótimo, Michael. Estou ansioso pelo encontro.
– Eu também. Vejo você à noite, Carl.
Desliguei e sorri para Susan, que perguntou:
– Quem era?
– Carl Icahn. Vou jantar com ele esta noite.
O queixo dela caiu.
– Você vai *o quê*?

Era uma bela noite de primavera em Manhattan, por isso decidi caminhar do hotel até a residência de Icahn na altura da rua 50 Oeste – não só porque o tempo estava lindo, mas porque não queria que meu motorista, nem ninguém, soubesse aonde eu ia. Por mais estranho que pareça, poderia haver consideráveis ramificações corporativas ou financeiras se eu fosse visto jantando com o inimigo. Era engraçado e sério ao mesmo tempo: eu não podia deixar de pensar num dos meus personagens prediletos no cinema, o Inspetor Clouseau, do Peter Sellers, enquanto colocava os óculos escuros e caminhava pela cidade até o prédio de Icahn.

Eu não sabia o que esperar quando toquei a campainha. A porta se abriu e vi um velho com barba grisalha rala e ombros encurvados, usando paletó esporte e calça com vinco. Ele sorriu enquanto nos cumprimentávamos. Depois, arrastando um pouco os pés, me levou pelo apartamento, parando um instante junto à porta da cozinha para me apresentar à sua mulher, Gail, que estava mesmo cozinhando. O que quer que fosse, cheirava bastante bem. Ela me deu um olá amistoso, depois Carl me levou até um terraço com vista para o rio Hudson. Nós nos sentamos e ele me ofereceu uma taça de vinho.

– Não, obrigado – falei.

Ele deu de ombros e se serviu de vinho.

– Bela vista – comentei.

Ele sorriu, bebericando.

– A melhor da cidade – disse.

Por mim, tudo bem conversar sobre amenidades. *Mas vamos chegar logo às minúcias importantes*, pensei.

No entanto, primeiro veio sua história de vida. Agora estávamos sentados à mesa de jantar, frente a frente, comendo salada, enquanto a sra. Icahn ainda se ocupava na cozinha. Carl parecia muito orgulhoso de ter crescido em Far Rockaway, um bairro de classe média no Queens, e estudado em escolas públicas.

– Não vim de família rica – disse ele, em seu forte sotaque de Nova York. Contou que seu pai sonhava ser cantor de ópera, mas acabou como cantor litúrgico na sinagoga. O que era irônico, segundo Carl, porque ele era ateu. O pai de Carl parecia ter uma importância enorme na vida dele, não no bom sentido. Pelo que contou, estava claro que seu pai não o havia tratado bem, que sempre duvidou de que ele seria bom o suficiente. Na época da faculdade, o jovem Carl foi aceito em Princeton – um grande passo para um judeu em meados dos anos 1950, quando ainda havia restrições em algumas faculdades de elite. Mas seu pai disse: "Por que não estuda na City College? Você vai ficar mais perto de casa." O motivo principal era que a City College cobrava apenas uma fração do custo de estudar em Princeton.

Mas Carl foi irredutível com relação a Princeton, e seu pai por fim concordou em pagar as despesas. Nesse ponto, no que eu suspeitava ser uma história muito bem ensaiada, Carl riu e disse:

– Paguei o restante com o que ganhei no pôquer. Mostrei uma ou duas coisas àqueles caras riquinhos vindos de escolas caras.

E, claro, também mostrou ao pai quem ele era de fato.

Eu sorri como o melhor ouvinte do mundo enquanto ele continuava a falar.

Formou-se em filosofia, imagine só, e – lembrando-me das expectativas dos meus pais com relação a mim – passou dois anos na Faculdade de Medicina da NYU antes de abandoná-la e entrar para o Exército. Disse que começou a trabalhar como corretor de valores em Wall Street aos 25 anos.

– Sete anos depois comprei um assento na Bolsa de Valores de Nova York. – E sorriu com orgulho. – Quase me matei de trabalhar.

Nesse ponto a Sra. Icahn havia trazido o que estivera cozinhando – parecia um bolo de carne – e se juntou a nós à mesa. Não falou muito, apenas sorriu enquanto o marido narrava todos os seus sucessos. Mas, de algum modo, o monólogo passou a ser sobre o filho, que estava trabalhando com ele. E o sorriso orgulhoso de Carl desapareceu.

– Esses garotos de hoje têm tudo fácil demais – disse. – Tudo entregue numa bandeja de prata. O portfólio do meu filho está cheio de Netflix e Apple, e ele está ganhando muito dinheiro. Ele merece? Não sei.

Nesse momento, como pai, me senti compelido a dizer alguma coisa.

– Carl, ele é seu *filho*. Se tudo acontecer de acordo com os planos, ele vai viver mais do que você. Você não quer que ele se saia bem?

Icahn deu de ombros.

– Morar em Nova York é bem caro – falei. – Você não fica feliz por ele conseguir se manter sozinho?

Ele fez um gesto desdenhoso.

– Montado no meu sucesso – disse.

Uau, pensei. *Que pai!* Cortei meu bolo de carne e provei um pedaço. Carl não tinha errado muito ao falar da culinária de sua mulher. E eu não tinha errado muito na minha avaliação sobre ele como pessoa. Comemos em silêncio por algum tempo, então Gail levou nossos pratos para a cozinha. Era hora de abordar o assunto que me levara até ali.

— E então, qual é o seu plano? — perguntei.

Ele pareceu genuinamente perplexo por um instante.

— Como assim?

— Qual é o seu plano? — repeti. — Você tem uma oferta para assumir o controle da empresa. Qual é a sua estratégia? Quem vai comandá-la? Quem vai estar na administração?

Foi então que aconteceu uma coisa estranha: por uma fração de segundo Carl Icahn pareceu amedrontado. Se estivéssemos jogando pôquer, essa seria a revelação de seu blefe.

— Ah, eu tenho pessoas — disse por fim. — Tenho candidatos. Há muitos interessados.

— É mesmo?

— Ah, sim. Claro. — Ele limpou a boca com o guardanapo. — Escute, Michael. Talvez você e eu possamos fazer um acordo. Talvez, pelo preço certo, eu lhe ofereça um acordo.

Quanta generosidade, pensei.

— E qual seria esse preço certo? — perguntei.

Ele ficou entusiasmado com a pergunta. Parecia pensar que estávamos mesmo barganhando, bem ali, à mesa de jantar.

— Ah, um pouco acima de onde vocês estão agora.

— Um pouco quanto?

— Que tal 14 por ação? Você poderia ganhar muito dinheiro com isso, Michael.

— E o seu plano para a empresa seria...?

— Ah, você sabe. Economia de escala. Abrir mão de aquisições improdutivas. Tem muita coisa a ser feita.

Era hora de baixar a bola. Olhei nos olhos dele.

— Sabe de uma coisa, Carl? Acho que você não tem um plano. Se quiser comprar a empresa por 14 dólares a ação, faça isso. Você vai comprometer totalmente a Dell, e nesse meio-tempo eu vou para o Havaí, tiro seis meses de folga, perco uns dez quilos, depois volto para casa e recompro a empresa por 8 dólares a ação. Vai ser um negócio excelente. Para mim.

Ele ficou atônito. Icahn não era um sujeito que demonstrava temor ou insegurança, mas nesse momento foi como se estivesse segurando uma mão de pôquer sem valor nenhum. O medo havia retornado a seus olhos. De que ele tinha medo? De que eu pudesse de fato ir embora, deixando-o com a empresa gigantesca pela qual ele tinha pagado 14 dólares por ação e sobre a qual não sabia absolutamente nada? Tinha medo de que a equipe ao redor dele o deixasse na mão? E que ficasse segurando um pepino imenso?

Mas nessa hora sua esposa voltou à mesa trazendo um prato com algo que parecia uma torta.

―

– Carl, Gail, sinto muitíssimo – falei. – Tenho uma reunião amanhã cedo. – Fiquei em pé. Era verdade. Além disso, já passava das 21 horas, e eu costumo dormir cedo e acordar cedo. Icahn era famoso por acordar às 11 da manhã e já tomar o primeiro martíni do dia. Não era exatamente o meu estilo. – Muito obrigado – disse aos dois. – Foi um jantar ótimo, mas preciso ir.

Gail pareceu meio surpresa. Carl pôs a mão no meu braço.

– Por que não fica mais um pouco, Michael? Temos muito que conversar.

Fui amistoso, mas firme:

– Desculpe, minha mulher está me esperando. Obrigado mais uma vez.

Naquela noite, ao voltar para o hotel, eu era um homem que tinha tirado um peso das costas. Eu respirava com mais facilidade, andava mais ereto. *Uau*, pensei. *Esse cara não tem a mínima ideia do que a Dell produz. Não sabe se fazemos batata frita ou usinas nucleares. Não sabe nada, não tem nada, não passa de um palhaço de circo. Ele está acabado.*

Mas claro que não estava. Longe disso.

―

Dois dias depois do meu jantar com Carl, chegaram ótimas notícias: o conselho administrativo da Dell recomendou por unanimidade que os acionistas aceitassem nossa oferta, ratificando o acordo numa reunião especial em 18 de julho. Todos que tivessem ações antes de 3 de junho (a chamada *record date*) teriam direito a voto. Numa carta aberta aos acionistas, a comissão especial disse que nosso plano era a melhor opção, oferecendo segurança e um "prêmio muito material" – cerca de 37% acima do preço médio de fechamento da Dell nos meses anteriores ao início dos boatos.

Era muito bom ter o carimbo de aprovação do conselho. Se conseguiríamos o apoio da maioria dos acionistas era outra questão, que acabou sendo muito mais complicada do que eu havia previsto.

A Southeastern contrapôs a carta do conselho aos acionistas com outra: "Somos investidores de longo prazo na Dell e [como vocês] nos preocupamos com nosso investimento", dizia ela.

> *Insistimos em que os senhores não assinem nem devolvam qualquer cartão de procuração votando a favor da Proposta de Compra de Gestão (ou qualquer cartão de procuração enviado pela Dell).*
>
> *Nós, junto à Icahn Enterprises LP, acreditamos ser possível alcançar um valor substancialmente maior para os acionistas da Dell do que aquele que consta da Proposta de Compra de Gestão. Num futuro próximo disponibilizaremos nosso próprio formulário de referência aos acionistas.*
>
> *Depois de receberem e examinarem nosso documento, junto ao que será enviado aos senhores pelo conselho administrativo da Dell, pediremos que falem com seu consultor financeiro e se juntem a nós na oposição à Proposta de Compra de Gestão.*

Quanto a Icahn, talvez ainda estivesse irritado com o que eu havia dito em nosso estranho jantar. Talvez estivesse furioso comigo por eu ter me recusado a entrar em seu jogo – qualquer que fosse. De todo modo, ele partiu logo para a ofensiva, jogando outro petisco suculento que a mídia de economia engoliu no ato. Disse que ele e a Southwestern estavam reduzindo a lista dos candidatos potenciais a me suceder como CEO da Dell. Mencionou o diretor da Cisco Systems e ex-CEO da Compaq, Michael Capellas; o ex-chefe de serviços da IBM, Michael Daniels; o presidente da Oracle, Mark Hurd; e o chefe da Hewlett Packard PC, Todd Bradley.

O cenário estava ficando feio.

Era estranho. Era embaraçoso. Era inquietante. Não somente a empresa que eu havia fundado e levado ao sucesso global parecia disponível para ser arrematada, mas também o meu lugar no comando. Nada disso parecia respeitar os feitos, os objetivos e os valores da Dell.

Será que eu imaginei, por um momento, que Icahn poderia tomar a Dell e instalar uma nova liderança e um conselho administrativo amistoso? As chances de isso acontecer, pelo que eu acreditava, eram infinitesimais – mas não eram nulas. Admito que essa chance pequena, minúscula, de um resultado medonho me levou a perder um tanto de sono naquela primavera e no verão. Mas eu me preocupava acima de tudo com os efeitos prolongados do teatro egoísta de Icahn.

Em termos muito práticos, eu estava apreensivo com nosso desempenho financeiro – com o funcionamento cotidiano da Dell. Já havíamos perdido clientes por causa de toda a incerteza e poderíamos perder mais. Imaginei-me como um deles: digamos que eu seja encarregado de tomar decisões numa dessas empresas. Por acaso, estou assistindo à Bloomberg um dia e vejo toda essa maluquice acontecendo. Decido fechar negócio com a Dell ou com um concorrente?

Mas eu estava ainda mais preocupado com o que os milhares de membros da nossa equipe, em Round Rock e em todo o mundo, estavam pensando. Imaginava todas aquelas pessoas boas que ganhavam 50 ou 80 mil dólares por ano indo para casa encontrar seus companheiros. Pensava nas perguntas que ouviam: "É verdade o que escutei na TV, que vocês vão ter um novo CEO? Quem está no comando lá? Essa é mesmo uma empresa boa para você trabalhar?"

Era horrível. Era a pior coisa que poderia estar acontecendo – pior do que o embaraço pessoal para mim, que era verdadeiro. É, eu podia lidar com isso. Podia ficar na frente de mil pessoas em Montpelier, na França – ou em Chengdu, Bangalore ou Pequim –, me olhando e pensando: "Hum... ele vai ser o CEO ou não?" Eu podia tranquilizá-las com palavras cautelosas, mas não era assim que os executivos-chefes de grandes corporações deveriam percorrer o mundo.

Naquela primavera houve até mesmo um período muito estranho em que o conselho disse para eu não falar com nenhum executivo da empresa. Era algo sem precedentes. Não creio que tivesse a ver com os negócios do momento; acho que os membros do conselho administrativo estavam preocupados com a possibilidade de outros executivos e eu entrarmos no assunto do fechamento de capital e eu conseguir convencê-los a mudar de opinião.

O impasse não demorou muito, mas durou o suficiente. Lembro-me de pensar: "Devo ir ao escritório ou não?"

Mais ou menos nessa época recebi um telefonema de Brian Krzanich, CEO da Intel.

– Oi, Michael – disse ele. – Só queria que você soubesse que li várias reportagens e estou pensando em você. Você é um cliente realmente importante, e se houver alguma coisa que eu possa fazer para ajudar, é só dizer.

Agradeci a Brian com muita sinceridade. Não precisávamos de nenhuma ajuda concreta da Intel, mas o apoio emocional significava muito. E houve outros telefonemas e mensagens de encorajamento – bilhetes e e-mails de amigos, conhecidos e colegas. Agradeci a cada um. Mas sempre vou me lembrar daquela primavera e daquele verão como uma época em que eu precisava de toda a concentração para manter o equilíbrio.

―

O formulário de referência que a Dell mandou à SEC apoiando nossa oferta, minha e da Silver Lake, informava sobre os consideráveis riscos de negócios e transações que, com a eventual compra, seriam transferidos da empresa para nós. Ele detalhava – de novo – a deterioração da dinâmica industrial para as nossas vendas de PCs e o declínio nas nossas métricas financeiras fundamentais. Os acionistas estariam em melhor situação recebendo o dinheiro agora, argumentava o conselho.

Em 18 de junho, Icahn atirou de volta. Numa carta aberta aos nossos acionistas, anunciou que estava comprando metade da participação da Southeastern Asset Management na Dell, 72 milhões de ações. Isso elevaria sua fatia na empresa a mais de 150 milhões de ações, atrás apenas da minha. De modo surpreendente, o preço de compra foi de apenas 13,52 dólares por ação, abaixo do nosso preço combinado e muito abaixo dos 23,72 dólares que a Southeastern tinha argumentado que era o valor real da Dell. Reagindo à carta do conselho, Icahn afirmou: "Estamos pasmos com essas declarações do conselho da Dell. Em que outro contexto a pessoa que tem a tarefa de vender um produto gasta seus esforços posicionando-o de maneira negativa? É assim que o suposto *go-shop* foi realizado? Dá para imaginar um corretor de imóveis publicando anúncios avisando sobre o perigo de cupins numa casa sempre que um comprador em potencial parecer interessado?"

Em seguida, ele foi à TV pela enésima vez, para pressionar ainda mais.

– Vocês não acham que a ação vai valer mais de 14 dólares? – perguntou à Bloomberg News, retoricamente. – Em especial porque os 14 bilhões de dólares gastos em aquisições que não têm a ver com os PCs ainda não entraram, de fato. A empresa divulgou essas declarações terríveis e assustadoras sobre o seu futuro. Num estado totalitário, propagandas desse tipo funcionam. Mas, para a sorte dos acionistas, no nosso país pode haver alguém que contrabalance a propaganda.

Em 24 de junho, ele anunciou que estava se juntando ao seu consultor financeiro, o banco de investimentos Jefferies & Co., para levantar 5,2 bilhões em empréstimos para sustentar sua oferta de 14 dólares por ação. Disse que acreditava que o financiamento estaria liberado na data da reunião dos acionistas, 18 de julho.

SuperCarl ao resgate!

Ou não.

Se você olhasse através de toda a fumaça que Icahn estava soprando, logo perceberia que seu suposto financiamento era apenas... mais fumaça. Como alertou uma reportagem no jornal de tecnologia na internet *All Things Digital*:

Dos 5,2 bilhões, Icahn e seus afiliados colocaram 3,4 bilhões, com mais 1,6 bilhão do banco de investimentos Jefferies and Co. Mais 179 milhões vêm de 14 outras partes, inclusive fundos de pensão e investidores institucionais com nomes como Associação de Aposentadoria de Servidores Públicos do Novo México e Fundo de Renda de Taxa Flutuante Manulife. É uma lista relativamente pequena, disse a Reuters, sugerindo que Icahn tinha dificuldade para atrair interesse. Por outro lado, existem sinais de que ele não queria muita participação de terceiras partes. Confuso? É.

Outra coisa: Icahn não recebe o financiamento a não ser que os acionistas da Dell elejam toda a chapa de 12 candidatos a diretor que ele e sua sócia, a Southeastern Asset Management, indicaram em 13 de maio. Sem isso, o financiamento "provavelmente não acontecerá".

A conclusão inevitável era que Icahn não queria comprar a empresa. Só estava tentando nos obrigar a aumentar a oferta – e fazer com que suas ações valessem muito mais.

Enquanto Carl Icahn falava com cada repórter que encontrava, dois fatos importantes aconteceram. Em 26 de junho, o juiz Leo Strine, da Corte de Chancelaria de Delaware – Delaware era o lugar onde nós (como muitas outras empresas) fomos incorporados, e a corte de chancelaria é que julgaria o acordo –, descartou uma braçada de processos apresentados por Icahn e a Southwestern. Em essência, esses processos por violação de dever fiduciário me acusavam de ter interesse controlador na Dell, de que eu estava atuando dos dois lados do acordo e exercendo uma influência inadequada por ter conhecimento interno. (Em várias de suas muitas entrevistas, Icahn tinha até mesmo me acusado de estar em conluio com a comissão especial.)

Mas o juiz Strine afirmou que meus 16% das ações não me colocavam "nem perto do nível de propriedade necessário para ser considerado um acionista controlador". No mínimo, segundo o juiz Strine, Icahn e a Southwestern juntos poderiam ser uma força controladora maior do que eu, já que eu tinha prometido votar com meus 250 milhões de ações a favor de quem oferecesse mais, caso surgisse alguém, e Icahn e a Southwestern não tinham esse tipo de obrigação.

Ao contrário das acusações apresentadas nas ações coletivas, o juiz Strine observou que a comissão especial tinha exaurido cada opção possível na busca de uma oferta maior do que a minha e da Silver Lake, e que eu havia atendido a todos os critérios jurídicos para cooperar com a comissão. Segundo ele, o resultado seria um padrão judicial comparativamente leniente quando a oferta do Management Buyout Group (a nossa) fosse a julgamento.

Gostei desse cara.

A opinião do juiz Strine foi um grande golpe contra Icahn. E então houve outro.

Em 21 de junho, fui com Brian Gladden, nosso diretor financeiro, a Gaithersburg, em Maryland, para tentar convencer o pessoal da Institutional Shareholder Services (ISS) de que nosso acordo era o melhor possível para os donos de ações da Dell. A ISS, a principal empresa de consultoria de procuração, é paga por acionistas para avaliar os tipos de propostas que os minoritários da Dell estavam recebendo. A avaliação da empresa importaria muito, e eu a levava a sério – em particular, porque em abril a ISS tinha emitido um relatório com uma visão cética da nossa oferta de compra. "A questão principal", segundo ela, "não parece ser 'Como podemos realizar esse negócio?', mas algo com um horizonte muito mais distante: 'Se essa é a melhor avaliação de aquisição disponível, nós queremos mesmo vender?'"

Eu pensava na reunião como a "batalha de Gaithersburg". Durante alguns dias acordei muito cedo para estudar cada ângulo da nossa proposta e montar a defesa mais atraente possível. Cheguei a uma lista de argumentos:

1. Esta é a empresa que eu fundei há 29 anos e guiei desde então. Agora é crucial mantê-la no caminho certo, e eu me importo com o que irá acontecer muito tempo depois de eu ter partido.
2. Eu vi o ritmo do nosso ramo de atividade acelerar, e é fundamental acompanhá-lo. É essencial controlar a transição da Dell de hardware para software, serviços e soluções, para a computação móvel e em nuvem. É urgente transformar o mais rapidamente possível: é mudar ou morrer.
3. As mudanças que estamos fazendo proporcionarão a estabilidade que nossos clientes desejam e a flexibilidade de que a empresa precisa. Mas os riscos que estamos assumindo farão com que a estrada adiante seja irregular, com reveses inevitáveis – uma situação provavelmente incerta para o gosto dos nossos acionistas de capital aberto.
4. A transformação de uma empresa de capital aberto tem um limite.
5. As cinco novas áreas em que estamos entrando e os investimentos necessários para torná-las bem-sucedidas reduzirão os ganhos a curto prazo. Muitos acionistas não gostarão disso.
6. Desde o início deste processo, em agosto passado, deixei claro que estou disposto a me unir a quem oferecer o melhor resultado para os nossos acionistas. E reconheci que quem oferecê-lo pode me incluir em seus planos ou não.
7. Um voto de recusa à nossa proposta seria um voto de desconfiança no conselho, na nossa administração e na estratégia de transformação, e provocaria uma ruptura extrema na empresa.
8. Icahn e a Southwestern asseguram que a empresa vale mais que a nossa oferta, mas não propuseram nenhuma alternativa realista – tudo não passa de uma nuvem de fumaça. Eles não ofereceram aos nossos acionistas nem 0,01 dólar a mais por ação do que a nossa oferta. Eles exageraram seu capital disponível em 4 bilhões de dólares. Eles não têm como garantir um dividendo de 12 dólares.
9. A suposta nova equipe administrativa de que falam também é uma ilusão. Tanto Capellas quanto Hurd disseram que não estão interessados. Todd Bradley respondeu que jamais foi contatado sobre o assunto. Mike Daniels tem um acordo de não concorrência com a IBM.

A reunião correu bem. E em 8 de julho a ISS anunciou sua decisão: recomendaria que os acionistas da Dell votassem a favor do acordo. (Dois dias depois, a Glass Lewis, outra empresa de consultoria de procuração, fez a mesma recomendação. De certa forma, Icahn nos deu as duas recomendações ao criar uma alternativa tão ruim a ponto de a nossa ser a opção óbvia.)

Foi um tremendo tiro no pé. Ao mesmo tempo, eu ainda me perguntava (e me preocupava): será que conseguiríamos os votos? Minha incerteza se baseava numa regra que a comissão especial havia estabelecido no início. Além de obter a aprovação da maioria das ações, inclusive as minhas, precisávamos da aprovação das ações em circulação que não pertencessem a mim ou às afiliadas da Dell. Nessa segunda votação, minhas ações não contariam, mas as de Icahn e da Southeastern Asset Management, sim. E as abstenções e as ações que não aparecessem seriam efetivamente contadas como votos pelo "Não". Se o preço da ação subisse a partir de boas notícias (como a decisão da ISS) antes da reunião de 18 de julho, grandes blocos de ações seriam vendidos – e, segundo as regras estabelecidas, como os novos donos não as tinham antes da *record date* de 3 de junho, não teriam direito a voto. Mas os ex-donos daquelas ações, depois de vendê-las, não teriam interesse em votar – e o fato de não votarem seria contado como votos contrários à nossa oferta.

Esse padrão de votação era conhecido como "maioria da minoria das ações em circulação" – minoria referia-se a ações não afiliadas, que não eram minhas, da minha família ou de outras pessoas de dentro da empresa, e ações em circulação significava todas as ações, com ou sem voto. Era uma regra bastante rigorosa, mas estava de acordo com cada movimento feito pela comissão especial. Desde o início, eles tinham se esforçado ao máximo para evitar qualquer sugestão de conluio comigo.

Três dias depois, Icahn mandou outra de suas cartas abertas. Era uma obra-prima de bajulação. Começava afavelmente: "Caros amigos acionistas da Dell",

> *Em poucas ocasiões nos investimentos encontramos situações que são "descomplicadas". Nessas situações as chances são extremamente favoráveis para você obter lucro correndo um risco muito pequeno, e em algumas situações, muito raras sem correr risco nenhum. Estranhamente, pela minha experiência, muitos investidores perdem a oportunidade de aproveitá-las.*

Ele era como um encantador de serpentes (ou vendedor de remédios milagrosos) num parque de diversões: Dinheiro grátis! Sem risco! Tudo que seus colegas acionistas da Dell precisavam fazer, continuava ele, era votar "Não" na reunião de 18 de julho. E se a fusão fosse aprovada de qualquer jeito, reivindicar direitos de avaliação. E o que eram os direitos de avaliação? Segundo a lei de Delaware, se uma fusão financeira acontece, os acionistas que votaram contra o acordo, ou que não votaram, têm seis dias para decidir se aceitam ou se entram na justiça pedindo uma avaliação. Se isso acontecesse conosco, e a Corte de Chancelaria de Delaware decidisse que as ações da Dell valiam um preço mais alto, a entidade compradora – a Silver Lake e eu – teríamos que pagar esse valor extra aos acionistas. Mas o tribunal poderia determinar que o valor das ações era mais baixo, e nesse caso os acionistas que reivindicassem o direito de avaliação receberiam menos. Além disso, qualquer um que reivindicasse direitos de avaliação precisaria esperar o final do processo, que poderia levar anos. Icahn estava mentindo descaradamente ao dizer que não existia risco.

Além do mais, o que ele estava dizendo era que não tinha intenção de ele próprio reivindicar o direito de avaliação. Enquanto as avaliações estão sendo decididas, é como se os donos desses grandes blocos de ações estivessem emprestando à empresa o valor de suas ações. Essa era apenas outra proposta enganosa por parte de Icahn, e a verdade era que ele estava – de novo – tentando pressionar a mim e a Silver Lake a aumentarmos nossa oferta para impedir que aqueles grandes acionistas votassem "Não".

Alguém que estivesse prestando muita atenção (e, acredite, eu estava) veria que na carta de 11 de julho Icahn basicamente estava desistindo de comprar a empresa. Se ele conseguisse fazer com que pagássemos o preço mais alto, poderia embolsar o dinheiro e declarar vitória.

Mas nem a Silver Lake nem eu permitiríamos que Icahn nos pressionasse. Com o objetivo de reforçar nossa causa na semana anterior à reunião de acionistas, viajei mais um pouco pelo país para me reunir com alguns de nossos maiores acionistas, como a Franklin Mutual, a BlackRock, a State Street e a Pentwater, a fim de lhes dizer por que achava nossa proposta justa. E meu lobby deu resultado: à medida que a grande reunião se aproximava, a BlackRock, a State Street e o Vanguard Group mudaram seus votos de "Não" para "Sim".

A manhã de quinta-feira, 18 de julho, foi típica do meio do verão no centro do Texas, com a temperatura chegando a 35 graus. Não era um dia ótimo para estar ao ar livre, mas o bando de repórteres com suas câmeras, amontoados do lado de fora da nossa sede em Round Rock, não tinha muita escolha. Dentro, na hora marcada, 8 da manhã, Larry Tu foi até a frente da grande sala de reuniões, olhou para as cerca de duzentas pessoas ali e disse:

– Bem-vindos à reunião especial dos acionistas. Como diretor do conselho geral, declaro que está adiada.

Todo mundo olhava em volta e se perguntava: "Mas o que aconteceu?"

O que havia acontecido era que simplesmente não tínhamos os votos necessários para que nossa oferta fosse aceita segundo o padrão exigido pela comissão especial: a maioria da minoria das ações em circulação. Um e-mail da MacKenzie Partners, a firma de *proxy solicitation* (uma empresa que orienta investidores sobre como votar nas reuniões de acionistas), afirmou que a contagem estava em 539 milhões de ações a favor da transação e 541 contra. Segundo o padrão de votação existente, precisávamos de metade de 1.476.288.661 de ações não afiliadas e mais uma para declarar a vitória: em outras palavras, um total de 738 milhões de "Sim" – por volta de 198 milhões a mais do que tínhamos. Aproximadamente 27% de todas as ações – mais de 398 milhões – não tinham votado, o que significava que eram contadas como votos pelo "Não", segundo o padrão de maioria da minoria das ações em circulação. Enquanto as ações que não votassem fossem consideradas votos pelo "Não", os números eram esmagadoramente contrários a nós.

Foi um dia difícil. Egon Durban tinha viajado até Austin para a reunião. Com o adiamento, ele e eu fomos para a minha casa e nos aboletamos no sofá para assistir, em uma TV de tela grande, a uma entrevista com Carl Icahn. Éramos incapazes de desviar os olhos daquela troca de perguntas e respostas que a CNBC ficava repassando – e que era como um acidente de carro com duração de 27 minutos. Icahn e o apresentador do *Fast Money Halftime Report*, Scott Wapner, estavam sentados no palco de uma conferência da Institutional Investors, e Carl, com suas costeletas brancas, gravata vermelha e o sotaque do Queens, havia incorporado o vovô maluco: ao mesmo tempo desafiador, tímido, brincalhão, ameaçador. Com frequência cobria a parte de baixo do rosto com a mão, como um jogador fazendo a pior cara de pôquer do mundo. Seu sorriso era estranhamente gentil. E a entrevista mostrava o antigo Carl: uma mistura louca e desconexa de megalomania, hostilidade, reclamação e livre associação. Num determinado momento, Wapner listou algumas das muitas empresas em que Icahn havia adquirido grandes posições – Dell, Chesapeake, Netflix, Navistar, Biogen, Transocean, Herbalife – e perguntou:

– Você está tendo... uma crise de meia-idade aos 77 anos?

Icahn riu como o velho clichê do garoto pego com a mão no pote de biscoitos.

– Bom, vou perguntar o seguinte: o que mais eu tenho para fazer? – disse. – Minha mulher me vigia feito um gavião; você sabe, ela não me deixa sair de casa...

Isso provocou gargalhadas na plateia.

Direto, Wapner perguntou:

– Você acha que Michael Dell vai aumentar a oferta, mesmo com os informes de que não vai?

– Sabe de uma coisa? Não sei – respondeu Icahn. – E vou dizer honestamente: sei que você não vai acreditar, mas não me importo muito. Eu gostaria de ser dono da empresa. Tenho 150 milhões de ações. Estou nisso para ganhar dinheiro, é claro. Mas gostaria de ser dono dessa empresa, porque o dinheiro de verdade que eu ganhei... você sabe, eu era um garoto do Queens, um bairro barra-pesada, nós nunca tínhamos nada, e aqui estou. Amo o país, quero dizer, isto parece piegas, mas sou realmente motivado a ganhar dinheiro. E a maior quantidade de dinheiro que ganho é quando nós controlamos essas empresas. Quando entramos nelas.

Sem dúvida, ele parecia querer entrar na Dell. Estava falando em travar uma batalha por procuração, instalando toda uma nova chapa de diretores. E, claro, um novo CEO.

– E o motivo pelo qual acho que posso vencer é o seguinte – disse ele. – Honestamente, se você é uma instituição, por que deseja que esse cara continue comandando a empresa? Ele levou as ações a caírem de 40 ao preço atual. Sua administração foi ruim e o conselho o congelou. Sabe, há um velho ditado que diz: "Se você me enganar uma vez, deveria se envergonhar; se me enganar duas, eu é que deveria me envergonhar." Assim, se eles escolherem o [Michael] Dell de novo, deveriam se envergonhar.

Uau – será que foi por alguma coisa que eu disse (ou não disse) sobre o bolo de carne da mulher dele?

Todo o papo furado de Icahn sobre a tomada de controle seria engraçada se não fosse absurda demais, porém o que não era nem um pouco engraçado era o efeito do caos que ele estava semeando no preço de nossas ações: no início de julho, elas caíram abaixo de 13 dólares pela primeira vez desde abril. Então, depois da reunião adiada, permaneceram abaixo de 13 por uma semana, depois por oito, nove, dez dias seguidos. O mercado estava dando seu veredito para as chances de nosso acordo acontecer, e as chances não pareciam boas.

Em 22 de julho, me reuni com a comissão especial no escritório dos meus advogados, a firma Wachtell Lipton, em Manhattan. Alex Mandl estava lá, junto aos advogados e consultores financeiros da comissão; pessoas da MacKenzie também compareceram. Eu falei – e falei de modo passional porque tinha um sentimento muito forte. Disse que, do jeito que estava, a regra segundo a qual as ações que não votavam contavam como votos contrários ao acordo, tornava o padrão de votação profundamente injusto, permitindo que uma minoria das ações suplantasse a maioria. A impressão que a comissão especial tentara evitar – de que eles e eu estávamos em conluio, conspirando contra os acionistas – tinha sido contradita muito tempo antes, tanto na mídia financeira quanto na quantidade de cartas abertas aos nossos acionistas. Nós, a Silver Lake e eu, tínhamos obviamente batido de frente com a comissão em várias ocasiões. Os limites eram claros. Era hora de tornar a luta justa.

Acabamos batendo de frente outra vez. Alex me disse que a comissão especial poderia – poderia – pensar em mudar o padrão de votação se, e somente se, a Silver Lake e eu elevássemos nossa oferta para ao menos 14 dólares por ação.

Reunião adiada.

Na manhã seguinte, depois de uma longa conversa com Egon, telefonei para Alex e disse que a Silver Lake e eu aumentaríamos nossa oferta para 13,75 dólares – se, e somente se, a comissão especial parasse de contar as ações que não votassem como votos pelo "Não". Era nossa melhor e última oferta, avisei. Depois de conferenciar com o restante da comissão e todos os consultores, Alex disse que eles precisavam de tempo para pensar. Assim, a reunião de acionistas programada para 24 de julho foi adiada outra vez, agora para 2 de agosto.

Outra carta espalhafatosa de Icahn, assinada por ele e pela Southwestern, foi enviada à comissão especial em 23 de julho:

Senhoras e senhores,

Em todos esses anos de negócios presenciamos muitos conselhos administrativos inescrupulosos. Mas achamos que o atual "Fiasco Desesperado da Dell" se destaca como um dos exemplos mais incríveis. Espantosamente, durante todo esse tempo, a comissão especial continua nos lembrando de quanto <u>ela acredita</u> que está <u>cuidando de nós, vigiando e nos protegendo</u>. <u>Temos várias perguntas</u> para esses supostos defensores dos acionistas da Dell.
<u>POR QUE EXPULSAM OS ACIONISTAS DA DELL?</u>
Por que a comissão especial está tão comprometida em <u>expulsar da Dell os acionistas leais</u>, de modo que nossa empresa possa ser vendida a Michael Dell/Silver Lake a um preço que consideramos uma pechincha?
Por quanto tempo os conselhos podem empurrar e mudar as datas de reuniões e se esconder por trás da "regra de avaliação empresarial"?
A resposta, meu amigo, está "Soprando no Vento"...*
<u>A COMISSÃO ESPECIAL CUMPRIRÁ SUA PROMESSA?</u>
*Em 16 de julho a comissão especial nos disse que **"tomou medidas extraordinárias para garantir a neutralidade do Sr. Dell e deixar a decisão final com os acionistas desinteressados".***
*Se vocês acreditam que a comissão especial não **"tomou medidas extraordinárias para garantir a neutralidade do Sr. Dell e deixar a decisão final com os acionistas desinteressados"** quando adiou a votação na quinta-feira passada, insistimos em que votem CONTRA a transação com Michael Dell e a Silver Lake...*

---

* Referência à canção "Blowin'in the Wind", do cantor e compositor americano Bob Dylan. (N. da E.)

E assim por diante, *ad nauseam*.

No dia seguinte, Icahn levou a luta para o Twitter e fez uma de suas primeiras postagens bombásticas: "A Dell estaria no céu se Michael e o conselho fossem para o beleléu."

Não era um Bob Dylan.

Mas atraiu atenção? Icahn sempre chamava atenção para o que dizia.

Frases feitas não impelem ao sucesso, mas na Dell seguimos uma que diz assim: O fracasso não é uma opção.

Estratégia e execução são os fatores que levam ao sucesso. Estávamos no final do processo para fechar o capital, o imbróglio havia demorado demais, causava perturbação, tinha criado confusão e incerteza. E meus aliados e eu estávamos... eu não diria exaustos, mas muito preparados para qualquer coisa. Se os acionistas quisessem fazer negócio, daríamos um jeito e faríamos com que acontecesse; se não quisessem, simplesmente voltaríamos ao que estávamos fazendo. Se os acionistas votassem a favor do negócio, receberiam parte das recompensas do nosso sucesso potencial sem ter de correr nenhum dos riscos da transformação. A Silver Lake e eu estávamos correndo o risco.

Olhando agora é fácil dizer que deu certo, mas poderia não ter dado.

No mesmo dia em que Icahn mandou sua carta, divulguei outra, aberta aos nossos acionistas. Quebrei o silêncio pela primeira vez em alguns meses sobre a batalha do ano anterior. Era como se eu estivesse declarando: o negócio é este, é pegar ou largar.

Caros amigos acionistas:

Vocês leram muitas histórias sobre nossos esforços para fechar o capital da Dell. Eu gostaria que ouvissem diretamente de mim a verdade.

Acredito que fechar o capital é a coisa certa a fazer para a empresa. Precisamos nos transformar, e precisamos fazer isso logo. A transformação não é isenta de riscos e desafios, e acredito que podemos fazer o que é necessário de um modo melhor como empresa de capital fechado do que como empresa de capital aberto.

Quando perguntei ao conselho da Dell, no mês de agosto passado, se consideraria a possibilidade de uma transação para fechar o capital, sabia que os diretores independentes controlariam o processo e deixei claro que estava pronto para me associar a quem pagasse o melhor preço. Encorajei cada parte interessada a pagar o maior valor que pudesse.

Depois de um dos processos mais meticulosos da história, o preço mais alto que qualquer uma das partes estava disposta a pagar era de 13,65 dólares por ação. Ainda que nenhuma outra parte tenha se oferecido para pagar mais de 13,65 por ação, a Silver Lake e eu subimos nossa oferta para 13,75 por ação, um aumento de cerca de 150 milhões de dólares para os acionistas, e esta é nossa melhor e última oferta.

Acredito que esta oferta atende aos melhores interesses da empresa e dos nossos acionistas. Outras partes propuseram alternativas como recapitalizações alavancadas, vendas de ativos e outros passos que acredito que seriam destrutivos para empresa e que não apoio nem apoiarei.

Agora a decisão é de vocês. Estou em paz com qualquer resultado e honrarei a decisão. Nosso acordo exige os votos da maioria das ações não afiliadas – as de vocês – para aprovar a transação. Infelizmente, nosso acordo também implica que as ações que não votarem contem como votos contra a transação. No momento, mais de 25% das ações não afiliadas não votaram. Isso significa que, mesmo que a maioria das ações não afiliadas que votarem pela transação queira aceitar nossa oferta, a vontade da maioria será derrotada pelas ações que não votarem. Acho isso bastante injusto.

Quando oferecemos aumentar nossa oferta para 13,75 por ação, pedimos que a Comissão Especial do Conselho mudasse esse padrão de votação injusto e permitisse que a vontade da maioria das ações não afiliadas que votarem pela transação controle o resultado. Particularmente, diante dos esforços de outros em promover transações alternativas, e da capacidade dessas partes de votar com suas ações quando as minhas ações não contam, acredito que não faz nenhum sentido distorcer o campo de jogo, ainda mais contando as ações não votantes como se apoiassem o grupo de oposição. Se a comissão especial concordar com nossa nova oferta de 13,75 por ação, e em criar um campo de jogo justo e nivelado para vocês, estarei ansioso pela decisão.

Atenciosamente,
Michael Dell

Dois dias depois, em 26 de julho, fui à casa de Alex Mandl em Easton, Maryland, para tentar convencê-lo a aceitar nossa oferta. Passei 90 minutos tensos argumentando com Alex que os disparos bombásticos de Icahn estavam criando tumulto no preço das ações, que a incerteza contínua sobre o que iria acontecer era corrosiva para a empresa. Que o padrão de votação forçadamente imparcial que contava ações não votantes como votos contrários estava obscurecendo a opinião dos acionistas votantes. Alex franziu a testa e assentiu, assentiu e franziu a testa. Ele me escutou, mas jamais emitiu uma palavra de concordância. Por fim, disse que pessoalmente acreditava que se a Silver Lake e eu aumentássemos a oferta para 14 dólares por ação, a maré iria virar sem qualquer necessidade de mudar o padrão de votação. Eu disse que falaria com a Silver Lake, mas não estava otimista.

Enquanto isso, nossas ações continuavam a derreter, e em algum lugar fora de cena (mas não por muito tempo) Carl Icahn estava esfregando as mãos.

8

SUBINDO CADA VEZ MAIS

Lee Walker mudou de ideia. E até hoje não entendo por quê.

Não sei exatamente por que motivo Lee abriu mão de um verão no lindo sul da França para permanecer na quente e úmida Austin, no Texas, e ajudar uma empresa pequena a decolar. Perguntei isso a ele mais de uma vez. Com seu jeito tímido e modesto, ele murmurou algo sobre já ter estado na mesma situação.

Quando era um jovem empreendedor no início dos anos 1970, Lee fez uma compra pesadamente alavancada de uma empresa de implementos para a produção de aço em Buffalo, em Nova York. Logo depois de ele entrar no negócio, a empresa vendeu uma fornalha de reciclagem de metal, um equipamento caro, para um cliente na Flórida – e o cliente se recusou a pagar, depois de o Departamento de Regulação Ambiental (DER, na sigla em inglês) da Flórida proibir o uso da máquina. O pagamento perdido deixou a jovem empresa de Lee a perigo de afundar, operando com margens mínimas, e o próprio Lee à beira da falência pessoal. Por puro desespero, ele foi à Flórida e fez um apelo pessoal ao DER – que, para sua perplexidade, concedeu uma permissão especial para o uso da máquina. Lee foi pago, sua empresa sobreviveu, sua carreira empreendedora prosperou. Portanto ele tinha vivido experiências de escapar por pouco, e ao longo dos anos havia aprendido várias lições difíceis sobre finanças corporativas, uma área em que, na primavera de 1986, eu ainda engatinhava.

De certa forma, a PC's Limited estava se saindo muitíssimo bem, dadas as nossas limitações fiscais. Como eu tinha fundado a empresa com apenas mil dólares de capital investido – em contraste com quase 100 milhões que a Compaq, nossa rival ali pertinho, em Houston, havia levantado com investidores no fim de 1983 –, precisava descobrir como esticar ao máximo o capital limitado que tínhamos. Tornei-me um expert nisso.

As vendas iniciais costumavam ser por cartão de crédito. O que significava que éramos pagos quando enviávamos um pedido. Isso era bom porque, a princípio, tivemos de pagar antecipadamente pelos materiais – o que é difícil quando você tem dinheiro limitado na mão. Mas, à medida que crescemos, convencemos os fornecedores a nos vender com pagamento programado para trinta dias depois de recebermos o produto.

Além disso, ao vender direto aos clientes e não ter um estoque de mercadorias prontas, podíamos armazenar apenas algumas peças: se você sabe exatamente o que o cliente quer comprar, só precisa do necessário para esses pedidos. Em contraste, empresas que mantêm um estoque de mercadorias prontas em múltiplas configurações e as armazenam em vários locais descobrem que o estoque cresce – e envelhece – depressa. Tendo um estoque mais novo, nós nos beneficiávamos dos custos mais recentes – e, como os custos de materiais estavam quase sempre baixando, isso nos dava outra vantagem.

Vendas por cartão de crédito, pagar fornecedores em trinta dias, manter o estoque de peças abastecido com o mínimo: tudo isso deixava nosso ciclo de conversão de caixa – o tempo que demora para o dinheiro ser convertido em estoque e contas a pagar, passando por vendas e contas a receber, depois voltando a ser dinheiro – muito mais baixo que o de outras empresas. E isso era um bom sinal.

O crescimento mais rápido, porém, estava calcado nas vendas para empresas, agências governamentais e instituições educacionais e médicas – entidades que não iriam nos pagar com cartão de crédito. Precisávamos dar prazos maiores a elas, o que significava que precisávamos de mais crédito. Muito mais crédito. E, portanto, eu precisava de ajuda.

Naquela primavera, eu estava tão ocupado administrando minha própria empresa que não fazia ideia de como nos encontrávamos próximos de dificuldades financeiras. Mas Lee descobriu isso pouco antes de se juntar a nós, quando um executivo do MBank, o banco com o qual trabalhávamos, o levou para almoçar e o aconselhou a ficar longe da PC's Limited. Esse executivo disse a Lee que a CompuAdd, uma empresa de Austin com um negócio semelhante ao nosso (mais orientada para componentes do que para sistemas, e que havia aberto várias lojas de varejo), era o cavalo no qual deveria apostar. Quanto à PC's Limited, disse o executivo, o MBank tinha decidido congelar nossa linha de crédito em 600 mil dólares.

– Fiz uns cálculos mentais – contou Lee mais tarde. – Lembrei que Jim Seymour tinha me dito que as vendas de Michael eram de cerca de 100 mil dólares por dia. Isso significava que o MBank estava financiando apenas seis dias de vendas. Minha regra de ouro, depois de anos de experiência, era que você precisa de financiamento para pelo menos 24 dias de vendas. Seis dias, 600 mil dólares, era algo inviável. O MBank tinha decidido pisar na traqueia financeira da Dell. Os fornecedores de Michael receberiam seus pagamentos com muito atraso. E iriam chutar a porta dele, gritando pelo dinheiro.

A situação não era tão dramática assim, mas o dinheiro era bastante necessário, e Lee Walker sabia onde e como obtê-lo. Para minha sorte, esse sujeito muito alto, muito sério e bem informado mudou de repente a decisão de não ser presidente da PC's Limited. No dia em que ele entrou pela porta, engrenamos uma marcha totalmente nova.

Meu consultor jurídico, Kelley Guest, já havia posto Lee a par do relativo caos que iria enfrentar.

– A primeira coisa a fazer – disse Kelley – é se livrar daquele diretor financeiro e da chefe da contabilidade. O fato de serem casados é apenas o início dos problemas.

Não me importava que eles fossem casados. O que me incomodava no Sr. Bolton era que, sempre que eu lhe dizia que precisávamos de mais capital, ele levantava as mãos e comentava a respeito de como estava difícil conseguir isso.

Mas quando Lee disse ao Sr. e à Sra. Bolton que era hora de partir, os dois fizeram uma exigência interessante.

– Queremos 50 mil dólares para não apertar o botão de destruição desta empresa – disse o Sr. Bolton.

Não era uma ameaça vazia. O casal tinha todo tipo de botões e alavancas para detonar a PC's Limited.

O que a PC's Limited não tinha era 50 mil dólares para pagar aos Boltons. Mas nosso presidente logo estabeleceu um valor usando seu conhecimento, seu histórico e suas conexões empresariais. Lee havia ajudado uma empresa de computadores em Austin, chamada Balcones, a obter proteção contra falência, garantindo que o financiador da empresa, o Texas Commerce Bank (TBC), recebesse de volta cada centavo do 1,5 milhão de dólares que tinha emprestado à startup. Frank Phillips, presidente do TCB e amigo de Lee, agradeceu tanto – e se mostrou tão impressionado por Lee ter apostado em nós – que fez questão de oferecer uma nova linha de crédito à PC's Limited.

Os Bolton foram embora, e Lee acrescentou o título de diretor financeiro ao de presidente.

Apesar do clima econômico bem difícil em Austin, a PC's Limited estava crescendo. Exponencialmente. A desaceleração em Austin nos preocupava cada vez menos: quando começamos, todos os nossos negócios eram locais. Três meses depois, metade era de fora da cidade, e três meses depois disso 90% eram de fora de Austin.

Aparentemente, todo mundo queria trabalhar para nós. Enquanto outras empresas começavam a afundar, muitos batiam à nossa porta querendo se juntar à nova empresa de sucesso na cidade.

Éramos diferentes, animados e tínhamos espírito de equipe. Lee e eu estabelecíamos o tom, com uma porta sempre aberta entre nossas salas adjacentes. Vivíamos andando entre a minha sala e a dele, deliberando, brincando, planejando – provocando fagulhas um no outro. (Além disso, éramos a totalidade do conselho administrativo da PC's Limited.) Lee era o yin, e eu, o yang, não somente em questões de balancete: enquanto eu era totalmente movimento e decisão, ele era deliberação criteriosa. Mas tínhamos um senso de humor parecido e nos divertíamos juntos. Formávamos uma dupla excelente. E o espírito colaborativo no número 1611 da Headway era contagiante. Os engenheiros apareciam quando a linha de produção precisava de ajuda adicional. O pessoal da produção atendia os telefones quando os vendedores não conseguiam lidar com o volume de ligações.

Mas nem toda a camaradagem do mundo ajudaria se não tivéssemos um modelo de negócio especial. Havia outros fabricantes de PCs – a Compaq, a 240 quilômetros dali, em Houston, era um forte concorrente, assim como a IBM, claro – e outras empresas de tecnologia com vendas por correio e telefone. No entanto, ninguém mais construía em velocidade relâmpago computadores feitos sob encomenda e os enviava num tempo de resposta rapidíssimo. Nossos concorrentes estavam criando máquinas de modelo único e vendendo-as em lojas de varejo, como a CompUSA, Computer-Land e Circuit City, ou em lojas de marca, como a Gateway. E, como eu tinha descoberto nos meus tempos de arbitragem de PCs, vender no varejo quase sempre significava fartura ou fome: muito estoque parado ou falta de estoque suficiente.

Nosso volume era enorme, mas o crescimento rápido estava criando desafios igualmente grandes. Um dos maiores era o controle de qualidade. Em setembro de 1986 recebemos um telefonema de um cliente furioso em Des Moines, Iowa, reclamando que um computador que havíamos vendido para ele pegou fogo e provocou um dano sério em seu negócio, que funcionava em casa. Ele avisou que ia nos processar, tirar tudo o que tínhamos e mais ainda: "Dano triplo por fraude interestadual!", gritou ele. Infelizmente, não foi o único cliente vítima dessa fatalidade. Havia um número considerável de queixas com relação à qualidade dos computadores. Isso significava devoluções, e os reparos implicavam redução no tempo de produção. Se não consertássemos a produção, como diria Lee Walker mais tarde, estaríamos encrencados.

Pode parecer estranho, mas foi outra comunicação irada que levou a uma solução. Era uma carta de cessação e desistência de um sujeito chamado Bob Swem, gerente da fábrica da Tandem Computers no norte de Austin. Swem alegou que estávamos "roubando" alguns de seus melhores empregados, uma acusação que era meio verdade: não fazíamos recrutamento, mas vínhamos recebendo diversos pedidos de emprego por parte de trabalhadores da área técnica na região e contratando um bom número deles.

Conhecer o adversário é sempre uma boa estratégia, e, ao fazer algumas pesquisas sobre Swem e seu negócio, Lee descobriu que o gerente da fábrica havia criado um sistema brilhante, executado por computadores e software da Tandem com boa tolerância a falhas, o que garantia que a linha de produção jamais parasse. Parte do sistema implicava pôr um código de barras em todas as peças que entravam em cada terminal produzido pela fábrica. Se, digamos, a falha de um capacitor de 50 watts em algum lugar no campo tivesse provocado a avaria de um terminal, Swen podia facilmente descobrir quais outros terminais continham o mesmo capacitor, alertar esses clientes da necessidade de troca e fazer a substituição antes que o problema aparecesse.

Andando de um lado para outro entre nossas salas, Lee e eu elaboramos uma proposta para Bob Swem: se nos deixasse copiar o sistema da Tandem para a nossa linha de produção, não contrataríamos mais empregados de sua fábrica. E mais: diríamos a qualquer um que perguntasse como o sistema da Tandem havia contribuído para aprimorar nossa capacidade de produção.

Swem concordou, e o controle de qualidade subiu um degrau.

Um controle de qualidade melhor não significava perfeição. Às vezes, nossos computadores davam problema em campo, como acontece com computadores em geral, gerando dificuldades que até mesmo a substituição proativa de peças e o suporte telefônico gratuito não poderiam resolver. De certa forma, essa solução revelou um problema ainda mais grave.

A IBM e a Compaq tinham 50% do mercado de PCs. Nós estávamos tentando nos diferenciar como empresa em um campo apinhado. O desempenho e as características dos produtos e o rápido tempo de resposta aos pedidos eram um bom começo, mas faltava um componente fundamental. Entregávamos um produto excelente – recentemente, a *PC Magazine* tinha chamado nosso modelo 286 de "um dos primeiros possíveis 'matadores da IBM'... espantosamente rápido" –, mas nossa identidade corporativa era limitada, para dizer o mínimo. Éramos uma empresa de pedidos pelo correio com base em Austin, e isso significava um mercado inferior. Subir mais alto implicava vender em quantidade para grandes empresas, como Exxon, Boeing, Ford, Citibank e General Motors. Estávamos contratando vendedores para cortejar o mercado empresarial, mas, ainda que pudéssemos oferecer um produto excelente para esses clientes, não podíamos nos dar ao luxo de oferecer o tipo de serviço e o sistema de suporte que as grandes empresas exigiam. Vínhamos recebendo muitas recusas por parte dessas companhias. E se não pudéssemos mostrar aos investidores em potencial que fazíamos negócio com empresas importantes, eles não se interessariam por nós.

Estávamos num beco sem saída. Destinados a ser pequenos. Um jogador menor num ramo importante.

A não ser...

Num retiro de brainstorming corporativo no Russian River Valley, na Califórnia, no outono de 1986 – uma viagem pela qual mal podíamos pagar, mas uma pausa essencial caso quiséssemos criar um plano para mudar o jogo –, o facilitador pediu que nós dez fizéssemos um exercício de imaginação. Se pudéssemos realizar um desejo, o que pediríamos para resolver nosso problema de serviço e suporte?

Uma jovem vendedora chamada Kim Roell, que fazia parte da equipe que estava tentando convencer as grandes a negociar com a PC's Limited, estava conosco. Kim era fantástica: expansiva e entusiasmada, ela – ao contrário da maioria das pessoas – não tinha medo de dizer o que pensava.

– Eu gostaria de poder dizer aos meus clientes que resolveríamos o problema deles imediatamente – disse ela. – Que um técnico estaria na porta deles no dia seguinte.

– Parece fantástico – disse o facilitador. – Mais alguma coisa?

– E eu gostaria que isso fosse gratuito – respondeu Kim.

Todos nós, presentes, reagimos com um "Epa – que legal!", mas a dura realidade acabou logo com o entusiasmo. Como seria possível *pagar* por isso?

Romper o pensamento limitado era o objetivo do retiro, e chegamos a dois outros sonhos que talvez fosse possível alcançar, além do serviço e do suporte gratuitos: eu queria expandir internacionalmente, e precisávamos aumentar os esforços para vender para grandes empresas.

Seis meses depois, tínhamos alcançado os dois primeiros objetivos e estávamos a caminho de realizar o terceiro – quando a IBM, que vínhamos "jantando", decidiu atacar o nosso jantar.

Desde que lançara o computador pessoal com arquitetura aberta em 1981, a International Busines Machines (IBM) tinha visto fabricantes de clones do PC, como nós, proliferar e prosperar. Sua postura pública (talvez defensiva) era considerar os computadores pessoais uma parte menor de seus negócios. Então – talvez o sucesso de empresas jovens e entusiasmadas como a nossa os tivesse incomodando –, de repente, eles pareceram mudar de ideia. Em 2 de abril de 1987, a IBM lançou um novo PC com arquitetura fechada, o Personal System/2 – PS/2, vulgo Arquitetura de Micro Canal. Era difícil enxergar o PS/2 como algo que não fosse artilharia pesada contra os fabricantes de clones. A Big Blue queria colocar o gênio de volta na garrafa e assim comandar o negócio de PCs do mesmo modo que dominava o mercado de mainframes. Foi um momento *O Império contra-ataca*.

Tive medo de que esse fosse o fim de Luke Skywalker – quero dizer, da PC's Limited. Tínhamos o direito de desenvolver nosso próprio clone

Micro Canal, mas isso levaria tempo, e nesse tempo a IBM poderia nos expulsar do negócio.

Nos meses seguintes, enquanto a IBM tentava convencer seus clientes a mudar para o PS/2, a Compaq e sua parceira Intel começaram a desenvolver uma melhoria na Arquitetura Padrão Industrial que ficaria conhecida como EISA (Extended Industry Standard Architecture). A EISA tinha slots no sistema que permitiam aos fabricantes de clones criar uma placa de expansão com capacidades adicionais baseada no padrão ISA. Logo começamos a trabalhar essa ideia.

E, ainda que alguns clientes da IBM migrassem para o PS/2, a maioria preferiu não adotar a novidade – e até mesmo alguns que fizeram a troca mudaram logo de ideia e voltaram à EISA. Por fim, o PS/2 demonstrou que o tiro saiu pela culatra, porque, apesar de conter algumas inovações técnicas, era projetado mais para beneficiar a IBM do que os clientes.

Tínhamos escapado de um tiro. Mas não seria a última vez que ouviríamos falar da IBM.

Em junho de 1987 nos tornamos oficialmente uma empresa internacional, com um novo nome – ou melhor, um novo nome antigo. Antes de iniciarmos as atividades no Reino Unido, Andrew Harris, o cara que Lee e eu tínhamos contratado para comandar a operação, disse:

– Olha, não posso chamar a empresa de PC's Limited Ltda. Seria ridículo. Então como devo chamar?

Em Austin, estávamos crescendo tão depressa que não sobrava um instante para pensar em detalhes. O que dissemos foi:

– Não sabemos, estamos ocupados. Pense em alguma coisa.

Depois de alguns dias, Andrew ligou de volta.

– Olha, vocês não querem escolher o nome da empresa, então vou chamá-la de Dell Computer Corporation, porque, na verdade, esse é o nome oficial.

– Está bem, pode ser – respondi.

Assim, durante alguns meses tivemos uma dupla identidade: nos Estados Unidos todo mundo pensava em nós como PC's Limited, mas no Reino Unido éramos a Dell Computer Corporation. Havia certa instabilidade nesse arranjo, mas o crescimento explosivo nunca tem relação com estabilidade, e estávamos decididos a nos tornar globais.

O Reino Unido era um mercado natural para nós porque um grande número de interessados por lá estava comprando PCs não muito bem-feitos em lojas de computadores cujos funcionários sabiam pouco ou nada sobre aquilo que vendiam. Nós, por outro lado, estávamos não somente entregando um produto superior, mas também – graças a um contrato que Lee Walker e Kelley Guest haviam assinado meses antes – tínhamos nos tornado o primeiro fabricante de computadores no mundo a oferecer serviço gratuito no local.

Na época, a Honeywell Bull, o braço de informática do conglomerado internacional Honeywell fundido recentemente, estava fabricando mainframes, e sua operação de serviço global a tornava uma parceria perfeita para nós. Segundo as cláusulas do contrato redigidas por Lee e Kelley, pagaríamos à Honeywell Bull 30 dólares por cada PC que produzíamos, e em troca eles forneceriam serviço gratuito no mesmo dia ou no dia seguinte no local, para qualquer computador nosso que precisasse, em qualquer lugar dos Estados Unidos ou do Reino Unido. Decidimos não repassar o custo de 30 dólares aos clientes – nosso cálculo era que a garantia de serviço gratuito no local criaria um volume de vendas suficiente para que o desembolso se pagasse rapidamente.

O cálculo estava correto. Foi um passo gigantesco para nós. Podíamos vender PCs feitos sob encomenda com a garantia de serviço gratuito no local – o que significava que grandes corporações e o governo dos Estados Unidos não dariam as costas para nossos vendedores sem ouvi-los.

Por contarmos com um empreendedor de 45 anos, maduro e experiente como presidente e diretor financeiro, tínhamos acesso a todo tipo de crédito para capital de giro que antes não conseguíamos obter. Ao contrário do CEO de 21 anos, Lee Walker podia ir até pessoas como Frank Phillips, do Texas Commerce Bank, e dizer: "Olha, a Texaco, a Exxon, a Monsanto, todas essas empresas, para não falar do governo dos Estados Unidos, devem dinheiro a esta empresa. Dê-nos um empréstimo com base em todos esses créditos." E os banqueiros concordavam: "Está bem, Lee, não sabemos nada sobre o garoto, mas confiamos em você."

Mesmo assim, o simples crédito não bastava para nos levar aonde queríamos. Tínhamos passado de 33 milhões de dólares em vendas no ano fiscal de 1986 a 60 milhões no ano fiscal de 1987. E, depois disso, quem poderia arriscar algo? Era inacreditável que tivéssemos pouco mais de 300 mil dólares disponíveis. Com as mãos firmes no controle fiscal, Lee tinha nos mantido no azul, mas por um triz. Precisávamos de um verdadeiro capital de giro, não somente de uma linha de crédito, para investir mais em pesquisa e desenvolvimento, contratar pessoal, comprar mais e mais dos melhores componentes possíveis. Abrir o capital da empresa parecia o caminho natural – e era a única opção para obter acesso ao capital de que precisávamos.

Foi nessa época que os bancos de investimento começaram a telefonar.

Havia muitos pretendentes. Éramos uma empresa nova e empolgante – mais empolgante a cada mês. Estávamos fazendo bastante barulho, tanto pelos negócios que realizávamos quanto pelo que estava por trás deles: um produto de alta qualidade, customizado e com um valor muito competitivo – já que não existia *markup*, o índice para formar o preço de venda final de um produto.

Meia dúzia daqueles banqueiros veio nos ver em Austin. Eles previam um futuro grandioso para nós e contavam todo tipo de histórias sobre como iriam nos levar ao topo. Era divertido ouvir aquelas profecias, mas, ao final de cada reunião, Lee e eu olhávamos um para o outro e balançávamos a cabeça. É muito bom quando nos dizem exatamente o que queremos ouvir, mas, depois que o barato do açúcar passa, ficamos imaginando se havia algum conteúdo nutritivo ali.

Precisávamos ouvir a história dos próprios jogadores.

Na primavera de 1987, Lee e eu nos reunimos em Nova York com alguns dos maiores bancos de investimento da cidade. Curiosamente, as duas primeiras firmas que procuramos eram empresas para as quais minha mãe havia trabalhado em Houston. A E. F. Hutton era famosa por seus comerciais de TV ("Quando a E. F. Hutton fala, as pessoas escutam."). Mal sabíamos que na época alguns corretores de valores deles estavam sob investigação federal por lavar dinheiro da máfia e que logo a empresa seria obrigada a se fundir com o Shearson Lehman American Express. O escritório parecia vagaroso e sonolento – talvez porque as pessoas sentissem que o jogo havia acabado.

O Paine Webber tinha sua própria campanha publicitária popular ("Obrigado, Paine Webber!") e uma sede reluzente na Sexta Avenida, mas lá também, por motivos muito diferentes, a atmosfera era pouco estimulante.

O Goldman Sachs tinha o perfil oposto. O pessoal de lá – e até as paredes dos escritórios – irradiava dinamismo, inteligência, ambição. E sucesso. Eles tinham um histórico incrível com IPOs (ofertas públicas iniciais na bolsa) e estavam fazendo de tudo para ser nossos parceiros em Wall Street. De novo, Lee e eu nos entreolhamos – mas agora com aquele estalo instantâneo, intuitivo: *É isto*.

O Goldman tinha apenas duas exigências. A primeira era que Lee abrisse mão de ser o diretor financeiro – ser o presidente *e* o principal executivo podia comprometer sua objetividade e seria ruim para uma empresa de capital aberto. A segunda era que precisávamos de um verdadeiro conselho administrativo. Um conselho de dois homens não servia. Devíamos ter pelo menos cinco, segundo o banco.

Lee e eu discutimos o assunto e chegamos a dois dos melhores nomes em que podíamos pensar em Austin. George Kozmetsky havia criado algumas empresas da Fortune 100, tinha sido reitor da Escola de Administração da Universidade do Texas e fundara um *think tank* para empreendedores chamado IC2 – Instituto para o Capitalismo Construtivo. Eu tinha me encontrado algumas vezes com ele e o respeitava muito. O outro era Bobby Ray Inman, um almirante aposentado e ex-diretor da Agência de Segurança Nacional, também ex-vice-diretor da CIA. Naquele momento, ele estava comandando um consórcio de empresas de tecnologia de ponta chamado MCC – Microelectronics and Computer Technology Corporation – cujo objetivo era descobrir como superar as invenções dos japoneses, que na época pareciam a caminho do domínio tecnológico mundial. Lee e eu achamos que os dois eram ótimos candidatos e dissemos ao Goldman que tentaríamos convencê-los a se juntar a nós. No devido tempo poderíamos pensar numa terceira pessoa.

Mas o Goldman Sachs também achava que não deveríamos abrir o capital por enquanto. Argumentaram que o processo era complicado e levava tempo. E, como sabíamos muito bem, estávamos com as mãos totalmente ocupadas administrando a empresa. Em vez disso, eles recomendaram uma oferta não pública: vinte a trinta acionistas entre instituições financeiras, indivíduos com alto patrimônio líquido e vários fundos. O banco tinha confiança absoluta em nossa atratividade para o mercado.

Então veio a Segunda-feira Negra, 19 de outubro de 1987.

Naquele único dia, a bolsa de valores perdeu 23% de valor – o dobro do que havia perdido na Quinta-Feira Negra, em outubro de 1929, o início da Grande Depressão. Lee se lembra de que, quando entrou na minha sala para dar a má notícia – estava convencido de que nossa oferta não pública tinha escorrido pelo ralo naquele instante –, eu estava ocupado com um dos meus passatempos prediletos: desmontar o computador de um concorrente para compará-lo com os nossos.

Talvez eu devesse ficar mais preocupado. Talvez ele devesse ficar menos preocupado. Lee tinha 46 anos e era inclinado à preocupação. Eu tinha 22 e era puro entusiasmo, queria sempre ir adiante. Até hoje estou convencido de que poderíamos ter avançado bem sem a oferta não pública de ações: nosso crescimento era espetacular. Mas Lee conhecia as realidades dos balancetes e dos banqueiros, e às vezes esse conhecimento era suficientemente ruim para mantê-lo acordado à noite. Enquanto isso, empolgado com nosso futuro, eu dormia feito um bebê.

Por acaso um milagre aconteceu: entre centenas de financiamentos que estavam sendo processados naquela Segunda-feira Negra, o nosso foi o único sobrevivente. Enquanto milhares de compradores recuavam, os nossos permaneceram conosco. Por quê? Porque as pessoas acreditavam no nosso modelo de negócio e estavam otimistas com a oportunidade de participar desde o início. (Entre elas estavam minha mãe e meu pai, que investiram meio milhão de dólares, uma parte significativa da poupança deles na época.) Porque não havia ninguém parecido conosco na área da tecnologia. E porque simplesmente não era possível questionar nossa base financeira. Se uma empresa está crescendo 100% ao ano, isso quer dizer que as pessoas estão gostando, apostando naquilo que ela vende. A não ser que esteja fazendo algo ilegal. E o que estávamos fazendo não era ilegal, imoral, muito menos engordava. Era apenas divertido.

Pouco antes da oferta não pública de ações, Lee e nossos líderes de vendas e marketing vieram até mim e disseram:

– Por que não chamamos a empresa somente de Dell Computer Corporation (que, na verdade, era o nome oficial da empresa) em vez de PC's Limited? O nome está funcionando muito bem no Reino Unido.

Era uma troca que Lee desejava fazer havia um bom tempo – tínhamos tido vários pequenos embates a respeito disso. Eu sabia que ele odiava o nome da empresa, que parecia genérico, e ele sabia que eu adorava: representava o meu bebê, algo que eu tinha iniciado no Dobie 2713 e que agora faturava milhões de dólares em vendas por mês. Se nossos clientes gostavam, por que mudar?

Eu rejeitava a ideia de dar o meu nome à empresa – isso podia ser visto como vaidade, e a vaidade realmente não é algo que combine comigo. E havia outra questão, que eu não podia contar a ninguém: e se nossa fantástica startup esfriasse? E se afundássemos, como tantas empresas de computadores em meados e no final da década de 1980? Nesse caso, o nome Dell Computer Corporation teria uma conotação totalmente diferente.

Eu ficava pensando num empreendedor de tecnologia chamado Adam Osborne, que no início dos anos 1980 criou um computador portátil chamado Osborne 1. A máquina foi muito popular por um tempo – até que ele anunciou o lançamento iminente de um modelo melhor, o Executive. O problema foi que o lançamento não era tão iminente assim. Esperando o novo computador, as pessoas pararam de comprar o Osborne 1, o dinheiro parou de entrar, e, sem um produto novo chegando e com inúmeros fornecedores para pagar, o Sr. Osborne faliu. Para piorar, os jornalistas de economia chamaram o fiasco de Efeito Osborne. Não é assim que alguém quer ser lembrado. Se minha jovem empresa afundasse, eu nem poderia imaginar alguém falando de um Efeito Dell.

Mas Lee e os outros continuaram no meu pé.

– PC's Limited parece algo inferior, um produto de "venda pelo correio". Estamos subindo o sarrafo, levando nosso negócio ao nível da IBM e da Compaq. Portanto, queremos que o nosso nome sugira que jogamos o mesmo campeonato.

Eles me venceram pelo cansaço. E eu entendia o argumento. Logo estávamos enviando computadores com o meu sobrenome no logotipo em vez de PC's Limited. A princípio achei estranho, mas logo me acostumei – e nossas vendas, que subiam como foguetes, não sofreram nem um pouco com a mudança.

Eu vinha trabalhando 16 horas por dia, comendo no escritório, dormindo no escritório. Meu trabalho era a minha vida, minha empresa era minha segunda família. Qualquer um que diga que você pode fundar uma empresa e equilibrar trabalho e vida pessoal está mentindo. Eu tinha um desejo enorme de alcançar o sucesso, mas era humano, e sabia que faltava algo na minha vida. Ainda assim, não parecia haver muita coisa que eu pudesse fazer a respeito disso.

Tive uma namorada nos primeiros meses na UT, mas o relacionamento logo sucumbiu à intensidade do meu trabalho e da programação de viagens enquanto eu punha a PC's Limited em pé. Assim, quando um conhecido chamado Buddy Patton – vendedor da Western Digital, uma de nossas fornecedoras de chips controladores – disse "Ei, meu pai falou que você deveria conhecer uma garota, Susan Lieberman", eu respondi:

– Buddy, estou meio ocupado aqui. Tem muita coisa acontecendo.

O pai de Buddy, David Patton, comandava uma empresa de papelão corrugado em Austin, chamada Capital City Container, que nos vendia as caixas em que enviávamos nossos computadores. E David tinha feito alguns negócios com essa tal de Susan Lieberman, corretora de leasing industrial da gigante imobiliária Trammel Crow, de Dallas. David disse a Buddy:

– Ela é judia e solteira, seu amigo Michael Dell é judeu e solteiro. Por que não apresentamos os dois?

– Meu pai contou que ela é bonita – me disse Buddy.

– Não sei, Buddy. Será que bonita para o seu pai é o mesmo que bonita para mim? Estou mesmo ocupado. Por que você não vai dar uma olhada nela?

Por acaso, a Western Digital precisava arrendar um espaço, e Buddy teve uma boa desculpa para conhecer Susan Lieberman. Ela mostrou um imóvel a ele, e era exatamente o que Buddy estava procurando. Os dois assinaram um contrato de arrendamento. Buddy voltou ao meu escritório e falou:

– Ela é mesmo bonita, Michael.

E me entregou um papel com o número do telefone dela. Mas, assim que Buddy saiu da minha sala, coloquei o papel dentro de um dicionário que ficava na mesa e me esqueci dele.

O dicionário tinha capa de couro preta, porque eu ficava meio sem graça por ter um dicionário em cima da mesa – talvez porque eu tivesse abandonado a UT, talvez porque o inglês nunca tenha sido meu forte. Mas de vez em quando eu ouvia ou lia uma palavra cujo significado não sabia, e sempre fui curioso com tudo, então procurava a palavra no meu dicionário secreto. Um dia, não muito depois de Buddy ter passado no escritório, eu estava procurando uma palavra – "intrínseco", "concomitante" ou algo assim – e encontrei o papel com o nome e o número de Susan Lieberman. Que diabos! Decidi ligar para ela e convidei-a para almoçar.

Nós nos encontramos num pequeno bistrô em Austin, chamado Chez Fred, e no instante em que ela passou pela porta vi que ela era *muito* bonita. Tinha cabelos louros e porte atlético. Mas, assim que nos sentamos e começamos a conversar, descobri que ela também era inteligente, calorosa e animada. Apesar da reputação, esse negócio de encontro às cegas parecia estar funcionando muito bem para mim. E para ela? Susan diz que ficou impressionada por eu usar terno e puxar a cadeira para ela, e não ficar contando vantagem – pelo jeito, ela estivera saindo com homens que abusavam desse recurso. Mas então consegui jogar areia na conversa.

Quando Susan perguntou onde eu tinha estudado, contei a verdade: tinha cursado um ano na UT e abandonado o estudo de medicina para fundar uma empresa de computadores. Mas ela se concentrou na parte do "abandonar", e o que pensou naquele momento – dava para ver em seu rosto – foi: *Epa*. Ela perguntou:

– Quantos *anos* você tem?

Naquela época, com minhas bochechas gordas, os óculos grandes e o cabelo encaracolado, vou admitir que eu parecia bem jovem. Mas acho que naquele momento Susan Lieberman pode ter pensado que estava almoçando com um cara de 19 anos que tinha largado a faculdade.

Contei que faltavam duas semanas para eu fazer 23 anos.

– Ah, meu Deus, você é um bebê! – disse ela.

O contra-argumento saiu de mim antes que eu tivesse chance de pensar:

– Não sou um bebê. Tenho minha própria empresa.

– Qual empresa?

– PC's Limited.

A mulher de negócios que havia nela fez uma conexão.

– Você conhece Stan Sykes?

– Conheço, ele é meu vice-presidente de produção.

– Como assim, seu vice-presidente de produção?

– Bom, ele trabalha para mim.

– Só um minuto: você é aquele cara que tem espaço na divisão industrial e na divisão de escritórios? – Ela estava falando do espaço de armazém e escritórios que tínhamos arrendado na Trammel Crow. – Então aquela empresa é sua?

Dei um sorriso e disse que sim. O restante do almoço correu bem.

Eu precisava passar uma semana na Europa, visitando nosso novo escritório no Reino Unido, e examinar a possibilidade de fazer outras locações no continente. Quando voltei, liguei de novo para Susan Lieberman e perguntei se ela gostaria de dar um passeio pela trilha de Barton Creek naquele domingo. Ela disse que sim. Nós caminhamos e conversamos, depois caminhamos e conversamos mais um pouco. À medida que conversávamos, íamos descobrindo que tínhamos muito em comum. Quando finalmente percebemos, haviam se passado quatro horas.

Isso foi no Dia dos Namorados de 1988. Trinta e poucos Dias dos Namorados depois, ainda estamos caminhando e conversando.

Naquele mês de junho, a Dell apresentou a proposta para abrir o capital. Logo depois de preenchermos os papéis, recebemos o tipo de correspondência que uma empresa pequena jamais quer receber de uma empresa grande: uma carta da IBM com aviso de recebimento. "Cara Dell Computer Corporation", dizia ela. "Temos motivos para acreditar que vocês podem estar infringindo algumas de nossas patentes."

Foi um choque, mas não uma surpresa.

Fazia quatro anos que estávamos crescendo no negócio. Uma empresa fundada por um jovem passou a operar muitos milhões de dólares. Tínhamos criado todo tipo de máquinas compatíveis com as da IBM – inclusive, recentemente (graças a outro novo engenheiro brilhante, David Lunsford), nosso primeiro computador 386 havia derrotado a IBM, a Compaq e outras empresas em uma competição acirrada. A *PC Magazine* cobriu o teste em sua edição mais recente, dizendo que nossa máquina era "suficientemente rápida para queimar a areia do chão do deserto".

Era um elogio muito grande. A carta da IBM não era.

O conteúdo da carta estava perfeitamente correto. Vínhamos correndo depressa demais para pensar em patentear qualquer produto que estávamos desenvolvendo. O número de patentes de propriedade da International

Business Machines era em torno de um gazilhão. O número de patentes de propriedade da Dell Computer Corporation correspondia a zero.

Quando Lee, Kelley e eu entramos num avião e viajamos para o norte para nos reunirmos com a IBM na sede da empresa em Armonk, Nova York, foi como ser chamado para a sala do diretor da escola. Pior do que isso. Num momento em que estávamos desesperados por dinheiro – os 22 milhões de dólares das ações não públicas tinham ido rapidamente para fornecedores, pesquisa e desenvolvimento, uma folha de pagamentos cada vez maior –, um processo da Big Blue poderia pôr freio em nosso IPO, e talvez também em nós.

A Dell já era a sétima maior fabricante de PCs nos Estados Unidos. A queda nos valores dos imóveis em Austin tinha permitido que arrendássemos toda uma torre de nove andares de pedra e vidro no Arboretum Boulevard, 9505, enquanto a produção acontecia num armazém na área de Braker, no norte da cidade. Apesar de sermos grandes e crescermos a cada semana, ainda éramos minúsculos em comparação com a IBM. O gigantesco campus com prédios de aparência futurística espalhados por hectares de gramados perfeitos era intimidante, para dizer o mínimo.

Até o interior do prédio em que entramos parecia frio, estéril, amedrontador. Todos os homens (praticamente não havia nenhuma mulher à vista) usavam as mesmas roupas: terno escuro, camisa branca e gravata vermelha. Barba feita. Muitíssimo distante do estilo casual em Austin.

Mas o diretor de licenciamento da IBM, Emmett Murtha, não poderia ter sido mais amistoso. Ele sorriu enquanto apertava nossas mãos e se sentou para um chá da tarde, servido em elegantes xícaras de porcelana por uma secretária.

Por que ele não seria gentil? Ele nos tinha na palma da mão.

Desde o início Murtha tentou nos deixar à vontade. Disse que não queria nos expulsar dos negócios, só estava pedindo que pagássemos uma pequena quantia por cada computador que vendêssemos, já que obviamente estávamos nos beneficiando da tecnologia da IBM.

– Qual quantia? – perguntei.

O Sr. Murtha sorriu.

– Três por cento.

Lee e eu nos entreolhamos. A margem de lucro dos nossos computadores era de mais ou menos 5%. Três por cento eram uma mordida gigantesca.

Em teoria, poderíamos simplesmente repassar os 3% para os clientes. Mas, se fizéssemos isso, será que venderíamos tantas máquinas? E será que todos os nossos concorrentes – naquela altura havia três dúzias de fabricantes de PCs nos Estados Unidos – aumentariam os preços? Será que a IBM estava recebendo 3% da Compaq? Talvez a Compaq tivesse mais patentes do que nós. (Isso não era nada difícil.)

Provavelmente Lee, Kelley e eu estávamos pensando a mesma coisa. Mas o que poderíamos fazer? Em 6 de junho de 1988, assinamos um contrato de licenciamento com a IBM, segundo o qual tínhamos permissão de fabricar e vender computadores compatíveis com os IBMs XT, AT e PS/2. Em troca, pagaríamos royalties sobre vendas passadas, atuais e futuras de máquinas contendo tecnologias que eles tivessem patenteado.

Era uma grande mordida em nossos lucros, mas achamos que de algum modo compensaríamos a diferença.

Em 22 de junho fizemos nosso IPO: 3,5 milhões de ações a 8,50 dólares cada uma. Agora éramos uma empresa de capital aberto, negociando com o símbolo Dell na bolsa Nasdaq, e podíamos respirar de novo.

Em 1986, mais ou menos quando Lee Walker entrou para a empresa, eu tinha decidido que queria comprar uma casa. Não sei bem por quê, talvez tivesse algo a ver com a influência adulta de Lee. Eu tinha dinheiro suficiente no banco para a entrada, e havia conhecido uma corretora, uma mulher de meia-idade, gentil, chamada Sheila Plotsky, que quase me assumiu como um projeto pessoal. Sheila gostava de me levar de carro nos fins de semana para examinar possibilidades. Numa tarde de sábado, ela me mostrou uma casa linda ao norte da cidade, que dava para as colinas em West Austin: o endereço era Valburn Circle, 5309.

Era uma casa grande, ampla, moderna, num terreno de cerca de um hectare, com um vasto gramado na frente e uma bela piscina atrás. Mudei-me para lá no fim da primavera e comecei imediatamente a deixar o lugar com a minha cara: mobília de apartamento de solteiro – pense em sofás de couro, tapetes felpudos e pufes – e, sim, plantas de plástico. (Nenhuma planta de verdade sobreviveria à minha indiferença geral, para não mencionar os meus horários – às vezes eu dormia no escritório dias seguidos – e minhas periódicas viagens de negócios para a Europa e o Extremo Oriente.) Minha TV Sony de tela grande e meu equipamento de som com enormes caixas Klipsch foram para a sala de estar. Um dos cinco quartos da casa se tornou um escritório em que eu podia trabalhar à mesa e administrar minha carteira de ações no meu Quotron. Transformei outro quarto em um laboratório, cheio de equipamentos e peças para protótipos de computadores. Às vezes ficava sentado lá até tarde da noite, desmontando máquinas, trocando peças, dessoldando e soldando de novo.

Às vezes eu socializava. No 4 de julho dei uma grande festa para todos os engenheiros, um churrasco à beira da piscina com um barril de chope e Rolling Stones, Jimi Hendrix, Doors e Roxy Music berrando naquelas caixas de som enormes.

Era um bom lugar para morar e um bom lugar para o qual voltar. Uma vez, eu ia para a Ásia a negócios e estava descendo a escada com minha mala quando vi um escorpião no tapete da sala de estar. *Epa*, pensei. Fui até a cozinha, peguei uma xícara de café, cobri o escorpião com ela e fui para a Ásia. Quando voltei, duas semanas depois, claro que tinha me esquecido daquilo – mas ali estava a xícara, emborcada no tapete da sala. Levantei-a e o escorpião ainda estava vivo. Esse tipo de animal é bem resistente.

Mas tudo mudou quando comecei a namorar Susan Lieberman – e especialmente quando ela passou a ficar lá em casa. Nada de barris de chope, nada de plantas de plástico, nada de escorpiões. A única maneira de convencê-la a morar comigo era concordando em contratar uma faxineira para vir toda semana – e transformar o laboratório numa sala de musculação completa, até mesmo com uma StairMaster.

Uma coisa estranha passou a acontecer depois que fui morar lá naquela casa. Meu sucesso empresarial tinha atraído bastante atenção, inclusive da mídia local, e de vez em quando eu notava carros passando pela minha porta e diminuindo a velocidade para observar. Às vezes alguém parava na minha entrada de veículos e tocava a campainha: as pessoas só queriam me cumprimentar. Todas eram amistosas e bem-intencionadas – até que uma não foi. Mas essa história fica para mais tarde.

Na frente da casa onde cresci: Grape Street, 5.619, Houston, Texas, novembro de 1968. Será que isso que estou segurando com tanto orgulho é uma pedra?

Com minha mãe. Chanuca, 1969.

Por volta de 1970. No momento da foto eu estava descansando enquanto preparava animadamente uma lista qualquer.

Com meus pais e meus irmãos em 1974.

Em 1986, no prédio da Headway Circle, nº 1.611. Sou o segundo da direita para a esquerda na primeira fileira, bem no meio da foto.

Usei o demonstrativo financeiro relativo aos primeiros três meses da PC's Limited para convencer meus pais de que largar a faculdade não era um problema.

```
                    STATEMENT OF EARNINGS
                   DELL COMPUTER CORPORATION
                              dba
                          P.C.'S LTD.
                   THREE-MONTH PERIOD ENDED
                          JULY 31, 1984
                                                    PERIOD
                                           AMOUNT           PERCENT
REVENUE
    SALES                              $   905,070.55        102%
    RETURNS AND ALLOWANCES                 (16,249.34)        (2)
              TOTAL REVENUE            $   888,821.21        100%

COST OF SALES
    BEGINNING INVENTORY                $    66,201.98          7%
    PURCHASES:
        HARDWARE                           769,409.36         88
        SOFTWARE                            24,760.23          3
        PERIPHERALS                          1,663.80          1
        FREIGHT-IN                           4,321.26          1

              TOTAL AVAILABLE          $   866,356.63        100%
              ENDING INVENTORY         $  (175,902.80)       (20)
              TOTAL COST OF SALES      $   690,453.83         79%
              GROSS PROFIT             $   198,367.38         22%

OPERATING EXPENSES
    SALARIES:
        OFFICE                         $    16,130.40          2%
        OFFICERS                             5,500.00          1
        OTHER                                  649.14          1
    COMMISSIONS                              150.00            -
    ADVERTISING AND PROMOTION             24,203.84            3
    AUTO AND TRUCK                           385.47            -
    BANK SERVICE CHARGE                       73.75            -
    CREDIT CARD CHARGES                      320.08            -
    CASH OVER AND SHORT                        (.64)           -
    CONTRACT LABOR                           819.20            1
    DUES AND SUBSCRIPTIONS                   165.00            -
    EQUIPMENT RENTAL                         473.28            1
    LEGAL AND ACCOUNTING                     450.00            1
    MISCELLANEOUS                            174.13            -
    MILEAGE REIMBURSEMENTS                   522.14            1
    DEPRECIATION                              96.50            -
    OFFICE SUPPLIES                        1,657.96            1
    OUTSIDE SERVICES                         650.00            1
    POSTAGE                                   34.96            -
    RENT                                   4,613.00            1
    SUPPLIES                                 403.08            -
    PAYROLL TAXES                          3,942.61            1
    OTHER TAXES                               10.00            -
    TELEPHONE                              1,592.24            1
    TRAVEL                                    33.81            -
    UTILITIES                                554.68            1

              TOTAL OPERATING EXPENSES  $    63,604.63         7%
              EARNINGS FROM OPERATIONS  $   134,762.75        15%
```

PC'S LIMITED

IBM PC 256K, 2/360K Drives,
Controller $2449
IBM PC 256K, 1/Tandon or
CDC 360K Drive, and 10 meg
internal Hard Drive $3119
COMPAQ 256K, 2/360K Drives . . $2395
COMPAQ 256K, 1/360K Drive,
10 meg internal $3065
10 meg internal PC Hard Disk
Upgrade $895
64K RAM Upgrade Kit for PC and XT $49
TEAC 55B Half Height DSDD $209
TANDON TM100-2 . . . . $225
CONTROL DATA 9409 DSDD $229
AMDEK 310A TTL Monochrome Amber $175
TAXAN New TTL Green or Amber Monochrome . . . $175
STB Graphics Plus $359
QUADRAM Quadcolor I $219
VUTEK Color Card W/Serial and Parallel . . . $339
PERSYST or STB Monochrome W/Parallel Port . . $239
HERCULES Graphics Card $359
IBM Disk Drive Controller $179
MOUSE SYSTEMS PC Mouse $229
STB RIO Plus OK (upgradable to 384K) $235
STB Super I/O Serial, Parallel, Clock, Game . $169
Prices Subject to change without notice.
SHIPPING FREE WITHIN USA
EXTRA FOR NEXT DAY AIR
ALL EQUIPMENT CARRIES FACTORY WARRANTY
IBM is a trademark of IBM Corp.
Credit Cards add 3%   Quantity Pricing Available
PC's LIMITED
(512) 478-5838
404 East 32nd Street   Suite #307
Austin, Texas 78705

Um de nossos primeiros anúncios, antes de nos instalarmos na nossa primeira sede, no North Lamar Boulevard. O endereço era do meu apartamento num condomínio na Rua 32, alguns quarteirões ao norte do campus da UT, em Austin.

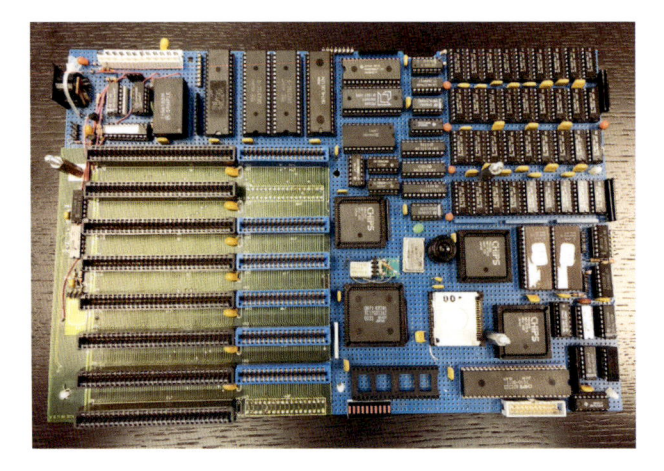

A placa-mãe que Jay Bell montou à mão... frente e verso. Jay se ofereceu para fazer o serviço por 1 mil dólares. Eu paguei 2 mil.

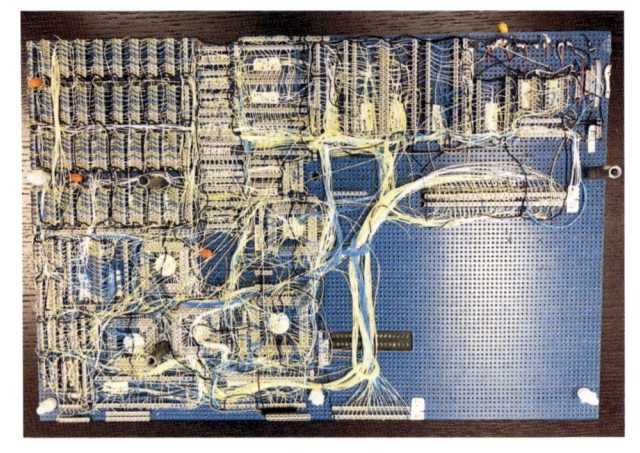

Jay Bell e eu. Jay falava e pensava depressa. E tinha uma energia efervescente. Foi uma figura fundamental nos primeiros tempos da empresa.

Retrato de um jovem CEO, por volta de 1987,
numa de nossas primeiras fábricas em Austin.

28 de outubro de 1989. Sujeito de sorte!

Lee Walker foi padrinho do meu casamento. Da esquerda para a direita: Randy Lieberman (irmão de Susan), Steven Dell, Lee, eu parecendo minúsculo ao lado de Lee (com seus 2,05m), Adam Dell, Steve Lieberman (o outro irmão de Susan) e Andrew Harris (falecido), que iniciou nossas operações no Reino Unido, em 1987.

Glenn e Peggy Henry com minha mãe, na festa em que demos à nossa primeira filha o nome de Kira. Kelley Guest pode ser visto ao fundo, desfocado.

Por volta de 1987: um grupo de nossos primeiros engenheiros, entre eles David Lunsford, à esquerda da réplica do personagem Gumby. Essa ao meu lado é Kaye Banda. Temos também um quadro de Elvis (não me pergunte por quê), e, sim, um ferro de marcar da Dell perigosamente perto do traseiro de Gumby. (Nenhum personagem de programa de TV infantil foi maltratado na realização desta foto.)

O prédio no Arboretum Boulevard, nº 9.505, em 1º de abril de 1990. Aquilo em cima é um gorila inflável de oito metros de altura. Nossa esplêndida equipe de engenharia tinha acesso noturno ao prédio – frequentemente trabalhavam até tarde –, mas a porta para a cobertura vivia trancada. Isso não é um problema para engenheiros talentosos. Eles arrancaram a fechadura e completaram a missão. A administração do prédio não gostou.

Com Kevin Rollins.

Com Steven, Alex e Adam, 2004.

Susan depois de terminar a corrida Journey-2-Lala Land no Havaí, em 2006. Ela ainda é dona do recorde feminino.

Com Steve Jobs em 2007.

Alexa e eu em 2016.

Kira, Zachary e Juliette em 2019.

Susan e eu comemorando trinta anos de casamento, em 2019.

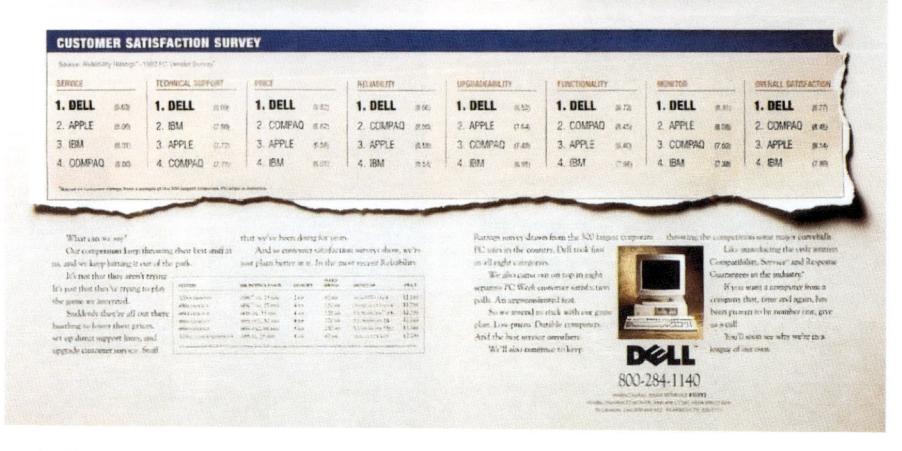

A Chiat/Day criou alguns de nossos melhores anúncios no início dos anos 1990. Este comparava a satisfação dos clientes da Dell com a dos clientes da concorrência.

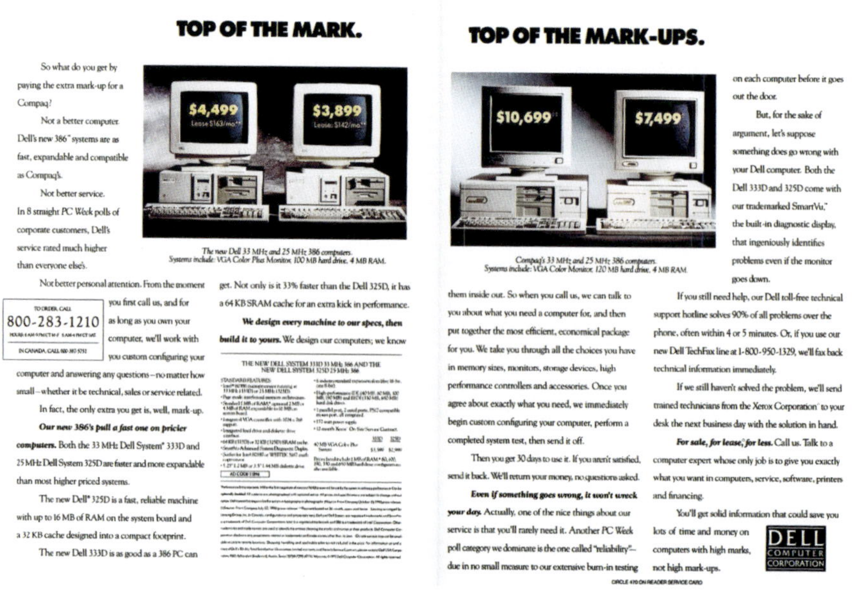

Nós adorávamos competir com a Compaq. E, em matéria de preços, éramos imbatíveis.

Cara, você está comprando um Dell! O anúncio que virou um clássico.

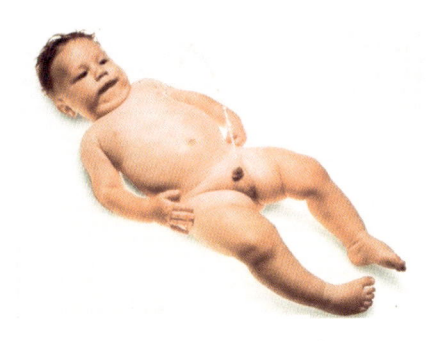

Pode parecer estranho, mas jamais usamos este.

O jornal *The New York Times* escolheu uma foto curiosa para ilustrar a reportagem sobre a reunião de nossos acionistas para votar o fechamento do capital.

Egon.

Joe Tucci e eu no dia do anúncio da fusão, 12 de outubro de 2015.

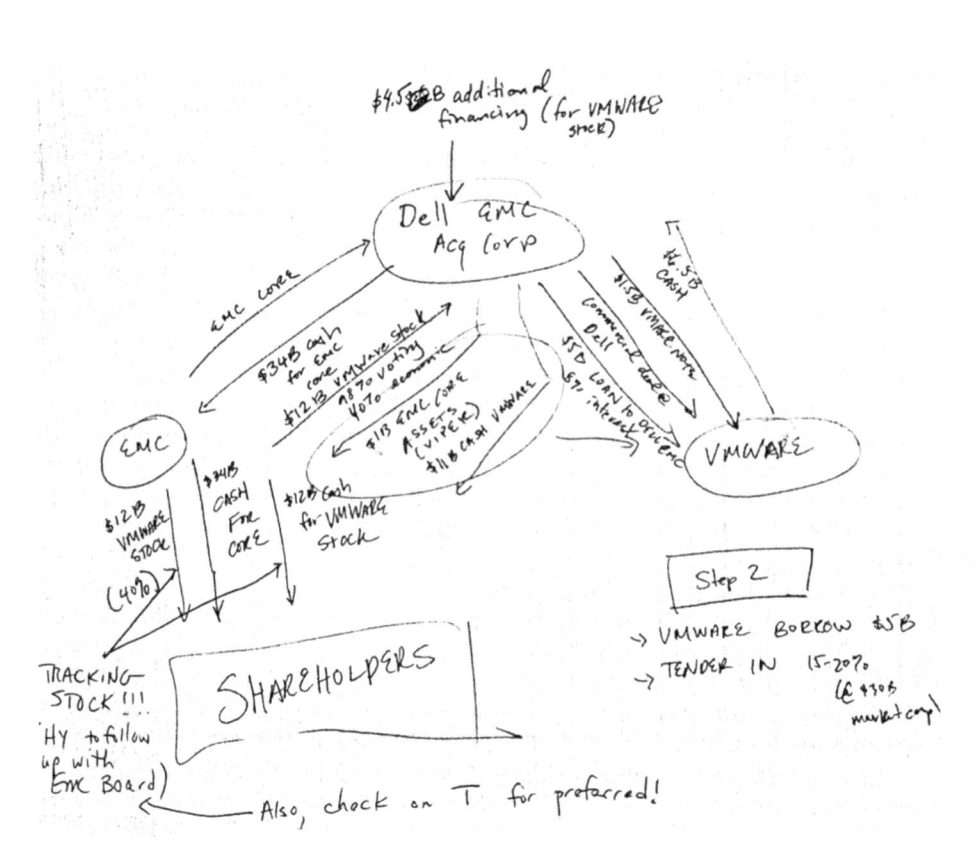

O papel histórico em que Harry You e Egon desenharam o plano inicial para as *tracking stocks*.

Pat Gelsinger admira a apresentação de Jeff Clarke de um futuro multinuvem.

Com a nossa equipe em Tóquio em outubro de 2019, quando ainda podíamos viajar.

Naquele mês de julho, logo depois de abrirmos o capital, um sujeito tocou a campainha à minha porta, um vizinho que eu tinha encontrado algumas vezes enquanto caminhava. Glenn Henry era um cara de meia-idade que morava duas casas depois da minha, com a mulher e o filho adolescente. Ele trabalhava na IBM.

A informação em si não era notável – vários funcionários da Big Blue moravam na rua. Mas Glenn Henry não trabalhava simplesmente para a IBM, ele era um IBM Fellow.

Essa era uma distinção do maior nível numa das empresas mais importantes dos Estados Unidos. Glenn era gerente assistente do System/36 da IBM, um sistema de minicomputadores multiusuário e multitarefa usado sobretudo por pequenas empresas. Era um cargo importante, que o havia deixado suficientemente bem de vida para ter uma bela casa nessa bela parte da cidade. (Mais tarde Glenn me contou que, quando eu me mudei, correram boatos no bairro de que um cara de 21 anos, provavelmente traficante de drogas, tinha acabado de comprar a maior casa da Valburn Circle.)

Por que Glenn Henry estava tocando minha campainha naquela tarde de julho? Ele tinha acabado de ler sobre o IPO no *Austin American-Statesman*.

– Eu gostaria de trabalhar para você – disse.

Convidei-o para um café.

Nós nos sentamos e conversamos. Glenn era engenheiro, e os engenheiros não costumam tomar atitudes drásticas, portanto pular do navio para vir trabalhar comigo era um negócio muito grande. Ele tinha mulher, filho, uma hipoteca e um emprego muito seguro: fazia mais de vinte anos que estava na IBM. Sua mulher queria que ele permanecesse onde estava. Mas, enquanto conversávamos, pude ver que ele se sentia preso naquela cultura árida que tanto havia me impressionado durante a reunião com o Sr. Murtha em Armonk. Pelo modo como Glenn descrevia, todos os outros IBM Fellows, além da administração da IBM, olhavam para nós com ar de superioridade. Seu chefe, vice-presidente da empresa, achava que o PC seria um ótimo terminal para um mainframe. Ponto final.

Glenn enxergava o computador pessoal como algo que mudava o jogo. Na época, deviam existir uns 2 milhões de PCs no mundo; ele via o número crescendo para bilhões. Eu também. Quanto mais conversávamos, mais eu via como Glenn Henry estava alinhado com nossos objetivos. Quando terminamos o café, eu o tinha convidado a se juntar ao nosso alegre bando de renegados – agora com quase mil pessoas – para comandar nossa equipe de pesquisa e desenvolvimento.

---

254 QUILÔMETROS PARA A OPORTUNIDADE

Essa foi a legenda atrevida no outdoor que colocamos em frente à sede da nossa arquirrival em Houston, a Compaq. Embaixo da legenda, para deixar tudo bem claro, havia uma grande seta apontando para o oeste, na direção de Austin, e, para selar o negócio, nosso logotipo corporativo.

Várias pessoas da Compaq estavam seguindo a seta e, como Glenn Henry, se juntando ao nosso bando rebelde. Como eu gostava daquilo. Eu adorava a competição em nossa área de atuação, seja contra Rod Canion na Compaq, Bill Hayden na CompuAdd ou Ted Waitt na Gateway.

Jogue limpo, mas vença.

Especialmente contra a Compaq. Eles tinham começado dois anos antes de nós, com um investimento de capital de risco de 25 milhões de dólares – em contraste com os nossos, meus, mil dólares – fornecido por um sujeito chamado Ben Rosen. A empresa tinha uma ótima cultura corporativa, democrática – não existiam vagas de estacionamento reservadas, nem para o CEO, em seu campus no estilo Vale do Silício numa área de floresta perto de Houston. Tinha engenheiros superinteligentes, um poderoso departamento de pesquisa e desenvolvimento, uma parceria especial com a Intel: cada avanço em microprocessadores (área em que a Intel desfrutava de quase um monopólio) ia primeiro para a Compaq.

Mas a Compaq não tinha vantagem de preços. Seus custos operacionais eram de 36% da receita, diferentemente dos nossos magros 18%. Eles vendiam apenas em lojas de varejo, e, ainda que seus PCs tivessem a fama de ser bem projetados e confiáveis, eram caros. Sabíamos que podíamos vencê-los nos quesitos preço e – com nosso modelo de construção sob encomenda – flexibilidade. Nossa operação de serviço em campo nos permitia estar no mesmo nível que eles em termos de confiabilidade.

Tínhamos cravado uma posição numa área apinhada de empresas: éramos os intrusos atrevidos com um modelo de negócio matador. Não me importei nem um pouco quando a *Business Week* nos chamou de "o pequeno fabricante de computadores mais quente do Texas". E nossos anúncios petulantes remetiam ao tema Davi versus Golias.

A publicidade era crucial para nós. Por experiência própria, eu sabia como as pessoas da área técnica prestavam atenção nos anúncios da *PC Magazine,* da *PC World* e da *Info World.* Nossos primeiros anúncios, criados por uma pequena agência local primeiro para os jornais de Austin e depois para veículos nacionais, eram muito diretos: Cá estamos, PC's Limited; fazemos coisas boas; compre, por favor.

Pouco antes da oferta não pública de ações, logo depois de mudarmos de nome, decidimos que era hora de descartar de vez a imagem de empresa de vendas pelo correio. Contratar uma agência de classe mundial seria caro, mas Lee e eu achamos que o gasto valeria a pena.

Em fevereiro de 1987, assinamos com a Hal Riney & Partners, a agressiva agência de São Francisco que tinha criado anúncios que atraíram a atenção nacional para as adegas climatizadas Bartles & Jaymes e o vinho Gallo. Estabelecemos um orçamento de publicidade de 5 milhões de dólares com a Riney, e a agência fez alguns ótimos comerciais para nós, mas logo entramos em descompasso. Desde o início, a Riney queria criar uma identidade meio *folk* – caubói de faroeste, já que estávamos em Austin –, que parecia limitadora, se não completamente errada para o mercado mundial em que tínhamos entrado. Não usávamos chapéus enormes e botas Tony Lama para trabalhar, e não queríamos que nossos clientes achassem que usávamos.

Quando nos separamos da Riney, sabíamos que só existia uma agência para nós: a premiada empresa Chiat/Day tinha criado anúncios impressos e comerciais de TV que mudaram o jogo da Apple, inclusive aquele um tanto infame (mas muito eficaz) filmete "1984", que passou durante o Super Bowl daquele ano. Quando assinamos com a Chiat/Day, mais que dobramos o orçamento de publicidade, mas os resultados valeram a pena. Um anúncio impresso no outono de 1989 tinha a seguinte chamada: "Posição oficial da Dell quanto à satisfação do cliente." Embaixo havia tabelas de duas votações feitas pela *PC Week* classificando os principais fabricantes de PCs 386 e 286 em termos de preço, compatibilidade e suporte. Nós estávamos no topo das duas tabelas, na frente da Compaq, da AST, da Zenith e da IBM. "Essas duas pesquisas são profundamente reveladoras", dizia o texto. "Elas surpreenderam todo mundo na indústria dos computadores. A não ser, claro, nós e nossos clientes. Além de vencer essas duas votações, nosso computador

386 System 310 de 20 MHz acaba de ser indicado como Escolha do Editor pela *PC Magazine*."

Esse tipo de anúncio significava partir para cima da concorrência – e nossas vendas nos diziam que o usuário de computador preferia a Dell às outras marcas. Tínhamos passado de 69 milhões de dólares no ano fiscal de 1987 para 159 milhões em 1988 e 257 milhões em 1989. Centenas de milhões eram significativos, mas, com as vendas dobrando a cada ano, não era tão insano começar a pensar em bilhão.

Depois do lançamento no Reino Unido, abrimos subsidiárias na Alemanha, no Canadá (1988) e na França (1989). O ano de 1989 foi fundamental para nós em quase todos os sentidos, apesar de registrar alguns fracassos dignos de nota. O Projeto Olympic foi nossa primeira tentativa no negócio de servidores, e um desenvolvimento técnico bastante complicado. Projetamos nossos próprios chips de silício para um sistema de armazenamento chamado Matriz Redundante de Discos Independentes (RAID, na sigla em inglês) e montamos servidores com múltiplos microprocessadores. Mas o projeto era ambicioso demais e não deu certo.

Naquele ano tivemos uma crise de planejamento de estoque: tínhamos projetado uma placa-mãe que carecia de flexibilidade na configuração de memória. E, quando o padrão da indústria para os chips de memória avançou, estávamos abarrotados de estoque antigo, além de um produto que não podíamos entregar com lucro. Foi um tropeço ruim.

Mas ousar fracassar é o único caminho para o crescimento significativo. Como disse Eleanor Roosevelt: "Você precisa fazer aquilo que acha que não pode fazer." Então cada passo do caminho, cada fracasso, cada revés deixou a mim e nossa empresa mais fortes e mais resilientes. Com o fracasso do Olympic, desenvolvemos uma poderosa musculatura de engenharia, que nos permitiu reaproveitar aquela arquitetura de servidor numa nova linha de computadores compatíveis com máquinas IBM. E a crise de planejamento nos ensinou a ser muito mais ágeis e eficientes na gestão de estoque.

No lado pessoal, 1989 foi o ano do meu maior sucesso de todos, que ressoa até este minuto.

À medida que nossa empresa crescia, eu tinha me tornado amigo de Bill Gates (com quem, claro, fazíamos muitos negócios) e Steve Jobs – ambos cerca de dez anos mais velhos do que eu, e dois sujeitos por quem eu tinha uma grande admiração profissional. Mas Bill e Steve compartilhavam uma característica fundamental que eu não queria imitar: os dois eram (na época) solteiros, aparentemente casados com suas empresas. Eu não queria acordar dali a dez anos e me ver sem uma mulher e sem uma família.

E assim, em 28 de outubro de 1989, com toda a minha família e muitos colegas de trabalho presentes, e tendo Lee Walker como padrinho, eu me casei com Susan Lieberman e iniciei a jornada mais feliz e mais significativa da minha vida. Alcancei algumas vitórias nos negócios, mas nenhuma tem o mesmo brilho que o feito de me casar com Susan e criarmos juntos nossos quatro filhos.

A felicidade que eu estava sentindo durou até o início de 1990, quando a revista *Inc.* me deu seu primeiro prêmio de Empreendedor do Ano, uma grande honra para alguém que ainda não tinha nem 25 anos. Lee Walker disse algumas coisas muito legais sobre mim para a matéria que acompanhava a premiação – e, sabendo que Lee tinha a cabeça tão dura quanto o coração quente, eu compreendia que ele acreditava em cada palavra. "O que Michael Dell faz", disse, "é tão natural para ele e flui tão espontaneamente que parece que ele assume uma abordagem muito tranquila. Ele tem uma visão tão clara de onde quer chegar que pode ascender acima do ruído de fundo e evitar as armadilhas que derrubam os empreendedores."

Lee também estava sendo modesto: ele era responsável por nos levar a ultrapassar várias dessas armadilhas.

Mas, quando o inverno dava lugar à primavera, ele me disse que era hora de partir.

"Ser presidente da Dell Computer era um trabalho de 24 horas por dia", escreveu mais tarde.

Esse trabalho exigia difíceis decisões pessoais, atenção financeira, equilíbrio, direcionamento estratégico, implementação em um país após outro e intermináveis questões operacionais táticas.

Para começo de conversa, eu tinha esquecido que não queria fazer isso. Fui capturado pela riqueza de um quebra-cabeça multidimensional e conduzido à batalha competitiva de derrotar a IBM e a Compaq. Esqueci que antigamente grandes tufos do meu cabelo caíam e que minhas costas doíam demais quando estava começando minha própria empresa.

Michael e eu tínhamos personalidades muito diferentes. Ele era um daqueles empresários que prosperavam com a tensão da competição internacional de alta tecnologia. Eu não. Essa arena insuportavelmente complicada lhe dava energia. Ela havia me espancado a ponto de eu não ter mais forças físicas ou emocionais para... continuar.

O ponto de inflexão de Lee foram as viagens internacionais. Nos últimos dois anos, ele tinha ido ao Canadá, à Inglaterra, à França, à Alemanha e à Suécia para ajudar a montar nossas subsidiárias e colocá-las para funcionar, além de cumprir suas responsabilidades na Dell dos Estados Unidos. Em março de 1990, ele foi visitar nossas operações no Reino Unido e na Alemanha, depois passou 11 horas voando de volta para Austin e na chegada sentiu uma dor insuportável na lombar. Em uma de suas viagens ele contraiu um tipo de meningite difícil de ser tratada.

Era hora de abrir mão de tudo.

Nós dois derramamos lágrimas na despedida dele. Tínhamos passado por um sem-número de situações juntos e colecionado grandes realizações. Eu havia amadurecido muito naqueles quatro anos. Mesmo sabendo que seria difícil continuar sem ele, me senti mais do que confiante em assumir o comando.

9

REDENÇÃO

Os últimos dias de julho de 2013 pareciam o fim da linha para nossa proposta de compra.

Em 30 de julho, com a reunião de acionistas se aproximando rapidamente em 2 de agosto, a comissão especial disse que aceitaria nossa oferta de 13,75 dólares por ação e que concordava com nossa proposta de estabelecer uma nova *record date*. Do nosso ponto de vista, adiar a *record date* permitiria que os arbitradores dos hedge funds que haviam apostado na compra votassem a nosso favor.

Mas a comissão ainda se apegava com firmeza ao padrão rígido de votação: quem não votasse estaria endossando o "Não". A comissão só aceitaria nossa oferta se a maioria das ações em circulação votasse pelo "Sim" para o acordo, e, segundo as regras com as quais a Silver Lake, eu e a comissão especial tínhamos concordado no início desse passeio de montanha-russa, os 300 milhões de ações que não tinham votado estavam pesando contra nós.

A compra da Dell corre perigo ao rejeitar a mudança na votação, informou a Reuters em 31 de julho. "As ações da Dell caíram mais de 4%, chegando a 12,18 dólares, o nível mais baixo desde que a notícia da compra veio à tona em 14 de janeiro, aumentando as incertezas dos acionistas com relação às perspectivas do negócio."

De fato, a transação estava perigosamente perto de desmoronar. A comissão especial havia dito, em termos explícitos, que se não obtivéssemos os votos, a votação não seria adiada pela terceira vez.

No mesmo dia, Carl Icahn mandou outra carta aberta aos nossos diretores e aos acionistas, com este título criativo:

DEIXE O DESESPERADO FIASCO DE DELL MORRER

Na carta, Icahn pedia insistentemente que a comissão especial me rejeitasse e rejeitasse a Silver Lake de modo definitivo e irrecorrível:

Ao negociar uma freeze-out merger *subvalorizada, pressionando implacavelmente para que seja aprovada, a ponto de descartar uma das mais importantes proteções para os acionistas no Acordo de Fusão [o padrão de votação]..., Michael Dell revelou tudo o que precisamos saber. E, para ser honesto, causa temor imaginar até que ponto chegará para manter a Dell sob seu controle se e quando sua* freeze-out merger *tiver finalmente a permissão de ser rejeitada. Será que ele comprará mais ações para aumentar sua posição de 15% na empresa, numa tentativa de garantir que mantenha o controle na reunião anual? O conselho da Dell deveria pensar com seriedade nessa questão e impedir que Michael Dell compre votos comprando ações. Aquilo que enxergamos como efeitos malignos da influência de Michael Dell foi amplamente sentido pelo mercado. Desde que ele voltou a ser CEO, o preço das ações caiu de 24,22 dólares para o valor desta manhã, que era de 12,46 dólares. A* freeze-out merger *foi ideia dele o tempo todo e tem se mostrado impopular.*

O conselho não deveria ajudar permitindo que ele aumente sua influência sobre a Dell.

Era uma cortina de fumaça. Icahn devia saber que desde 5 de fevereiro eu e todos os outros acionistas afiliados (inclusive Susan e outros membros da família) estávamos sob uma obrigação rígida: concordamos em não comprar mais nenhuma ação da Dell durante a negociação. Ao mencionar o padrão de votação ("uma das proteções para os acionistas..."), ele estava mirando no ponto de atrito entre mim e a comissão especial e encorajando-a a se manter firme. E se ela não recuasse, um destes dois resultados estaria garantido: (a) a Silver Lake e eu precisaríamos aumentar nossa "melhor e última" oferta para levar a comissão a ceder, e assim aumentar o valor das ações de Icahn, ou (b) simplesmente perderíamos a eleição e o negócio morreria. Se o negócio definhasse, as ações da Dell provavelmente afundariam, reduzindo o valor das ações de Icahn e tornando a empresa vulnerável em todos os sentidos. Com a reunião anual de acionistas e as eleições para o conselho se aproximando, em outubro, a ameaça de Icahn de substituir o conselho (e me substituir) teria uma possibilidade real de se concretizar. Enquanto isso, nossa receita do segundo trimestre havia caído 72%.

Será que Icahn desejava mesmo matar o acordo à custa de suas ações da Dell, só para ganhar o controle de uma empresa desvalorizada? Improvável. Achei que ele estava blefando, tentando fazer com que aumentássemos o preço para promover o espectro de seu velho estilo de destruir empresas.

De qualquer modo, a incerteza pairava no ar e cheirava mal.

Na manhã do dia 31, Egon Durban e eu ligamos para a comissão especial. Alex Mandl precisou resolver um problema de família, por isso falamos com Ken Duberstein, que o estava substituindo.

– O que vai ser necessário para isso acontecer? – perguntamos.

– Uma oferta mais alta – respondeu Ken.

Era fácil falar, mas não tão fácil fazer. Cada centavo acrescentado à nossa oferta significava mais 15 milhões de dólares, e, ainda que Durban concordasse, seus sócios tinham estabelecido um limite: 13,75 dólares era quanto estavam dispostos a pagar.

Nesse ponto, você deve estar se perguntando: *Michael é um cara rico – por que não podia tirar 200 milhões de dólares do bolso e finalmente resolver o impasse?*

Desde o início – isto é, desde o esboço da ideia sobre a qual Egon Durban e eu conversamos durante aquela caminhada no Havaí –, eu sabia que era crucial ter um sócio no fechamento do capital. Estabelecer sozinho o preço de compra da Dell representaria um conflito básico: eu precisava de um sócio, além de uma comissão especial de diretores independentes, para garantir que os acionistas tivessem o melhor negócio possível. Assim, apenas jogar um monte de dinheiro a mais à medida que a compra estava se aproximando passaria uma péssima imagem, para dizer o mínimo. Faria com que, de repente, a Silver Lake não parecesse um parceiro efetivo.

Além disso, minha credibilidade estava em jogo. Eu tinha ido à televisão e dito que 13,75 dólares era a nossa melhor e última oferta. Dizer de repente "Certo, esta é a nossa nova melhor e última oferta" não seria bem visto.

Mas a Silver Lake e eu também sabíamos que, se comprássemos a empresa por 13,75 ou 13,85 dólares por ação, isso não teria relevância dali a cinco anos. Nesse período, a empresa valeria consideravelmente mais ou consideravelmente menos: alguns centavos de diferença hoje não afetariam o resultado.

Durban e eu conversamos e decidimos acrescentar um dividendo especial de oito centavos à nossa oferta, elevando-a para 13,83 dólares por ação, reduzindo o preço das ações que eu estava colocando no negócio. Se ele fracassasse em razão de uma nova transação alternativa, a Silver Lake concordava em reduzir a multa por desistência de 450 milhões para 180 milhões de dólares.

Mas em troca dessas concessões, dissemos, a comissão especial precisaria concordar em mudar o padrão de votação.

Telefonamos para informar a proposta revisada. Ken disse que eles conversariam a respeito e responderiam em algumas horas.

Ken Duberstein nos ligou naquela tarde.

– Aumentem o dividendo para treze centavos e fechamos o negócio – disse ele.

– Com um novo padrão de votação?

– Com um novo padrão de votação.

Olhei para Egon. Ele assentiu. Nós dois estávamos sorrindo.

– Isso é um mitzvah, Ken – falei. *Mitzvah* é uma palavra em hebraico que significa um feito ético atencioso e gentil.

– Obrigado – disse Ken Duberstein. – Nós também ficamos bem felizes com o acordo.

No dia seguinte, Icahn nos processou.

Em 1º de agosto, na Corte de Chancelaria de Delaware, ele alegou que os membros da comissão especial haviam violado seus deveres fiduciários fazendo um acordo comigo e com a Silver Lake. Icahn tentou fazer com que a votação dos acionistas sobre a compra fosse transferida de 12 de setembro para a data original, 2 de agosto, e que o padrão de votação anterior fosse restaurado.

Icahn queria que a reunião anual ocorresse no mesmo dia que a votação sobre a compra, argumentando que, se a mudança nas regras fosse revertida, ele poderia vencer e fazer com que um novo conselho fosse eleito de imediato. Ele sabia que, se a aceitação dos novos termos da compra por parte da comissão especial e a reunião acontecessem um mês depois, suas chances de vencer a eleição murchariam. Icahn argumentou que, segundo a lei de Delaware, a reunião anual de uma empresa precisava acontecer menos de 13 meses depois da anterior – e a reunião anterior tinha sido em julho de 2012.

O velho adepto do *greenmail* estava usando um de seus truques mais antigos: tornar-se um estorvo suficientemente grande para que o alvo – no caso, a Silver Lake e eu – fosse obrigado a comprar suas ações a um preço alto para ele ir embora. Se o tribunal não lhe fosse favorável, disse ele à mídia – que, claro, estava ouvindo com atenção, esperando que a briga de tapas entre mim e Carl continuasse pelo maior tempo possível –, os acionistas da Dell (e especialmente Carl Icahn) "sofreriam um dano irreparável" porque, com a *record date* e o padrão de votação atuais, nossa compra "seria aprovada numa votação injusta".

Era puro papo furado em proveito próprio, mas instaurou o caos que ele queria.

The New York Times escreveu: "É possível que um juiz de Delaware decida em favor do Sr. Icahn recusando a mudança nas regras da votação ou exigindo que uma reunião anual aconteça antes de outubro. Isso poderia jogar de novo a proposta de compra do Sr. Dell no pântano da incerteza."

Coloquei minhas esperanças no magistrado que havia assumido o processo, o juiz Leo Strine, que já havia elogiado a comissão especial e expressado um saudável ceticismo com relação às propostas de Icahn.

Mesmo assim, Icahn não ia desistir.

"A guerra com Dell está longe de acabar", declarou em 2 de agosto. (Nesse dia, nossa ação subiu 5,5%, mostrando que, apesar de alguns acionistas estarem insatisfeitos, um número muito maior achava que o acordo era bom.) Três dias depois, Icahn revelou que tinha comprado mais 4 milhões de ações da Southeastern, elevando sua participação pessoal na Dell a quase 9%. Ele continuou atacando a comissão especial, citando "seu [dela] status imperial autoconcedido" e acusando-a de tentar "interferir à força numa transação de fechamento de capital".

Mas o juiz Strine não se deixou apressar e repudiou a atitude de Icahn – de processar a mim e Silver Lake. Na audiência de 16 de agosto, ele descreveu as acusações de Carl Icahn contra o conselho como "um ataque cheio de adjetivos sem sujeitos e verbos que estabeleçam afirmações plausíveis". E, num parecer de 26 páginas, Strine examinou a conduta da comissão de modo muito favorável, elogiando suas rígidas proteções ao negócio: o período de busca de *go-shop* com seu marketing agressivo, a política de gastos que tinha oferecido reembolsar Icahn por sua diligência prévia, a prontidão da comissão em recusar minha oferta caso surgisse outra maior, o valor razoável da multa por desistência (mais tarde reduzido). O juiz também observou, de modo arrasador, que via com algum ceticismo a grande compra de ações da Southeastern feita por Icahn, notando que ele jamais fizera uma oferta superior para comprar a Dell. Em vez disso, fizera promessas fantasiosas de uma recapitalização alavancada enquanto a comissão especial realizava um enorme esforço para extrair da Silver Lake e de mim mais 23 centavos por ação. (Segundo o juiz Strine, se Icahn tivesse feito uma oferta superior, levaria a comissão a "dançar na rua".)

Será que, como algumas pessoas de dentro sugeriam, Icahn teria forçado a Southeastern a lhe vender as ações da Dell com prejuízo, ameaçando sair da batalha caso ela recusasse? Ter um grande bloco de ações a preço baixo lhe daria uma bela política de seguro se nós vencêssemos, especialmente porque a maior parte das compras anteriores havia ficado acima do preço estabelecido no acordo.

O juiz ainda avisou que não estava inclinado a adiantar a data da nossa reunião anual, marcada para 17 de outubro. "Acho difícil entender", disse o juiz Strine, "como o tribunal ordenaria uma reunião muito antes daquela que o conselho já marcou. O tribunal não será atraído para um jogo tático na tentativa de ele ser vantajoso para um lado ou para o outro."

Eu adorava esse juiz.

"Para a compra da Dell, é o fim da ameaça de litígio", escreveu o *Times*. "Em essência, [o parecer do juiz Strine] deixa tudo por conta do voto dos acionistas. O Sr. Icahn, a Southwestern Management e os outros oponentes precisarão travar essa batalha segundo as novas regras que o conselho da Dell negociou. A maré está contra eles, ainda que a eleição provavelmente leve os interessados a roer as unhas."

Eu não roo unha, mas ando de um lado para o outro. Penso melhor de pé e fiz uma boa quilometragem com meus sapatos em todo esse período. Susan ainda era a única pessoa de fora da Dell e da Silver Lake com quem eu podia conversar sobre a transação, e – como no início do nosso namoro – falávamos enquanto caminhávamos. Na nossa casa, em Austin, ou no nosso rancho, no lago Austin, saíamos para uma caminhada de duas ou três horas e discutíamos tudo o que estava acontecendo com a nossa família e também com a empresa. Quando se tratava de negócios, Susan era muito mais que uma caixa de ressonância: ela própria era uma mulher de negócios, e eu a consultei a cada curva da estrada nesse período de 16 meses.

Quando se tratava de família, ela era – e ainda é – minha parceira de vida, minha cara-metade. Nossos quatro filhos estavam em estágios diferentes de desenvolvimento, com alegrias e problemas diferentes, de modo que havia muito a discutir sobre esse aspecto também. "Você só está feliz quando seus filhos estão felizes", diz o clichê, e o fato de ser um clichê não significa que não seja verdade.

No verão de 2013, parecia que era apenas uma questão de tempo até perdermos minha mãe. Por isso Susan e eu íamos a Houston vê-la com a maior frequência possível, ainda que, em meio à minha situação empresarial, isso não fosse tão frequente quanto eu gostaria: apenas a cada dois fins de semana. Minha mãe e Susan tinham um relacionamento bastante íntimo, e Susan havia abraçado o projeto de deixá-la muito confortável – tínhamos a sorte de contar com os recursos necessários para ajudá-la em casa: enfermeiras dia e noite, cama hospitalar, equipamento médico de ponta, um chef de cozinha.

Mas o câncer é uma força implacável, não importando as armas que você use contra ele, e nem sempre saber que estávamos fazendo por minha mãe tudo o que podíamos servia de consolo. Ainda que uma grande vitória nos negócios estivesse à vista em agosto, qualquer sentimento de triunfo iminente era jogado nas sombras por forças profundas e poderosas que eu não podia controlar. Naqueles dias, minha capacidade de separar família e trabalho foi posta à prova como nunca antes.

Em 9 de setembro, Icahn entregou os pontos, numa última (seria mesmo?) carta aberta aos nossos acionistas. Era bastante amarga ("As leis estaduais que tratam de governança corporativa costumam favorecer os conselhos e as administrações existentes e são fracas em muitas áreas. Ainda que devamos obedecer a elas, acreditamos que podem e devem ser mudadas.") e, como sempre, bastante criativa. ("O conselho da Dell, como tantos conselhos administrativos neste país, me lembra das últimas palavras de Clark Gable em *E o vento levou*: eles simplesmente 'não dão a mínima.'")

Sobre as reuniões adiadas de 18 e 24 de julho, ele escreveu:

Nós vencemos, ou pelo menos pensamos que vencemos, mas, quando o conselho percebeu que a votação estava perdida, simplesmente ignorou o resultado. Mesmo uma ditadura, quando o partido governante perde uma eleição e depois ignora o resultado, tenta fornecer um motivo plausível para justificar seus atos. Andrew Bary, da Barron's, observou com sabedoria: "Numa ação digna de Vladimir Putin, a Dell adiou uma votação programada para a terça-feira passada sobre a proposta de Michael Dell para a compra do controle acionário da empresa quando ficou evidente que havia um apoio insuficiente dos acionistas para o acordo." (...) O conselho simplesmente usou o argumento genérico de "avaliação de negócios" e a lei de Delaware para apoiar seus atos. Nós perguntamos, brincando: "Qual é a diferença entre a Dell e uma ditadura?". A resposta: a maioria das ditaduras eficazes só precisa adiar a eleição uma vez para vencer.

Compreendemos que seria quase impossível vencer a batalha em 12 de setembro. Portanto, chegamos à conclusão de que não realizaremos mais esforços para derrotar a proposta de Michael Dell e da Silver Lake, mas ainda nos opomos a ela e buscaremos os direitos de avaliação.

Sei que alguns acionistas ficarão desapontados porque não continuaremos a lutar, mas na última década, sobretudo por meio de ativismo, aumentamos em bilhões de dólares o valor de muitas empresas. Não conseguimos isso travando batalhas que achávamos que íamos perder. Michael Dell e a Silver Lake travaram uma batalha dura e, segundo o juiz Strine, os atos de Dell estavam dentro da lei de Delaware. Dessa forma, parabenizamos Michael Dell. Pretendo telefonar para ele desejando-lhe boa sorte (ele pode precisar).

A acusação de que o conselho tinha agido de modo ditatorial era outra invenção de Icahn. Na época do primeiro adiamento, 18 de julho, a comissão especial havia decidido que nossa oferta era a melhor para a empresa – e, fundamentalmente, não havia recebido uma oferta maior por parte de Carl. Isso se repetiu em 24 de julho, quando a segunda reunião de acionistas foi adiada em decorrência da falta de votos de apoio. A comissão tinha exercido todos os seus controles rígidos e estava atuando dentro das regras estabelecidas no início desse processo. A recusa em adiar pela terceira vez provou sua imparcialidade.

Mas preciso contar que Icahn telefonou mesmo para mim.

– Michael, foi uma luta dura, mas você ganhou de forma justa – disse ele, esquecendo-se convenientemente de todas as vezes que havia insultado minha liderança e, por extensão, insultado a mim, me acusando, do modo mais público possível, de pura incompetência, para não mencionar todo tipo de trapaça e conduta ilegal.

– Obrigado – respondi, mas o que estava realmente pensando era: *Você tentou tomar esta empresa, a coisa mais importante do mundo para mim depois da minha família, e perdeu, meu chapa. Obrigado por nada.*

– Realmente desejo-lhe muita sorte em sua nova fase – continuou. – Desde o início, eu disse que acho que você está fazendo coisas muito interessantes na Dell.

Agradeci de novo, ainda imaginando se ele tinha alguma ideia do que nossa empresa realmente *fazia*. Ouvi por mais alguns minutos enquanto ele continuava falando sobre Deus sabe-se lá o quê. Contou sobre as perspectivas da IBM e da Hewlett Packard, de como ele achava que a Apple estava subvalorizada (num gesto que fedia a déjà-vu, ele tinha acabado de comprar uma participação de 2 bilhões de dólares na empresa e já estava causando dificuldades para Tim Cook), sobre os investimentos de seu filho, e até sobre o clima. Eu só estava escutando pela metade, dizendo *sim* e *ahã* de vez em quando.

E então Carl Icahn me parabenizou mais uma vez, e nossa conversa unilateral terminou. Eu esperava sinceramente nunca mais vê-lo nem ouvir falar dele. Mas a gente nunca sabe, não é mesmo?

Como Icahn escreveu naquela carta, havia algo que o deixara realmente feliz: todos os seus esforços não foram em vão, ele havia conseguido espremer um preço mais alto para os acionistas da Dell. Foi modesto demais para mencionar que, como o maior acionista não afiliado de todos, ele tinha conseguido embolsar um belo troco para si mesmo. Entre as muitas mentiras que Carl contou ao longo do tempo estava sua declaração de que buscaria direitos de avaliação. Ele sabia muitíssimo bem que, se fizesse isso, poderia prender suas ações sob adjudicação durante anos. Assim, no instante em que nosso negócio foi feito, ele sacou o dinheiro imediatamente, com um lucro de dezenas de milhões de dólares. Seria muito dinheiro para a maioria das pessoas, mas tenho certeza de que deixou Icahn amargurado e com raiva ao pensar que poderia ter ganhado bem mais.

―

O dia 12 de setembro de 2013 foi fantástico em Round Rock. Com os votos dos acionistas ausentes agora meramente ausentes, e não mais contando contra nós, a reunião especial demorou apenas 15 minutos para chegar ao veredito: 65% das ações votantes, sem incluir as minhas e as dos outros afiliados, decidiram a favor da nossa compra de controle acionário. Depois disso, todo mundo que vinha trabalhando tão duro para isso acontecer ficou em êxtase.

– Somos a maior startup do mundo – falei à imprensa.

Foi uma frase que saltou da minha boca. Mas, quanto mais eu pensava nela, mais verdadeira parecia. Egon Durban comparou a compra a "uma injeção de adrenalina no coração, igual à de *Pulp Fiction*".

"O resultado era esperado", disse o *The Wall Street Journal* (convenientemente esquecendo todos os comentários desencorajadores que havia publicado sobre a compra e sobre mim), "mas veio depois de meses de angústia."

Isso era bem verdade.

Ainda existia quem duvidasse. A Standard & Poor rebaixou nossa classificação de crédito para o status de lixo, preocupada com a hipótese de a dívida de quase 20 bilhões de dólares reduzir nossa capacidade de investir em nossos vários negócios novos. Mas o diretor financeiro Brian Gladden tranquilizou os analistas dizendo que nossos fluxos de receitas seriam mais do que suficientes para pagar nossas obrigações.

(E a dívida como parte integral das transações corporativas nem sempre é algo totalmente entendido, inclusive por sofisticados comentaristas de economia. Sim, ter dívida no cartão de crédito e gastar acima das posses pode deixar um sujeito com pagamentos elevados durante anos – e isso é ruim. Mas, quando usada com sensatez para financiar a compra de bons ativos, a dívida é uma parte importante e necessária do funcionamento da economia, e pode gerar crescimento e oportunidades enormes.)

Não costumo ler a seção de comentários na página DealBook do site do *The New York Times*, mas nesse momento dramático não consegui evitar. Havia alguns diálogos interessantes. Um tal de JGNY, de Patchogue, Nova York, opinou: "Michael Dell deveria ir embora e ficar com seus bilhões. Isso é uma *ego plane* [sic] pura e simples. A Dell, como a HP, está no vaso sanitário com os PCs, e eles não têm qualquer benefício real pulando para os tablets tão tarde. Eles ainda são bastante grandes com PCs para empresas, mas esse poço está encolhendo com uma economia cada vez menor e sem expansão verdadeira no setor privado."

Mas Craig, do Texas, deu uma resposta afiada:

Tablets? Você não está acompanhando os fatos com muita atenção. A Dell pode continuar lançando produtos como PCs e tablets, mas o objetivo da iniciativa de fechar o capital é TIRAR o foco desses produtos e permitir mais investimentos em software e hardware para empresas. Os consumidores que compram objetos como iPhones não fazem a mínima ideia (algo bem típico) do que é necessário para administrar todos os processos internos da "nuvem" à qual seus aplicativos estão conectados, de como eles se conectam, de como fazem isso com segurança e de como se lembram da sua identidade. É nesse "processo interno" que a Dell já tem um pé considerável e está crescendo. Muitos dos maiores data centers em nuvem já estão rodando em servidores Dell. A compra do controle acionário levará a empresa a preencher muito mais rapidamente os hiatos em seu portfólio de produtos e a reduzir sua dependência do mercado cada vez menor de PCs.

Não sei se Craig, do Texas, era membro da nossa equipe, mas ele acertou em cheio.

Alguns dias antes eu tinha mandado um convite para nossa Equipe de Liderança Executiva, composta por 12 pessoas, nosso conselho de administração, os principais colaboradores da Dell no processo do negócio, todos os sócios na Silver Lake e os advogados e banqueiros que tinham nos ajudado com o negócio – 125 pessoas no total. O texto dizia:

> *Em reconhecimento à sua colaboração e ao trabalho duro nos últimos meses com a transação proposta para fechar o capital da Dell, tenho o prazer de convidá-lo para um churrasco texano informal na minha casa na quinta-feira, 12 de setembro, das 17 às 20 horas. Apesar de ainda não termos terminado, eu gostaria de reconhecer seus esforços e comemorar nossas conquistas até agora.*

Apesar de naquela quinta-feira a temperatura ter chegado à máxima de setembro em Austin, 36 graus Celsius, às cinco da tarde faziam agradáveis 29 graus Celsius na minha casa nas colinas, e a atmosfera estava alegre e festiva: todo mundo sabia que, ainda que o negócio não estivesse finalizado até que a aquisição se concretizasse legalmente – um processo que demoraria semanas –, ele aconteceria. Foi uma festa ótima.

Uma semana depois, houve uma comemoração ainda maior, uma reunião global para que toda a empresa, todas as 100 mil pessoas, celebrassem. Seiscentos membros da equipe se reuniram num auditório em Round Rock, e grupos assistiam ao vivo em mais de trinta locações da Dell ao redor do mundo – lugares como a Cidade do Panamá, Porto Alegre, no Brasil, Casablanca, no Marrocos, Cherrywood, na Irlanda, Bangalore, na Índia, Sydney, na Austrália, Montpelier, na França.

Foi uma tremenda festa. O salão em Round Rock estava cheio de balões azuis e brancos, a guitarra surf de Dick Dale tocava no máximo volume enquanto eu caminhava em meio à multidão feliz, cumprimentando com um "toca aqui" membros da equipe à esquerda e à direita, em seguida subia ao palco e olhava um mar de rostos luminosos. Às vezes, digo que sou um introvertido que faz uma imitação convincente de extrovertido, mas naquele dia, me dirigindo a milhares de pessoas incríveis, eu me sentia entusiasmado e orgulhoso de verdade.

– Uau, que dia! – eu disse, e a multidão concordou sonoramente. – Muito obrigado a todos vocês. A todos que se juntam a nós em diversos países e aqui em Round Rock, bem-vindos à maior startup do mundo!

Ainda era uma frase boa.

— Não preciso dizer que essa luta foi dura — falei.

Houve alguns risos. Tinha sido um ano difícil, não somente para mim, mas para todos que acreditavam na nossa empresa.

— Mas nós vencemos — continuei. — E valeu a pena totalmente, 100%. Quero agradecer a todos vocês por lutarem ao meu lado, ombro a ombro. Todos demonstraram dedicação, comprometimento e foco incríveis tanto em nossos clientes como naquilo que de fato importa. Os comentários e o apoio de vocês e também o enorme apoio dos clientes e dos muitos amigos em toda essa caminhada até aqui foram inspiradores para mim.

Houve uma grande salva de palmas, e eu senti os pelos da nuca se arrepiarem. Pensei na provação dos últimos sete meses. Uma das partes mais difíceis tinha sido não poder falar sobre o que estava acontecendo com qualquer pessoa fora de um círculo pequeno. Eu me senti sozinho diversas vezes naqueles meses. Pensei em todas as ocasiões em que estive diante de multidões parecidas compostas pelo nosso pessoal aqui em Round Rock e ao redor do mundo, me esforçando ao máximo para tranquilizar as pessoas sem dizer muito, pedindo que dezenas de milhares de membros da nossa equipe tivessem fé em que tudo iria dar certo. Eles tinham confiado em mim, tinham ficado comigo, e agora eu queria dizer a todos quanto isso significava para mim. Queria que absolutamente todos os membros da equipe da Dell se sentissem tão realizados como eu.

Queria que eles conhecessem nosso sócio, que compartilhava da nossa empolgação. Apresentei Egon Durban, que falou por vídeo da sede da Silver Lake, na Califórnia.

— Isso não é de fato uma transformação — disse ele. — Vocês já fizeram a transformação: essa foi a parte arriscada. Agora é a parte em que precisam crescer e estar na ofensiva. Haverá mais oportunidades em um período mais longo. Não olhamos as coisas através de uma lente de curto prazo. Pensamos no valor intrínseco fundamental do que está sendo construído e criado aqui. É algo insubstituível. Não é como ser dono de uma propriedade na beira da praia, é como ser dono da ilha.

Seguindo em frente, disse Egon, nós da equipe teríamos todo tipo de ideias — e muitas delas seriam ruins. Mas isso era ótimo. O importante era que agora tínhamos liberdade para experimentar coisas que nunca havíamos tentado.

Em seguida, viajamos por vídeo a três de nossas localizações fora do país:

Cidade do Panamá, Cherrywood, Bangalore. Em cada parada um líder regional apresentou um salão cheio de empolgados membros da equipe: acenando, aplaudindo, pulando, comemorando. Amit Midha, em Bangalore, disse:

– No verdadeiro estilo asiático, sem comida e sem doces não podemos ter uma comemoração, por isso providenciamos um bolo. – E a câmera deu um zoom para um enorme bolo branco enfeitado com um PC coberto de glacê azul. – Vamos mandar uma fatia para você no próximo voo noturno – disse Amit.

Risos e aplausos em Bangalore e em Round Rock.

– Olhem – falei depois de um momento. – Isso tudo tem a ver com crescimento, tem a ver com inovação, tem a ver com voltar à cultura de aceitar e correr riscos, tem a ver com mudar nosso foco de curto prazo muito mais para médio e longo prazo e fazer os investimentos que precisamos fazer. Vocês sabem, não estamos apenas arrebentando a boca do balão, estamos explodindo o balão inteiro.

Eles entenderam. E adoraram.

Junto à batida forte de uma banda de rock, o início de uma mensagem apareceu nas telas múltiplas atrás de mim:

Num mundo com um mercado em mudança...

E enquanto a música pulsava:

...uma empresa olhou para seu futuro e assumiu o controle.

Comentários de alguns membros de nossa equipe e alguns influenciadores que seguem a Dell começaram a pipocar na tela grande. A música era "Uprising", da banda Muse:

Eles não vão nos obrigar
Eles vão parar de nos degradar

Então apareceu outra mensagem:

Adeus, Wall Street!

E uma imagem de um par de mãos se soltando de algemas, e outra legenda:

"Icahn admite derrota!" – *Forbes*, 9 de setembro de 2013

Então apareceu um retrato de Carl acima da legenda. Um círculo vermelho se formou em volta de seu rosto e depois um risco diagonal o atravessou. A audiência em Round Rock comemorou:

Eles não vão nos controlar
Seremos vitoriosos

Um dia depois da votação, eu tuitei esta citação, que adoro:

Não é o crítico que importa: não é o homem que aponta como o homem forte tropeça, ou onde aquele que fez coisas poderia tê-las feito melhor. O crédito pertence ao homem que está na arena, com o rosto sujo de poeira, suor e sangue, que luta com valentia, que erra, que falha de novo e de novo, porque não existe esforço sem erros e falhas, mas que luta para fazer o que é preciso; que sabe; que conhece as grandes paixões, as grandes devoções, que se desgasta por uma causa digna; que, na melhor das hipóteses, conhece, no fim, o triunfo da grande realização e que, na pior das hipóteses, se fracassar, pelo menos fracassa com ousadia grandiosa, de modo que seu lugar jamais esteja com as almas frias e tímidas que não conhecem a vitória nem a derrota.
— Theodore Roosevelt

Eu também estava pensando, mas não disse:

Agradeço sua confiança e sua convicção e sinto orgulho porque, enquanto nossas ações estavam disponíveis aos investidores públicos durante os últimos 25 anos, elas se valorizaram mais de 13.500%.
Talvez em algum momento no futuro nossa empresa ofereça ações de alguma parte ou de toda a companhia.

Não sei se poderemos oferecer lucros de mais de 13.500% como antes, mas podem ter certeza de que tentaremos.

Adeus às legiões de "reclamões", de passageiros que insistem em dar instruções ao motorista, de especialistas à distância, pensadores de retrovisor e palpiteiros.

Com amor e beijos,
Michael

Eu estava muito empolgado porque enfim a transação havia terminado, mas sabia que era apenas o fim do começo. Pensei em tudo o que queríamos fazer, estava imensamente animado para ir em frente. Tínhamos fechado a porta atrás de nós, as legiões estavam trancadas lá fora. Tínhamos um fantástico plano de ação. Agora só precisávamos levá-lo a funcionar.

PARTE II

Reabrindo o capital

10

CRESCIMENTO E OUTROS RISCOS

A partida de Lee Walker em 1990 foi o final de nosso primeiro começo.

Depois da saída dele, o foguete que era a Dell Computer Corporation continuou subindo, mas nossa trajetória oscilava bastante.

Naquele ano, publicamos um anúncio de duas páginas na *PC Magazine*: a página da esquerda mostrava dois de nossos servidores, o 433TE e o 425TE, sob o título "Preços inacreditáveis". A página da direita mostrava o servidor System Pro 486-33 da Compaq sob o título "Inacreditável".

Nossos servidores custavam 11.799 e 9.599 dólares, respectivamente. O preço de tabela do Compaq era 24.698 dólares.

O anúncio acertava a Compaq com dois socos fortes: serviço e preço. Começava dizendo: "Você tem estômago para gastar 10 mil dólares a mais por um servidor de rede de PC ou de grupo de trabalho UNIX quando o grande extra é um serviço duvidoso?" Em seguida, descrevia as muitas virtudes de nossos servidores: fonte de alimentação de 300 watts extremamente silenciosa; proteção por senha integrada; botão de reiniciar controlado por software; sistema de resfriamento eficiente; exclusiva tela de diagnóstico integrado SmartVu, capaz de identificar problemas ainda que o monitor pifasse. Então, o anúncio partia direto para a nossa nêmesis, em letras garrafais: "A prestação de serviços para servidores está além do alcance da maioria das revendas da Compaq."

Claro que não comercializávamos os servidores por meio de revendas, mas a partir de nossa sede em Austin. Como sempre foi nosso hábito, éramos diretos, tanto em vendas quanto em serviços. Tínhamos um número de telefone especial para sistemas avançados e, avisava o anúncio, "Nas raras ocasiões em que não pudermos consertar pelo telefone, técnicos da Xerox irão ao seu escritório levando a solução ou a peça".

O anúncio terminava com um bordão brilhante, também em destaque: "Acima e além do chamado."

A Compaq nos deu uma surra.

Por que essa tentativa inicial de entrar no mercado de servidores fracassou? Na época, eu não consegui deduzir como isso pôde acontecer – foi muito frustrante. Tínhamos engenheiros fantásticos, estávamos criando produtos esplêndidos. No papel, nossa incursão no mundo dos servidores parecia à prova de erros.

Com o tempo percebi onde tínhamos errado. Nossos negócios estavam disparando não somente por causa da excelência dos produtos, mas também pelo que havia impelido o sucesso inicial: a conexão direta com os clientes, a partir da experiência das vendas por intermédio de entrega e depois do suporte técnico. E, nesse caso, tínhamos trabalhado mal. O 433TE e o 423TE eram máquinas fantásticas, por isso achamos que nosso nome e a reputação que havíamos construído como marca bastariam para os clientes clamarem por eles. Mas os clientes que estavam comprando essa classe de produtos – corporações médias e grandes, bancos e agências governamentais – não confiavam em nós *quando se tratava desse produto*. Todo mundo sabia que éramos bons fabricando PCs, mas em termos de servidores não tínhamos praticamente nenhum histórico. E esse fato enfatizava o segundo problema: a grande diferença de preço entre nossos servidores e os da Compaq parecia suspeita. Estávamos cobrando barato demais. Como disse um cliente: "E se vocês tiverem deixado alguma coisa de fora?" Não tínhamos deixado absolutamente nada de fora, mas isso não importava. A Compaq tinha nos derrotado aos olhos do mercado e estabelecido a confiabilidade – como sempre, o preço alto deles sinalizava alta qualidade.

Precisaríamos voltar a essa luta mais tarde, com armas melhores.

Em 1990, fizemos uma mudança fundamental em nosso modelo de negócios: passamos a vender PCs em pequenos varejistas e grandes lojas. Entre nossos gerentes houve opiniões a favor e contra esse passo: os que eram contrários argumentavam que os varejistas jamais poderiam fornecer o tipo de serviço e suporte que os clientes esperavam da Dell. E mais: diziam que a parte destinada aos varejistas cortaria nossa margem de lucro ou nos obrigaria a aumentar os preços.

Os gerentes a favor da mudança citavam o grande aumento nas vendas de PCs e a possibilidade de alcançar muitos consumidores domésticos e pequenas empresas que compravam naquelas lojas. Os usuários gostavam de comprar computadores que eles pudessem olhar e tocar. Alguns de nós argumentavam que entrar nesse mercado poderia incrementar rapidamente a nossa marca – e trazer 135 milhões de dólares em receita anual. De olho nesses números, assinamos contratos com a CompUSA, a Staples e a PriceClub para vender nossos PCs e periféricos.

Nos dois anos seguintes, pareceu que aqueles gerentes que duvidavam do benefício da mudança estavam errados: nossas receitas continuaram aumentando. No ano fiscal de 1990, a receita havia alcançado 389 milhões de dólares. Nossa estratégia de vendas, cada vez mais bem-sucedida, de buscar grandes clientes institucionais – empresas da Fortune 2000, como Exxon, Dow Chemical, GE e Citybank, além de governos estaduais e federais e instituições educacionais e de saúde – estava diretamente relacionada com nosso rápido crescimento.

Em 1991, entramos na lista da Fortune 500, no número 490, com vendas de 546 milhões de dólares: um momento de muito orgulho para mim e para toda a equipe. Fazia apenas sete anos que estávamos no negócio. Eu tinha 26 anos. Eu poderia ter imaginado algo assim quando era uma criança folheando aqueles exemplares grandes e grossos da *Fortune* que chegavam todo mês à nossa casa? Devo admitir que podia, sim. Sempre sonhei alto. Mas não creio que nem mesmo meu ambicioso eu mais jovem poderia ter previsto alcançar o ponto em que estávamos em 31 de janeiro de 1992, quando nossas vendas naquele ano fiscal alcançaram 890 milhões de dólares. A fabulosa barreira do bilhão de dólares parecia alcançável, até mesmo atravessável.

O ambicioso eu mais jovem também não poderia ter previsto minha reação quando nossa primeira filha, Kira, nasceu em janeiro de 1992. Fiquei apaixonado por ela, e pela paternidade, desde o instante em que a vi. Lembro-me de segurá-la no colo, no quarto dela, um ou dois dias depois de ela chegar do hospital, e pensar: *Uau, isto muda totalmente o jogo.*

Não creio que eu entendesse os problemas das pessoas que têm filhos até que eu tivesse os meus.

São muitas preocupações novas que atingem em cheio um pai de primeira viagem. Sem dúvida, logo aprendi isso – quando trouxemos Kira do hospital e ela começou a ficar azul.

O primeiro pensamento foi: *Devemos correr para o hospital?* Mas o bebê estava respirando bem, só estava azul. Então ligamos para a minha mãe.

– Por que vocês não a enrolam num cobertor? – sugeriu ela.

Fizemos o que ela aconselhou e o azul sumiu – ela estava apenas com frio. Quem sabia que os bebês mudam de cor quando estão com frio? Mamãe sabia. Agora nós sabíamos também.

Essa "experiência" foi fácil de contornar. Mas nem tudo foi fácil.

Na primavera de 1993, nossa empresa fez nove anos. Susan e eu estávamos casados havia apenas dois anos e meio. Ela era uma mulher de negócios, entendia meu foco na empresa, minha entrega: se você quiser ganhar uma medalha de ouro nas Olimpíadas, precisa ser fanático. E se quiser ter um relacionamento bem-sucedido, precisa ter amor, confiança, respeito e compromisso. Minha mulher e eu sentíamos tudo isso, profundamente – mas, ainda que houvesse todos esses componentes, isso não atenuava o desequilíbrio inevitável entre minha vida profissional e minha vida pessoal.

E a vida sempre dá reviravoltas inesperadas.

Em um fim de semana, quando Kira estava com 1 ano e 4 meses – em meados de maio de 1993 –, Susan e uma velha amiga comemoraram bat mitzvahs atrasados. Todos os familiares e muitos conhecidos estavam na cidade – e parece que "alguém" presumiu que não estaríamos em casa naquela noite.

Deixamos a menina com a babá, fomos à comemoração e nos divertimos bastante.

Depois de um tempo, Susan ligou para casa para saber se estava tudo bem. Mas, em vez da babá, quem atendeu o telefone foi o policial do Departamento de Polícia de Austin.

Susan, claro, perdeu a cabeça.

Com minha capacidade de segmentar assuntos em grau máximo, depois de um instante consegui acalmá-la o suficiente para pegar o telefone e falar com o policial.

– Senhor, invadiram sua casa – avisou ele.

Durante um segundo meu coração caiu por um poço de elevador.

– Alguém se feriu? – perguntei.

– Não, senhor, sua filha e a babá estão bem.

Desnecessário dizer que fomos para casa a jato.

Atrás do nosso quintal na Valburn Circle havia uma encosta com um muro de arrimo de seis metros, para impedir que a casa deslizasse morro abaixo. Um sujeito pediu que um cúmplice com uma moto de trilha o levasse até a base do muro de arrimo, desceu da moto, escalou o muro e invadiu a casa por uma janela da sala de ginástica. Tínhamos um sistema de alarme, mas só o ligávamos quando todos nós saíamos de casa, de modo que naquela noite ele estava desligado. Havia também algumas câmeras, mas parece que o sujeito sabia onde elas ficavam, conhecia a distribuição da casa e sabia exatamente onde guardávamos o que ele queria – principalmente joias.

A babá ouviu um barulho e, com Kira no colo, foi até nosso quarto verificar o que estava acontecendo – viu um cara vestido de preto, que usava máscara. Por sorte, o sujeito não a viu, e ela teve a presença de espírito de levar Kira ao nosso closet, apagar a luz e segurá-la em silêncio. Quando o ladrão pegou o que queria e foi embora, ela chamou a polícia.

Tínhamos pensado que os perigos de eu ser uma celebridade local em Austin estavam limitados aos curiosos que passavam de carro lentamente em frente à nossa casa e às pessoas que, vez ou outra, achavam boa ideia subir pela entrada de veículos e apertar a campainha para desejar boa sorte. Mas essa situação elevava o perigo a outro nível. A conselho de Mort Meyerson,[*] liguei para Ross Perot, que supostamente sabia alguma coisa sobre segurança, e o bom e velho Ross entrou em ação.

– Vou contar o que pretendemos fazer – disse ele com aquele forte sotaque texano. Mandou o chefe de sua equipe de segurança lá em casa e montamos um sistema novo, com um guarda numa guarita e monitoramento 24 horas.

Foi um incidente assustador, mas também um alerta muito barato: a invasão à minha casa poderia ter sido muito, muito pior. O episódio representou o fim de uma espécie de inocência – eu tinha pensado, como a maioria das pessoas, que poderíamos simplesmente viver nossa vida e tudo estaria bem, mas não era assim que a visibilidade funcionava. A fama é superestimada,

---

[*] Mort, que trabalhava com Ross Perot na criação de sistemas de dados eletrônicos, tinha sido meu consultor e da Dell Inc. até 1991, quando saiu para ajudar na primeira campanha presidencial de Ross.

sem dúvida. Mas depois desse dia tudo mudou. Em 1991, tínhamos comprado um terreno nas colinas a oeste de Austin e começado a projetar uma casa nova. Estava na hora de colocar um pouquinho de espaço entre nós e o mundo complicado em que vivíamos.

→

Tínhamos expandido a nossa marca por toda a Europa – na época, a Rússia não estava realmente aberta – e agora voltávamos o foco para a Ásia, onde viviam dois terços da população mundial. Estava claro que a nossa logomarca, apenas um punhado de caracteres em um alfabeto que não era usado por boa parte do mundo, precisava ser atualizada.

No início de 1992, nosso novo logotipo, criado pela firma de design Siegel + Gale, de Nova York, fez sua estreia no relatório anual para o ano fiscal que terminava em 31 de janeiro. O logotipo continha uma mudança que parecia minúscula, mas passaria a ter uma importância enorme para nós: ao inclinar o E de Dell para trás em 30 graus, os designers tinham transformado uma palavra comum num símbolo visual poderoso e reconhecido universalmente, que combinava com nossa identidade crescente como empresa de classe mundial.

Como declarou a Siegel + Gale, "A nova identidade gráfica incorpora o espírito irreprimível da empresa que provocou sensação na indústria de PCs vendendo diretamente ao consumidor". Ou, como eu gostava de dizer, "O e está apontando para cima, para o crescimento e o progresso contínuos".

Tínhamos dominado a técnica de fazer a empresa crescer.

Em 31 de janeiro de 1993, a Dell rompeu a fabulosa barreira de 1 bilhão de dólares – e mais ainda. Quando os resultados do último ano fiscal foram anunciados, tínhamos vendido não 1 bilhão, mas 2 bilhões de dólares: 2,014 bilhões, para ser exato.

Dizem que as empresas batem no muro quando chegam a 1 bilhão de dólares de receita: os sistemas e as ferramentas necessários para administrar uma empresa de 1 bilhão de dólares são muito diferentes dos necessários para gerir uma empresa de 100 milhões de dólares. Nós não tínhamos batido no muro de 1 bilhão – tínhamos pulado por cima dele. E tudo estava desmoronando.

Simplesmente estávamos crescendo depressa demais. Cada uma das diferentes partes da empresa acreditava que estava executando seu próprio plano, mas ao juntar os resultados detectamos um problema: nenhum setor era totalmente capaz de sustentar o nível em que nos encontrávamos. Estávamos suplantando tudo: nossas capacidades, nossos sistemas, nosso pessoal. E nossa estrutura de capital. Uma das contratações mais importantes que fiz nesse período foi a de Tom Meredith, que se juntou a nós como diretor financeiro em novembro de 1992, vindo da Sun Microsystems, onde tinha sido tesoureiro. Dei um apelido a Tom logo que ele chegou: O Alarmista. Não era totalmente brincadeira. Tom parecia bastante preocupado com a taxa em que queimávamos capital: dizia que nosso mantra era Crescimento, Crescimento, Crescimento, quando deveria ser Liquidez, Lucratividade e Crescimento. Nessa ordem.

A mudança seria difícil – percebemos que precisaríamos diminuir intencionalmente o ritmo da expansão e criar mais capacidade. Um dos grandes desafios era contratar e nutrir os talentos que pudessem administrar o que seria uma empresa multibilionária. Podíamos ver um caminho que ia de 2 ou 3 bilhões de dólares até 10 bilhões. Tínhamos um plano para crescer de 3 a 12 bilhões nos dois anos seguintes. Mas como poderíamos fazer isso e quem nos levaria até lá?

Nossa rápida expansão tinha significado contratações novas em todos os departamentos: engenharia, vendas, produção, suporte técnico, finanças, TI, marketing, recursos humanos. (Também tínhamos aumentado o tamanho de nosso conselho de administração, de cinco para dez diretores: em 1991, a conselho de Mort Meyerson, acrescentamos Tom Luce, um proeminente advogado texano que havia trabalhado com Ross Perot; e, em 1992, Claudine Malone, que tinha sido professora de administração em Harvard e na Universidade de Georgetown, entrou para o conselho. Senti que perspectivas diversificadas ajudariam nossa empresa em crescimento e queria garantir que tivéssemos o maior número de pontos de vista possível.)

Entre 1988 e 1993, passamos de 650 membros da equipe para quase 5 mil; eram dezenas de novas contratações a cada semana. Apesar de termos talentos a bordo – e os de Jay Bell, Glenn Henry, David Lunsford e outros eram realmente notáveis –, naqueles primeiros tempos, com tudo andando tão depressa, ainda não tínhamos um núcleo sólido de pessoas capazes de conduzir o negócio (até um tamanho dez vezes maior do que o atual? Cinquenta vezes?) com a estabilidade e a previsibilidade necessárias.

Eu estava começando a perceber que as pessoas que tinham nos levado do ponto A ao ponto B talvez não fossem as mesmas que poderiam nos levar do ponto B ao C.

Havíamos sobrevivido à nossa primeira crise financeira, tínhamos superado a crise da certificação pela FCC, a crise das patentes da IBM e a crise do estoque dos chips de memória. Mas agora estávamos encarando crises de pessoal, e elas não eram agradáveis.

No final dos anos 1980, eu tinha contratado um sujeito – vamos chamá-lo de Sam – para comandar todo o nosso departamento de vendas e marketing. Sam tinha um currículo estelar: fora encarregado das vendas e do marketing da IBM e havia criado com grande sucesso o programa de revendedores da Big Blue. Depois foi ajudar a Tandy Radio Shack a reformular a marca e lá também tinha feito um trabalho excelente.

Sam chegou à Dell com muitas ideias novas e impressionantes sobre nossa estratégia de vender para grandes corporações. Coloquei um punhado de jovens executivos sob seu comando e ele contratou mais outro tanto. Um dia, eu estava andando pelo corredor e ouvi gritos contínuos atrás da porta fechada de uma sala de reuniões (antes de termos escritórios abertos). Pensei: *Hum, isso é meio estranho, em geral a gente não grita aqui.*

Quando entrei na sala, vi Sam com o rosto vermelho, pegando pesado com dois dos caras mais novos de seu pessoal. No segundo em que me viu, ele baixou sua raiva de cem para zero.

– O que está acontecendo aqui? – perguntei.

– Estávamos tendo uma pequena discussão, Michael – explicou Sam.

– Está bem – falei. – Será que dá para vocês baixarem um pouquinho o tom?

Sam tinha um sério problema com bebidas alcoólicas. Perto da nossa sede havia um hotel com um bar, e todas as noites ele ia até lá e consumia uma quantidade devastadora de álcool, depois entrava no carro e dirigia para casa fazendo zigue-zague no trânsito. Mais tarde eu soube que ele também estava bebendo na hora do almoço.

Alguns executivos e eu interviemos e o convencemos a entrar num programa de reabilitação. Mas ele não permaneceu muito por lá, e também não ficou muito tempo conosco.

Na mesma época, contratamos um vice-presidente sênior de recursos humanos – vamos chamá-lo de Ted. Ted veio da Motorola, onde tinha tido muito sucesso, e eu o achei fantástico. Um dia, quando ele estava conosco havia uns dois anos, outro dos meus vice-presidentes entrou na minha sala e disse:

– Michael, você vai ter que se sentar para ouvir isto.
– Está bem – falei, e me sentei. – O que houve?
– Temos um problema com o Ted.
– Ele está bem? Qual é o problema?
– Ted contratou uma pessoa para o segundo turno de TI – disse o vice-presidente.
– Ele é o encarregado dos recursos humanos. É o trabalho dele. Qual é o problema?
– Nós não temos um segundo turno de TI.
– Isso parece um pouco estranho. Você perguntou a ele sobre isso? O que ele disse?
– A situação é um pouco mais complicada. Ela é uma stripper.

Ted, que era casado e tinha filhos, havia dado um emprego fantasma à sua namorada, a stripper. E a namorada decidiu que queria mais dinheiro, por isso veio à empresa e disse que precisava de uma boa grana para ir embora.

Desnecessário dizer que Ted é que foi embora. O que ele tinha feito não era apenas um erro de julgamento – roubar da empresa implicou sua demissão imediata, sem mais discussões.

Estávamos crescendo depressa demais – o número de pessoas na empresa aumentava quase tão rapidamente quanto nossa receita –, e o crescimento encobre muitos pecados. É quase impossível evitar que algo inadequado aconteça. Mas a situação com Ted foi outro daqueles momentos de perda da inocência. Eu achava esse comportamento repreensível demais: não entendia por que alguém se arriscaria a destruir seus relacionamentos mais importantes na vida. Provavelmente eu era ingênuo, mas também estava concentrado em fazer com que a empresa crescesse. Jamais imaginaria a possibilidade de algo assim acontecer.

Eu sabia que era meu trabalho estabelecer o tom – o tom no nível mais alto importava muito. A partir dessa época, instituímos uma política: se você tiver um alto cargo, não faça nada que possa comprometer a imagem da empresa. Pensou em ir a um local onde mulheres não estejam suficientemente vestidas? Apenas não vá.

Ted tinha fracassado no teste de QI da Dell: era estúpido demais para trabalhar lá.

Para que surja um novo produto são feitos muitos protótipos e muitas repetições antes que se chegue a um vencedor. Testamos produtos mostrando-os a um pequeno grupo de clientes: começar pequeno ajuda a melhorar a média de desempenho. E quando lançamos um produto, aprendemos rapidamente pelo feedback dos clientes como ele está se saindo. Incorporamos essas lições e continuamos fazendo melhorias. Cada produto novo se beneficia das lições da geração anterior em todas as áreas: projeto e características, facilidade de serviço. O mesmo processo acontece na empresa como um todo: em vendas, serviços e suporte, cadeia de suprimentos. Os japoneses chamam isso de *kaizen*, ou melhoria contínua.

Mas para todas as empresas, inclusive a Dell, o *kaizen* é mais um ideal do que uma realidade. O sucesso não é uma linha reta ascendente. É errar, aprender, tentar de novo e depois (a gente espera) ter sucesso. O sucesso depende de como você lida com o fracasso – e quanto aprende com ele. Muitas pessoas não alcançam o potencial máximo porque têm medo do fracasso. Ao evitá-lo, elas se privam de um grande aprendizado. Muitas outras deixam de alcançar o sucesso por falta de oportunidade, capital, conhecimento ou habilidades. A persistência é uma peça fundamental para o sucesso. (Ele tem seus próprios desafios, e evitar a complacência é o primeiro e o maior deles. Motivo pelo qual, ao lado do *kaizen*, o conceito de CMNS – contente, mas nunca satisfeito – faz parte de nossa cultura desde o início.)

Sempre mantive lembretes na minha sala. Alguns são pessoais – de família, por exemplo –, outros evocam pontos altos ou baixos da empresa ao longo do caminho. Os pontos baixos importam muito: apesar de ser bom lembrar os sucessos, é importante recordar os fracassos também. Tivemos alguns produtos que fracassaram a ponto de nem chegarem a ser lançados. Um lembrete que mantive por longo tempo foi sobre um protótipo de um computador portátil do início da década de 1990.

Hoje mal se consegue imaginar, mas há trinta anos o computador realmente portátil era um ideal difícil de alcançar. Os primeiros, no início dos anos 1980, eram coisas enormes conhecidas como *luggables* (transportáveis) – não tinham baterias, era preciso ligá-los na tomada. Eram essencialmente desktops portáteis. A tecnologia avançou, mas para as empresas de tecnologia de maneira geral, inclusive a Dell, os primeiros anos da fabricação de notebooks não foram fáceis. Há um vídeo de 1990 em que Glenn, Henry e eu orgulhosamente atiçamos a curiosidade com relação aos novos notebooks 212N e 320N: lá estou eu com minha cara de bebê e óculos enormes, citando com voz solene as especificações fantásticas da máquina: "Funcionalidade de classe mundial, monitor padrão VGA, teclado totalmente funcional..." E pesando 2,87 quilos! Com 21,5 por 28 centímetros e 5 centímetros de espessura. Aqueles equipamentos eram tijolos de tecnologia do início dos anos 1990 – em comparação com nosso XPS 13 de 2021, medindo 19,8 por 29,4 e com apenas 1,48 centímetro de espessura, pesando apenas 1,22 quilo e com tanta capacidade computacional a mais que é até difícil saber por onde começar a descrevê-la.

Como vice-presidente sênior do grupo de produtos, Glenn elevou de sete para várias centenas de pessoas a nossa equipe de engenharia, supervisionou um portfólio de produtos que cresceu de três para mais de quarenta e, com um engenheiro brilhante chamado Terry Parks, criou um programa de patentes grande e ativo. (Terry era brilhante, mas *extremamente* silencioso: se algum dia disse alguma palavra, eu não ouvi.) Glenn também era um ótimo engenheiro, mas acho justo dizer que gerir pessoas não era sua paixão. Ele apenas se sentava na sala de reuniões com uma pilha de folhas de especificações, tomando um negócio horrível chamado Tab [refrigerante diet] e comendo bolos de arroz, enquanto seus engenheiros entravam para tentar conversar com ele. De vez em quando, Glenn levantava os olhos da papelada e dizia:

– Não, não, você entendeu errado.

E mandava os engenheiros consertarem aquilo que ele achava que não estava correto.

Eu tinha orgulho de todos os nossos produtos, mas no início da década de 1990 ficou dolorosamente claro que os notebooks eram nosso calcanhar de aquiles. Para uma grande campanha com o objetivo de renovar essa parte fundamental dos negócios, achei que precisávamos de uma nova liderança, além de novas ideias.

Não precisei procurar muito para detectar quem estava fazendo melhor. Depois de um começo difícil com os laptops, a Apple havia feito uma parceria com a Sony para apresentar seu PowerBook em 1991 e obteve um sucesso gigantesco com essa máquina desde o início: ela logo se tornou um negócio bilionário, abocanhando 40% de todas as vendas de notebooks. O chefe da equipe de engenheiros que havia criado o PowerBook era um sujeito de 34 anos, atarracado e divertido, chamado John Medica.

John era muito, muito bom no que fazia: uma de suas principais habilidades, além da engenharia elétrica, era montar e motivar equipes corporativas. Ele tinha uma personalidade forte e se recusava a se levar muito a sério: seu cartão de visita dizia que seu cargo era de Figurão. Atraí-lo para a Dell foi uma jogada importante. John aceitou nossa oferta generosa com uma condição, da qual eu não soube até entrar em sua sala um dia e encontrá-lo à mesa enquanto um barulho alto – POU, POU, POU – vinha de baixo dela.

– O que está acontecendo aí? Tudo certo? – perguntei.

John sorriu.

– Tudo bem – respondeu. E então vi um cachorro muito grande sentado aos seus pés, balançando o rabo e batendo-o na mesa, *pou, pou, pou*. Foi quando eu soube que a condição de John para se juntar a nós era poder trazer sua english sheepdog, Maggie Mae, para o trabalho todos os dias.

Dois meses depois de John vir trabalhar conosco, trouxemos outro jogador importante da Apple: Eric Harslem, vice-presidente da divisão Macintosh, se tornou vice-presidente sênior do nosso grupo de produtos, sucedendo a Glenn, que assumiu o novo posto de executivo-chefe de tecnologia. A tarefa de Eric era supervisionar o desenvolvimento e o marketing de toda a nossa linha. Ele e John, especialmente John, deram uma sacudidela na empresa assim que chegaram – e em 1993 era disso que precisávamos.

No primeiro trimestre do ano fiscal de 1994 (de fevereiro até o início de maio de 1993), nossas dores do crescimento ficaram bem visíveis: com as receitas caindo 48% – nossa primeira perda trimestral desde que havíamos aberto o capital – e o dinheiro escasso, tivemos de cancelar uma segunda oferta de ações por causa da falta de interesse por parte de Wall Street. Entre janeiro e junho, nossas ações caíram de um pico histórico de 47,75 dólares em janeiro para 15,87 em julho. Alertamos os investidores de que talvez não houvesse uma reviravolta nos dois trimestres seguintes.

Precisaríamos fazer mudanças importantes, e muitas delas iriam doer.

O negócio de notebooks era um ponto nevrálgico. Como o próspero segmento de PCs consumia uma parte substancial da nossa banda larga, havíamos menosprezado a questão dos notebooks. Os outros grandes fabricantes de PCs obtinham 20% de suas receitas com eles; na Compaq o percentual chegava a 30%. Os desafios que enfrentamos com os notebooks mostraram que nos atrasamos para entrar no mercado com um portátil que tivesse o novo processador Intel 486.

A função de John Medica era fazer de nós jogadores no ramo dos notebooks, e ele começou com o pé direito. Assim que chegou, examinou com atenção nossa linha de produtos e os novos modelos nas pranchetas e concluiu que as duas coisas eram deficitárias. As máquinas que estávamos vendendo, o 320SLi e o 325SLi, não apenas tinham potência insuficiente como também uma falha de projeto: um capacitor que poderia se rachar sob tensão física e sobreaquecer, talvez implicando risco de incêndio. John concluiu que, quando chegassem ao mercado, os novos computadores já estariam tecnologicamente ultrapassados. Naquele mês de outubro, ele instituiu um recall de 17 mil notebooks, embargou a venda de outros 320SLi e 325SLi e matou a nova linha. Com o conserto das máquinas velhas e a criação das novas, o custo financeiro para nós foi de mais de 20 milhões de dólares. O efeito sobre o nosso moral foi mais doloroso ainda: nos meses seguintes, enquanto John supervisionava o desenvolvimento de uma nova linha de notebooks, ficaríamos sentados à margem do segmento que crescia mais rapidamente no mercado de PCs.

Os custos de nosso hiato com os notebooks, aliado aos custos de melhorar nossos processos internos, representaria um gasto entre 75 e 85 milhões de dólares. Talvez mais.

Em 1993, parecia que cada notícia que eu recebia era pior do que a anterior. E não contei a ninguém, a não ser a Susan, mas durante boa parte daquele ano eu sentia um pânico que crescia lentamente.

—

Então veio um novo ano – o ano do décimo aniversário da Dell Inc. – e, com ele, mais ajuda e mais esperança.

Tínhamos contratado a firma de consultoria Bain & Co. para nos ajudar a passar por essa crise, e um dos sócios, Kevin Rollins, me impressionou de modo especial. Kevin era mais um sujeito de estratégia do que de produtos – sua experiência era sobretudo com empresas aeroespaciais – e desde o início entendeu nossa empresa mais profundamente do que qualquer um com quem eu já havia trabalhado. E ele atacou logo de cara uma parte da nossa estratégia: a decisão, que já tinha três anos, de vender nossos PCs em grandes redes de lojas, como Sam's Club e Walmart. Kevin avaliou que os dólares que essas vendas no varejo acrescentavam à nossa receita não valiam o esforço. Argumentou que, com os revendedores agindo efetivamente como uma barreira entre nós e as pessoas que compravam nossos computadores em lojas, a linha de comunicação vital entre a Dell e esses consumidores estava perdida. Não saberíamos nada sobre o que pensavam do desempenho de nossos produtos. Nossa marca era *direta*; essa conexão indireta ameaçava solapar tudo o que havíamos construído.

Paramos. De uma hora para outra.

Alguns jornalistas de economia e analistas financeiros disseram – em voz alta – que esse vaivém nos fazia parecer indecisos. Mas as pessoas sempre dirão o que bem entenderem, e existem adjetivos piores para uma empresa do que parecer temporariamente indecisa. Estávamos com uma séria necessidade de reorganização. Era importante ignorar os cachorros latindo e nos atermos ao plano.

Éramos a quinta maior empresa de computadores do mundo. Tínhamos ultrapassado a barreira de 2 bilhões de dólares, estávamos chegando aos 3 bilhões e pretendíamos chegar aos 10 bilhões. Eu estava disposto a alcançar esse plano ambicioso, mas parte de mim também pensava: *Certo, agora vamos para os 10 bilhões? Sério? Esta vai ser uma empresa tremendamente grande. Há muita coisa que não sabemos fazer aqui.*

Eu achava que precisávamos de mais alguma ajuda, por isso contatei a empresa de recrutamento Heidrick & Struggles.

– Encontrem alguém que possa se associar a mim para fazer este negócio crescer de 3 para 10 bilhões – pedi a eles. – Alguém com grande experiência internacional e conhecimento de cadeia de suprimentos e tecnologia.

A Heidrick & Struggles perguntou:

– Qual vai ser o papel desse profissional?

– Ainda não sabemos – respondi. Com sinceridade.

Eles começaram a me mandar currículos. Eu tinha uma reação instintiva bastante rápida com relação à maioria deles.

– Não, não, não.

Mas alguns (muito poucos) me levaram a dizer:

– Sim, sim, sim.

Esses foram os candidatos com quem me reuni. E o maior sim de todos foi para Mort Topfer, da Motorola.

Mort tinha 57 anos, havia 23 que estava na Motorola, e acabou sendo presidente de seu setor de Land Mobile Products – vulgo walkie-talkies. Isso foi pouco antes de os negócios de celulares explodir. Os produtos móveis da Motorola tinham múltiplos usos na indústria, na polícia e na área militar, e a Land Mobile Products era a joia da coroa, uma divisão internacional que valia 3 bilhões de dólares numa época em que a Motorola era uma das empresas mais valiosas do mundo. Mort comandava a produção, as vendas e o marketing – praticamente o pacote inteiro.

Gostei dele na hora. Mort tinha nascido no Brooklyn, e ainda havia um bocado do Brooklyn nele. Não estou falando apenas do sotaque: ele era caloroso e durão ao mesmo tempo, e superinteligente. Tinha uma grande experiência em tecnologia. Gostei do fato de ele não estar louco para sair da Motorola – estava feliz lá, e com um orgulho justificado de seus feitos. Ele e a mulher tinham construído uma casa para a aposentadoria em Las Vegas e planejavam se mudar para lá depois de Mort trabalhar mais alguns anos.

Ele também preencheu outro quesito para mim. Precisávamos trazer alguém num nível muito alto – alguém que, em essência, pudesse trabalhar lado a lado comigo para levar a empresa ao próximo grande marco. Se essa pessoa tivesse 45 ou 50 anos, todas que tivessem menos idade pensariam inevitavelmente: "Perdi minha chance." Mas Mort (pensei, mas não disse) poderia ser uma espécie de figura sábia ou um estadista idoso: alguém que não intimidaria ninguém, que só estava ali para ajudar.

Mort e eu nos conhecemos em janeiro de 1994 e nos reunimos várias vezes depois disso, só para continuar falando sobre como seria administrar uma empresa global de 10 bilhões de dólares. Ele não estava fazendo uma entrevista de emprego; só estava me aconselhando, e tudo que falava fazia muito sentido.

Depois de alguns encontros acho que vi alguma coisa estalar nele: dava para notar que estava se interessando pelo desafio de nos ajudar a subir ao próximo nível. Assim, eu fiz uma oferta e pensei num título que todo mundo, especialmente Mort, poderia aceitar: vice-chairman. Logo depois de ele se juntar a nós, estabelecemos o que chamamos de Office of the Chairman (OOC) para enfatizar o fato de ele e eu estarmos trabalhando juntos.

Mort entrou depressa no modo operacional, ajudando onde precisávamos de ajuda. Uma das maiores necessidades era algo que ele conhecia muito bem: passávamos por uma rápida expansão internacional, particularmente na Ásia.

Estávamos montando uma fábrica em Penang, na Malásia, estabelecendo o trabalho básico para entrarmos na China, avançando no Japão. E ainda expandindo a produção na Irlanda (e no Texas). Não estávamos somente desenvolvendo a empresa – precisávamos de uma disciplina operacional muito mais forte, e Mort trouxe essa expertise, o que ajudou demais. Ele confirmou minha suspeita de que Kevin Rollins, com seu brilhante conhecimento estratégico de nossa empresa, tinha se tornado uma parte crucial de nossa equipe de administração sênior, apesar de ainda ser oficialmente funcionário da Bain.

Era um arranjo estranho: nos dias de semana, Kevin trabalhava com a gente no Texas; nos fins de semana, voltava para Boston para ficar com a família. A Bain assinava seu contracheque. Mas uma vez por semana Kevin, Mort e eu tínhamos um jantar que era uma reunião, e Kevin estabelecia a agenda – tinha voz ativa em todas as nossas decisões: sobre pessoal, novas áreas de investimento, novos produtos.

Naquele ano, lançamos um produto importante, o notebook que John Medica e sua equipe desenvolveram. Nós o chamamos de Latitude. Como eu esperava, eles haviam criado uma máquina linda: sólida, bem projetada e com grande atenção aos detalhes. As placas de memória eram fáceis de remover, o drive de disquete podia ser retirado e substituído por uma segunda bateria para um tempo maior de funcionamento. O tempo de vida da bateria era um grande ponto positivo do Latitude – uma revolução. Tanto o modelo básico quanto a versão XP, mais avançada, podiam funcionar por oito horas sem recarregar. (O XP usava uma bateria leve de íons de lítio, uma nova tecnologia na época.) Como sempre, nossos preços eram supercompetitivos: 1.400 dólares para o modelo básico e 3.200 dólares para o CP (em comparação com 2.474 dólares para um notebook Compaq Contura modelo básico e 4.055 para o incrementado Contura 4/25CX). Tinha sido doloroso ficar sentado na lateral do campo olhando o mercado dos notebooks explodir, e não seria fácil recuperar o caminho de volta, mas nos sentíamos discretamente confiantes. Achávamos que tínhamos uma máquina vitoriosa, e o tempo provaria que estávamos certos.*

---

* Desde que a marca Latitude foi lançada em 1994, entregamos mais de 400 milhões de notebooks. Nos quatro trimestres que precederam a escrita deste livro, vendemos mais de um notebook por segundo – 70 por minuto, 4.171 por hora.

Havia outra oportunidade de produto que precisávamos atender.

Em novembro de 1993, tivemos uma reunião do conselho em Paris, e Kevin (ainda consultor da Bain) e eu fizemos uma apresentação sobre o motivo de entrarmos no negócio dos servidores em grande estilo – e a razão pela qual, se não fizéssemos isso, a empresa poderia ter um sério problema. No início da reunião, a atitude do conselho era: "Por que diabos vocês estão pensando nisso?" No final, o tom era bem outro: "Por que ainda não fizeram?"

Fazia muito tempo que vínhamos pensando em entrar de novo no mercado dos servidores para buscar clientes empresariais, e no início da década de 1990 alguns acontecimentos decidiram a questão por nós: os desenvolvedores de software, como a Novell, a 3COM e a Banyan (junto à Microsoft, que tinha lançado recentemente o Windows NT) vinham fazendo sistemas operacionais para servidores que permitiam às empresas criar sistemas de rede baseados em cliente-servidor, que estavam começando a brotar em toda parte em corporações grandes e pequenas. E a Compaq, nossa arquirrival em Houston, tinha uma liderança precoce com seu servidor SystemPro baseado no processador Intel.

O que mais impressionava no mercado de servidores era a lucratividade: eram máquinas complicadas, e as margens de lucro se mostravam muito maiores que a dos PCs. A Compaq estava superando os pequenos lucros que tinha com a venda de PCs – a um preço alto e por meio de revendedoras – com os grandes lucros trazidos pelo negócio de servidores. Mas, ainda que nossas máquinas fossem menos caras e ultraconfiáveis, e nossa organização de serviços fosse a melhor, convencer uma empresa a trocar seus servidores Compaq pelos nossos seria difícil. Se eu fosse um administrador de sistemas que já tivesse aprendido a usar o SystemPro e alguém tentasse me vender outro servidor, provavelmente responderia: "Não, já estou acostumado com este." Com os PCs era relativamente fácil trocar de marcas. Com os servidores, nem um pouco.

Calculamos que se a Compaq se mantivesse isolada no segmento de servidores, ela teria lucro suficiente para atacar o mercado de PCs e nos expulsar dos negócios.

Foi essa constatação que nos levou a mudar de ideia.

Com vistas à aquisição, avaliamos três empresas menores que vinham produzindo servidores: Sequent, Tricord e NetFrame. Concluímos que seria mais fácil criar uma equipe dedicada de engenheiros e fazer nossas próprias máquinas. No início de 1994, lançamos a linha PowerEdge, com – inicialmente – dois modelos: o SP, para ambientes de rede de tamanho pequeno a médio, e o XE, para redes de tamanho médio a grande. Naquele mesmo ano, trouxemos Larry Evans, da Sequent, para ser vice-presidente da engenharia de servidores, e dois anos mais tarde contratamos Mike Lambert, vice-presidente de marketing de servidores da Compaq, para comandar nosso negócio de servidores. Em pouco tempo estávamos obrigando a Compaq a suar a camisa para ganhar dinheiro.

—

Além de enxergar a oportunidade dos servidores, decidimos atacar em outra frente: o que na época era conhecido como o ramo de estações de trabalho profissionais. Em contraste com os PCs, eram máquinas especializadas, com gráficos e monitores superpoderosos, usadas em design e simulações por projetistas, arquitetos e outros profissionais que necessitassem de capacidades avançadas.

Na época, a Sun Microsystems (mais tarde adquirida pela Oracle) e a HP, que tinha adquirido a Apollo Computer, uma das primeiras líderes em estações de trabalho, dominavam esse setor. As duas empresas eram integradas verticalmente – produziam vários componentes que outras empresas terceirizavam, até mesmo projetavam os próprios microprocessadores –, e ambas tinham lucros significativos com esses produtos, o que também ajudava a alimentar seus esforços na área de servidores e armazenamento.

Dados os rápidos avanços em microprocessadores de empresas como a Intel e as melhorias no Windows, achávamos que poderíamos criar uma estação de trabalho poderosa o suficiente para rodar essas aplicações especializadas e, nesse processo, oferecer um valor muito maior para os clientes. Se tivéssemos sucesso, poderíamos baixar os preços a um nível em que teríamos lucro, mas a Sun e a HP não poderiam ter. A quantidade total de lucro no espaço das estações de trabalho talvez encolhesse, mas, se tivéssemos sucesso, acabaríamos abocanhando uma parte significativa dele.

Essa foi a primeira grande oportunidade de Jeff Clarke. Ele havia demonstrado um talento enorme como engenheiro desde que tinha entrado para a Dell em 1987, e agora estava pronto para liderar essa área nova e importante da empresa. Em 1997 lançaríamos nossas primeiras estações de trabalho. A iniciativa era desafiadora, mas Jeff obteve um sucesso magnífico, nos levando ao primeiro lugar. Alguns anos depois, a Sun sairia totalmente do negócio das estações de trabalho e a HP evoluiria para uma estratégia que tentava imitar a nossa.

Em 1994 havia pouco mais de 2.700 sites na internet mundial – um enorme avanço com relação a meros 130 no ano anterior e apenas 10 no anterior a esse. Ainda não existiam Google, Wikipedia, YouTube nem Twitter. Mas a partir daquele ano haveria um www.dell.com.

Desde meus experimentos de adolescente com um modem Hayes e o Computerized Bulletin Board System (BBS), eu era fascinado pelas possibilidades ilimitadas e pelos efeitos de rede da comunicação on-line. Enquanto a World Wide Web dava os primeiros passos, eu achava (e outras pessoas também apostavam nisso) que seu potencial era infinito. Nos primeiros dias da web, a empolgação estava relacionada à informação: na primeira metade da década de 1990, uma quantidade cada vez maior de dados era posta na internet a cada semana. No início, nosso site também tinha a ver com informação: os primeiros interessados e os usuários conhecedores de tecnologia (na época, eram praticamente os únicos tipos de usuários) podiam visitar o site e obter dados técnicos sobre nossos produtos e um endereço de e-mail para suporte.

Em 1995, à medida que o número de sites saltava para mais de 23 mil e a internet se tornava mais sofisticada hora a hora, nosso site também foi pelo mesmo caminho: os usuários podiam obter informações técnicas e os potenciais compradores podiam configurar on-line seu computador ideal e o custo exato dele. Em 1995 – o ano em que uma coisinha chamada Amazon foi fundada –, comecei a ficar seriamente interessado em levar nosso modelo de vendas diretas para a internet.

A evolução do comércio eletrônico só demorou mais que a da recuperação de dados on-line por um motivo: os meios de garantir a compra on-line estavam começando a ser desenvolvidos. E os consumidores, não acostumados a comprar por essa via (por mais estranho que isso possa parecer agora), hesitavam em colocar o número do cartão de crédito no éter, onde sabe Deus o que poderia acontecer com ele. À medida que evoluíam os métodos de segurança dos sites, navegadores e servidores, o comércio eletrônico começou a engrenar. Queríamos estar o mais adiantados possível nesse quesito.

As compras on-line e o nosso modelo de vendas diretas faziam um casamento perfeito – eu apostava nisso. No início dos anos 1990, apresentei essa abordagem ao nosso conselho, dizendo que vender pela internet permitiria que consumidores de todo o mundo tivessem acesso a informações sobre nossos produtos com rapidez e eficiência (e de modo menos caro) superiores às que podíamos oferecer naquele momento por telefone ou fax. Na internet, um potencial comprador podia configurar sua máquina ideal, acessar informações técnicas sobre ela, fazer a compra e depois acompanhar o progresso enquanto ela era montada e enviada. O comércio eletrônico também criaria economias de escala em nosso propósito, tornando nossas equipes de vendas e todo esse processo muito mais rápidos e eficientes.

Nosso site começou a vender PCs e notebooks em junho de 1996. Em dezembro tiveram início as vendas on-line de nossos servidores PowerEdge. No fim desse ano, alcançamos outro marco: nosso volume de vendas pela internet chegou a 1 milhão de dólares por dia.

Mort e eu finalmente convencemos Kevin Rollins a formalizar sua situação e se juntar a nós como vice-presidente. Duas semanas depois de Kevin começar a trabalhar oficialmente para a Dell, eu o encarreguei das operações nas Américas do Norte e do Sul, uma unidade empresarial que abarcava cerca de 70% de nossa receita.

Um ano antes, em 1995, a *Fortune* havia publicado uma reportagem sobre nós com uma manchete atrevida: "A ressurreição: como um punhado de velhos conseguiu fazer com que Michael Dell crescesse e administrasse sua empresa como o grande negócio que ela se tornou." Esse era, é claro, um modo de enxergar o sucesso. Do meu ponto de vista, eu tinha buscado o conselho de vários executivos mais velhos e mais experientes – Lee Walker, Mort Meyerson, Mort Topfer – em vários estágios do crescimento e da evolução da empresa, e cada um deles contribuiu a seu modo.

Apesar de eu ter acabado de fazer 30 anos – o que me tornava, de longe, o integrante mais novo de nossa equipe executiva –, ninguém precisou me pressionar para eu crescer. Eu era marido e pai. Estava nos negócios havia mais de uma década e tinha as cicatrizes das batalhas para provar. E contava com uma equipe para ir muito mais longe. Durante nossos maravilhosos anos de crescimento entre 1994 e 1996, um dos elementos fundamentais para a expansão bem-sucedida foi contratar todas as pessoas talentosas de que precisávamos ao redor do mundo. Julie Sackett, nossa vice-presidente de RH, se mostrou à altura do desafio nos ajudando a dobrar o tamanho da equipe, de 6 mil para 12 mil pessoas, criando o alicerce para a próxima fase de crescimento. Tendo ao lado Mort e Kevin, Tom Meredith, Eric Harslem, John Medica, Jeff Clarke e muitos outros executivos talentosos e milhares de membros apaixonados e dedicados na equipe, eu achava que 10 bilhões de dólares – e mais ainda – era um número muito alcançável.

No fim de 1996, parecia que o céu era o limite.

11

CORPO E ALMA

Em novembro de 1988, alguns meses antes de abrirmos o capital da empresa, escrevi uma declaração de valores para nossa nova corporação, em uma tentativa de codificar nossa cultura. O documento de uma página, impresso em matriz de pontos, foi distribuído à nossa equipe heterogênea de duzentos integrantes para que o examinassem. Eu queria que eles lessem com atenção o documento porque acreditava em cada palavra do que havia escrito.

Os cabeçalhos:

1. Fornecer produtos de alta qualidade e serviço excelente ao consumidor: o negócio
2. Tratar todos com respeito: as pessoas
3. Os funcionários aprenderão e crescerão em todos os níveis: o processo
4. Ser os melhores em tudo que fazemos: o padrão

A mensagem era esta:

1. A missão da Dell Computer Corporation é fornecer computadores de alta qualidade diretamente aos usuários finais com serviço ao consumidor de alto nível.

    Estamos comprometidos em ser muito receptivos aos consumidores. O relacionamento direto com os clientes é fundamental para o nosso sucesso, porque é esse contato que dá a estrutura necessária para reagirmos às demandas sempre mutáveis que eles têm.

A empresa se esforçará para satisfazer as exigências legítimas de todas as partes interessadas no negócio: consumidores, empregados, fornecedores, grupos de interesse especial, comunidades e acionistas.

2. Tratar as pessoas com respeito:
A empresa vai encorajar e recompensar a iniciativa, o trabalho em equipe, a responsabilidade e a excelência entre os empregados. Forneceremos produtos de alta qualidade com serviço responsivo e educado a um bom preço. Iremos sempre observar os padrões legais éticos mais elevados em todas as relações.

As pessoas são o maior ativo da empresa. Forneceremos um ambiente que atrai, motiva e retém os bons profissionais do nosso ramo. Os funcionários participarão de decisões que afetem seu trabalho e receberão as recompensas resultantes de seus esforços. Sempre recompensaremos o melhor desempenho.

3. Aprendendo sempre:
Flexibilidade, mudança e responsividade são características fundamentais que a organização irá incorporar para alcançar o sucesso permanente.

Devemos manter uma atitude de aprendizagem em que prevemos e entendemos a todo momento as mudanças no ambiente competitivo e criamos estratégias que se capitalizarão em novas oportunidades. Aplicaremos o que aprendemos e desafiaremos as suposições do nosso ramo de negócios.

Cada gerente delegará poder a outros e removerá os obstáculos que impedem a equipe de ser totalmente produtiva.

4. A empresa será a melhor em tudo que fizermos.

Michael Dell
2 de novembro de 1988

Eu tinha 23 anos quando escrevi esse documento, e minha pequena startup maltrapilha era apenas uma entre as várias centenas de empresas de computadores no país – que estava tendo algum sucesso, mas também, como vimos, chegou muito perto de falir em vários momentos. Hoje estou com 50 e poucos anos, no comando de uma organização global com uma equipe de mais de 150 mil integrantes, e tudo que escrevi há mais de trinta anos ainda é verdadeiro. Mantivemos esses valores a cada passo do caminho: sem eles, não teríamos nos tornado o que somos hoje.

À medida que a Dell crescia nas décadas de 1980 e 1990, passei a conhecer Bill Gates e Steve Jobs bastante bem: Gates era um colaborador e parceiro de negócios cuja empresa desenvolvia os sistemas operacionais que nossos computadores rodavam, e Jobs, um colega fundador que quis ser sócio e acabou se tornando um amigo. Durante seu exílio da Apple, de 1985 a 1997, Steve fundou a NeXT, uma empresa cujos computadores e programas ele tentou transformar na grande novidade para o ensino superior e grandes corporações. Mas, ao contrário de nossos PCs e servidores, a estação de trabalho NeXT, apesar de linda, era cara demais para ganhar espaço no mercado, especialmente em universidades. Assim, em 1993 Jobs passou a se dedicar com exclusividade ao desenvolvimento de programas. Enquanto desenvolvíamos nosso site em meados dos anos 1990, uma das ferramentas que usamos foi um programa chamado WebObjects – que a NeXT havia criado.

Naquele ano, Steve foi algumas vezes à minha casa e tentou me convencer a adotar o sistema operacional da NeXT em nossos PCs, argumentando que era melhor do que o Microsoft Windows e que poderíamos usá-lo para atacar o mercado de estações de trabalho Unix que a Sun Microsystems liderava. Ainda que houvesse algum mérito em sua ideia, quase não existiam aplicativos portados para seu sistema operacional, e ainda menos consumidores que se interessassem por ele.

Mas Steve era persistente, e no início de 1997, logo depois de voltar à Apple, me fez outra proposta de negócio. Ele e sua equipe haviam descoberto como portar o sistema operacional Mac na arquitetura Intel X86 usada em nossas máquinas. Steve me procurou e disse:

– Ei, olha, essa coisa está rodando num PC Dell.

A ideia era licenciar o Mac OS para nós, de modo a oferecermos computadores com sistema operacional Windows ou Mac. Fiquei intrigado. Mas sua proposta de negócio era horrível.

Eu disse a Steve:

– Para cada máquina que vendermos com o Mac OS, vamos lhe pagar uma licença.

Mas Steve ficou preocupado porque se vendêssemos nossas máquinas com o sistema operacional dele, isso arrasaria o mercado de computadores Mac, já que tínhamos mais escala – vendíamos muito mais máquinas que a Apple – e nossa estrutura de custos era muito eficiente.

Steve fez uma contraproposta:

– Você vende dezenas de milhões desses PCs todo ano. Pague royalties a nós por todos eles e não se preocupe em instalar Windows ou Mac OS – pode colocar os dois em todas as máquinas e deixe que os consumidores decidam qual vão usar.

O problema era que os royalties de que ele falava chegariam a centenas de milhões de dólares. E a conta não fechava, porque a maioria dos nossos consumidores, especialmente os grandes clientes empresariais, não queria o sistema operacional Mac. A proposta de Steve seria interessante se disséssemos: "Ok, vamos pagar a vocês sempre que usarmos o Mac OS." Mas pagar por todas as vezes que *não* o usássemos... bom, bela tentativa, Steve! (Outro problema dessa proposta era que ele não nos garantiria acesso ao Mac OS em anos futuros, nem mesmo nesses termos ruins. Isso significava que criaríamos um número muito maior de usuários, mas não teríamos como garantir o fornecimento de suporte mais tarde.)

Steve e eu permaneceríamos respeitosos e amistosos a certa distância. Seu aniversário, em 24 de fevereiro, era um dia depois do meu, e durante muitos anos nós nos encontrávamos no Havaí nessa época (Steve adorava o Kona Village Hotel em Big Island, que era de minha propriedade até ser destruído por um tsunami alguns meses antes da morte dele). Às vezes fazíamos longas caminhadas juntos, falando do trabalho e da vida – mas uma parceria nos negócios jamais se concretizou. De vez em quando, a mídia de tecnologia se divertia tentando nos colocar como grandes rivais: em 1987, por exemplo, Steve fez algum comentário sobre a Dell e suas "caixas beges sem inovação", e isso foi bastante divulgado. Fingi que não ouvi. Em primeiro lugar, estávamos nos saindo muito bem com aquelas caixas beges. E, acima de tudo, a fala de

Steve era um papo furado bastante comum e fornecia um pouco de diversão a todos que atuavam na área. Scott McNealy, cofundador da Sun Microsystems, era famoso por comentários ferinos sobre outras empresas. Certa vez, quando alguém lhe perguntou o que ele achava dos portáteis da Compaq, ele disse:

– Eles fazem ótimos plásticos e alças.

Involuntariamente, eu mesmo forneci um pouco de diversão no Gartner Symposium and ITxpo97 em Orlando, em outubro de 1997. Naquele momento, estávamos no meio de nosso período "o céu é o limite", e a Apple estava na UTI. Jobs tinha voltado recentemente ao posto de CEO interino depois de o conselho demitir Gil Amelio. E ainda que uma série de ideias brilhantes iniciadas por Steve – o iMac (1998), o iPod (2001), o iPhone (2007) e o iPad (2010) – viessem a transformar a Apple numa grande empresa nos anos seguintes, naquele outono de 1997 ela estava à beira da falência, tanto que precisou de um empréstimo junto à Microsoft para permanecer à tona. Enquanto eu respondia a perguntas no palco da exposição em Orlando, diante de 2 mil executivos de TI, o moderador perguntou o que eu faria para consertar a Apple se fosse o CEO.

Fiquei irritado com a pergunta – parecia mais uma daquelas situações em que alguém só estava tentando provocar um pouco de controvérsia para entreter a plateia. Por isso falei o que sentia:

– Não sou o CEO da Apple. Não sei. Por que não pergunta a outra pessoa?

Mas essa resposta não foi suficiente para o sujeito. Ele perguntou de novo. E respondi honestamente:

– Não estou no negócio para dar conselhos a outras empresas.

Ou o sujeito achou que eu estava sendo modesto ou apenas não conseguiu se segurar.

– Vamos lá – insistiu. – O que você faria?

Então eu me senti um pouco frustrado. Talvez mais do que um pouco.

– O que eu faria? – repeti. – Fecharia a empresa e devolveria o dinheiro aos acionistas.

A resposta provocou uma grande reação na plateia – muitos risos, até mesmo algumas demonstrações de surpresa. O cara tinha conseguido o que desejava: diversão.

Mais do que diversão momentânea, a minha fala repercutiu mal no mercado, porque foi repetida fora de contexto por todas as agências de notícias e todos os sites de tecnologia. "Dell diz que a Apple deveria ser fechada!" A frase "divertiu" muitas pessoas nas semanas e nos meses seguintes. Diabos, parecia que aquela fala tinha pernas – ouço comentários a respeito disso até hoje.

Foi idiotice da minha parte. Fui pouco profissional, para ser sincero. Eu me deixei provocar e me tornei objeto de diversão: o arqui-inimigo da Apple. Algo que eu não era. Nem de longe. Eu não pensava muito na Apple – ela praticamente não entrava no meu radar. Eu tinha elementos suficientes para trabalhar com a minha equipe e administrar a Dell e lidar com nossos concorrentes diretos: Compaq, IBM, HP.

Mas Steve, numa posição vulnerável – ele era um CEO interino, a empresa que ele havia cofundado não o queria totalmente de volta –, ficou magoado, e era compreensível. Recebi um e-mail dele em que dizia: "Os CEOs deveriam ter classe. Dá para ver que essa não é uma opinião que se compartilhe." Liguei para ele. Expliquei o contexto da minha declaração e o que estava em minha mente naquele momento. Ele recebeu bem a minha justificativa. Pareceu entender.

Então, duas semanas depois, quando reuniu várias centenas de seus gerentes para falar sobre a nova loja on-line da Apple e o sistema de montagem sob encomenda para produção e distribuição (parece familiar?), Steve subiu num palco e se divertiu às minhas custas.

Projetou uma grande foto minha na tela atrás dele com minha fala: "Eu fecharia e devolveria o dinheiro aos acionistas."

O gesto provocou uma reação previsível de seus gerentes: vaias intensas.

– Eu tive um tempinho para esfriar a cabeça – disse Steve a eles. – De certa forma, entendo: Michael pode estar um pouco chateado porque pegamos algo em que eles foram pioneiros e melhoramos muito. Basicamente, estamos estabelecendo o novo padrão para o comércio on-line com essa loja. Dá até para entender, ele é um cara competitivo, mas mesmo assim...

Uma grande foto minha, em que eu sorria, apareceu na tela atrás dele.

– O que desejamos dizer a você, Michael – disse Steve –, é que com nossos novos produtos e nossa nova loja, e nossa nova produção sob encomenda, estamos indo atrás de você, meu chapa.

E um grande alvo foi sobreposto ao meu rosto sorridente. A multidão aplaudiu.

É difícil imaginar, hoje, que fatos como esse tenham acontecido. Ainda mais com a morte de Steve e uma Apple extremamente bem-sucedida coexistindo de maneira pacífica com uma Dell somando sucessos. Mas na época, dez anos antes do iPhone, a Apple era de fato um azarão, estava lutando para sobreviver, assim como a Dell havia batalhado em várias circunstâncias para se manter de pé. Era raro ver qualquer menção à Apple que não começasse com expressões como "cheia de problemas" ou "à beira da falência". Naquele momento, para Steve, aquilo era uma luta sem luvas. Ele precisava de um arqui-inimigo para animar as tropas, e esse arqui-inimigo éramos nós. Ainda que a Apple e a Dell fossem tão diferentes quanto maçãs e laranjas.

No lugar de Steve, eu provavelmente teria tomado a mesma atitude. (E faria isso 16 anos depois: lembra-se de Carl Icahn e da diagonal vermelha?) Quando a empresa que você fundou está lutando para se manter viva, você faz o que for necessário.

Mas o que você faz depois de vencer é o que separa as ótimas empresas das boas.

Continuamos vencendo.

Mais tarde, naquele mesmo mês (outubro de 1997), um aumento gigantesco nas negociações on-line provocado por uma crise financeira na Ásia gerou uma enorme tensão nos sistemas de computadores da Nasdaq. Como resultado, a bolsa de valores encomendou oito sofisticados sistemas de servidor PowerEdge. Nós os entregamos em 36 horas – customizados com as especificações da Nasdaq e totalmente testados. O diretor de serviços interativos da bolsa ficou pasmo, não somente pela entrega rápida, mas por não cobrarmos nada a mais por isso.

– Originalmente, a Dell nos ganhou por causa do preço – disse ele –, mas não é somente essa a questão. O suporte e o serviço ao cliente são os fatores que estão guiando nosso relacionamento agora.

Preço, suporte e serviço continuaram a impulsionar as vendas de servidores, PCs, notebooks e periféricos no final da década de 1990: em 1998, com mais de 12 bilhões em vendas, ultrapassamos a IBM e a Apple, tornando-nos a maior empresa de PCs no mundo. Agora só havia a Compaq acima de nós, e estávamos com ela na mira. Nosso total de vendas chegou a 18 bilhões de dólares em 1999 e 25 bilhões em 2000. No ano 2000, tínhamos mais de 36 mil integrantes na equipe, tanto em Round Rock quanto na Europa, no Oriente

Médio, na África, na Ásia, no Japão e na América do Sul. Nossas ações, consistentemente com um dos melhores desempenhos na Nasdaq, continuaram subindo, desdobrando de 1 para 2 em 1995, 1996, 1997, 1998 (duas vezes) e 1999. Estávamos crescendo sem parar.

Nessa época, Susan e eu caminhávamos e conversávamos muito, agradecendo as bênçãos e refletindo sobre como poderíamos compartilhá-las. Ter aqueles quatro filhos maravilhosos nos levava a perceber como nós e eles éramos afortunados – e quantas crianças ao redor do mundo não tinham essa sorte.

Meus pais ensinaram a meus irmãos e a mim sobre *tzedakah* (caridade) e *tikkun olam* (curar o mundo), e sempre deram o exemplo. Assim, eu tinha passado a acreditar que retribuir podia ser a parte mais importante do meu trabalho. Susan e eu pensamos em várias ações que poderíamos fazer com a crescente oportunidade de filantropia, mas em última instância decidimos nos concentrar nas crianças que viviam na pobreza urbana. Essa foi a base para a Michael and Susan Dell Foundation (MSDF), que criamos em dezembro de 1999.

Uma de nossas primeiras iniciativas tomou forma onde morávamos, no centro do Texas, inspirada em um programa do Departamento de Saúde e Serviços Humanos dos Estados Unidos chamado SCHIP – Programa Estadual de Seguro Saúde Infantil (mais tarde o nome mudou para CHIP, na sigla em inglês). Por meio desse plano, o governo federal dava aos estados verba para cobrir os gastos com crianças sem seguro saúde pertencentes a famílias que não tinham dinheiro suficiente para pagar por atendimento médico, mas não eram tão pobres para se qualificar para o Medicaid. Havia um problema: era complicado se registrar nele – os candidatos precisavam preencher um formulário longo e fazer um copagamento. Assim, a MSDF criou um programa, Insure-A-Kid, para ajudar as famílias a se registrar no SCHIP e com o copagamento.

O programa federal aumentou sua participação depois de dois anos, tornando redundante o Insure-A-Kid. Mas a fundação continuou a direcionar seus esforços para melhorar a educação e a saúde infantil na área central do Texas – e logo passaria a ser global, expandindo seu alcance para grandes áreas urbanas nos Estados Unidos, na África do Sul e na Índia.

Não éramos a única empresa a se beneficiar da maré crescente da tecnologia. Enquanto o século XX chegava ao final, as pessoas pareciam encantadas com tudo que tivesse a ver com tecnologia e internet – as ações dessas empresas, em sua maioria, estavam voando. Às vezes Mort, Kevin e eu falávamos sobre isso.

– Parece que o mercado está nos pagando adiantado por algo que não fizemos, e talvez façamos no futuro, mas talvez não.

No meio desse frenesi, a Dell parecia estar um pouco melhor do que todo mundo.

Entre as nossas vantagens na área de fornecimento estavam o rigoroso controle de qualidade, o relacionamento íntimo com os fornecedores e a administração eficiente do fluxo de caixa. E na área de demanda continuávamos ligados à regra número um do nosso código de valores de 1988: *Manter o consumidor satisfeito, prestando atenção às suas demandas sempre mutáveis.*

Mas com relação à regra número dois, seção B do código, *Os empregados participarão de decisões que afetem seu trabalho e receberão as recompensas resultantes de seus esforços,* algo tinha dado errado.

Como quase todas as empresas em crescimento, tínhamos uma cultura de propriedade: queríamos que todo mundo na empresa fosse dono dela. Isso significava recompensar o bom desempenho com opções de ações. Assim, com o preço das ações disparando – subindo 91.836% entre o último dia de transações de 1989 e o fim de 1999 –, muitos membros da nossa equipe estavam se tornando bastante ricos. E fatos engraçados aconteciam. As pessoas diziam:

– Ah, esse é o meu equipamento de som de 300 mil dólares.

O som não custava 300 mil dólares, custava 10 mil, mas, se não tivessem vendido suas ações, teriam 300 mil, porque o preço só estava subindo. Muitos funcionários guardaram suas ações e ficaram ricos, e passaram a ser conhecidos – especialmente em Austin, onde éramos o maior empregador de tecnologia da cidade e onde o consumo era explícito – como os Dellionários. Havia milhares deles.

A cultura de propriedade assumiu um significado novo. A maré crescente elevava todos os barcos, e as pessoas estavam comprando barcos. Barcos grandes. As pessoas também compravam casas grandes e carros chiques. E isso parecia ótimo. Eu me sentia satisfeito ao ver quantos funcionários estavam sendo recompensados, e se recompensando, pelo trabalho muito duro que faziam.

Então a bolha da bolsa de valores estourou.

Enquanto o ano 2000 se aproximava, a histeria do bug do milênio – contra o qual, como todas as empresas, tínhamos tomado grandes precauções – não tinha dado em nada. Mas, à medida que o ano transcorria, algo aconteceu em todo o setor de tecnologia. O ano 2000 começou com a fusão da America Online com a Time Warner, a maior na história até aquele momento. Em abril, um efeito assustador havia se instalado. Uma recessão teve início no Japão. O veredito no processo de monopolização *United States x Microsoft* foi contrário à Microsoft, fazendo com que as ações da empresa despencassem e provocando uma venda generalizada na Nasdaq. Em novembro, as ações de empresas de internet haviam caído 75%; 1,75 trilhão em valor de mercado simplesmente desapareceu.

Compartilhamos esse tombo. Em 3 de janeiro de 2000, o preço das nossas ações estava em 50,40 dólares. No último dia de transações daquele ano, havia caído para 17,27 dólares. Nossos ganhos ficaram abaixo das estimativas internas e de Wall Street por cinco trimestres consecutivos, e em 2001 tivemos de fazer a primeira rodada de demissões de todos os tempos, mandando 1.700 pessoas embora em fevereiro e mais 4 mil em maio.

Foi especialmente doloroso. Odeio demissões – elas sempre são culpa nossa, jamais das pessoas demitidas, e tentamos evitá-las como o diabo foge da cruz. Existem outras atitudes que podem ser tomadas, como parar de contratar pessoas novas. Podemos incentivar demissões voluntárias. Podemos pedir que as pessoas trabalhem menos e ganhem menos. Podemos parar de pagar bônus. Tudo isso são tipos de alavancas e botões.

Era a primeira vez que precisávamos mandar pessoas embora, pessoas *nossas*, e o fato de isso estar acontecendo em todo o setor não tornava nada mais fácil.

O sofrimento, como se sabe, adora companhia. Se toda a indústria está caindo, você pensa: "Será que vamos conseguir desafiar a gravidade? Provavelmente não." Você sempre volta à pergunta: o que podemos controlar? Como estamos indo em comparação com toda a indústria? Qual é a imagem geral da demanda? E como podemos administrar nosso negócio tendo em mente os melhores resultados possíveis a médio e a longo prazo? A demanda foi lá para cima e depois lá para baixo – simplesmente precisamos lidar com isso.

Mas nem tudo o que aconteceu em 2000 foi tristeza e ruína. Desde que abandonamos os canais de varejo em meados da década de 1990, passamos a concentrar os esforços de vendas de PCs nos maiores clientes: empresas da Fortune 2000, agências governamentais, instituições de saúde, universidades. Nossa marca havia assumido um perfil muito empresarial – o que é bom quando você está vendendo para empresas. Mas enquanto isso as vendas para consumidores tinham se tornado a parte de crescimento mais rápido do mercado de computadores pessoais, e poucas empresas (a Sony era a exceção mais notável) vendiam tanto para outras empresas quanto para consumidores. Apesar de nossos negócios com PCs estarem indo muito bem, nós sempre buscávamos crescer. Assim, quando nossa agência de publicidade, a Lowe Worldwide, propôs uma campanha para tornar a Dell mais acessível e amistosa para os consumidores, em particular a consumidores jovens, o momento pareceu perfeito.

A ideia da Lowe era uma série de comerciais de TV estrelados por uma criança precoce que pudesse falar das especificações de nossos PCs e dar um rosto à marca. A agência até bolou um nome para o garoto – Steven – e uma personalidade: ele teria conhecimento tecnológico e ao mesmo tempo seria charmosamente pateta. A agência achou que poderia colocar alguém entre 12 e 15 anos e fez um chamado para testes.

Um "zilhão" de atores infantis (e mães de mentirinha) responderam, mas quem acabou ficando com o trabalho foi um rapaz de 19 anos, de Chattanooga, chamado Ben Curtis. Ben era um jovem bonito, de cabelos louros e rosto animado com sobrancelhas inquietas: parecia a própria personificação do Pateta Charmoso. O primeiro comercial mostrava Ben, no papel de Steven, de pé em seu quarto falando para a câmera enquanto seu pai, ao fundo, ganindo e uivando como um lobo, jogava no computador de Steven.

– Mãe – dizia Ben. – Sou eu, Steven. Olha, a gente precisa conversar sobre o papai. Acho que está na hora de ele ter o próprio computador. E agora você pode comprar para ele um sistema Dell completo com processador Intel Pentium III, tipo o meu, por apenas 829 dólares.

Os comerciais foram um tremendo sucesso desde o início, mas dispararam quando algum gênio da publicidade sugeriu enfatizar as qualidades de garotão surfista de Ben Curtis – uma espécie de combinação de Jeff Spicoli de *Picardias estudantis* com Bill e Ted de *Bill e Ted: Uma aventura fantástica* – e inventaram um bordão para ele: "Cara, você vai ganhar um Dell!"

Foi como encostar um fósforo aceso na gasolina. A partir desse momento os comerciais – e o bordão – simplesmente explodiram. Ben Curtis se tornou uma celebridade instantânea, e as vendas de nossos PCs alcançaram o céu: enquanto os computadores pessoais caíam 31% em todo esse ramo de atividade nos três primeiros trimestres de 2001, nossa fatia de mercado cresceu 16,5% – mais que o dobro do ano anterior.

Tudo correu muito bem durante certo tempo. Mas, como costuma acontecer quando as campanhas publicitárias com base em um personagem ganham vida própria, começou a parecer que os anúncios eram mais sobre Steven e menos sobre o produto. Assim, passamos a uma nova campanha, nós e Ben Curtis nos separamos, e o Cara da Dell virou história. (Muita gente ainda se lembra daquele bordão!)

Em julho de 2001, tive uma bela surpresa quando a revista *Chief Executive* me elegeu CEO do ano. A homenagem foi especialmente gratificante, não somente porque, com 36 anos, eu era de longe a pessoa mais jovem a recebê-la, e não somente porque eu tinha alguns predecessores bem distintos – Bill Gates recebeu o prêmio em 1994; Andy Grove, em 1997 –, mas também porque as únicas pessoas que votam são outros diretores-executivos. Senti que tinha sido aceito numa fraternidade ilustre.

Ao mesmo tempo, tinha consciência de que o líder de uma empresa recebe mais crédito do que merece. É algo que acompanha a liderança: você pode ir de herói a fracassado muito depressa. O sucesso é definitivamente um esporte de equipe, e eu tinha a sorte de liderar uma equipe fantástica. Só podia aceitar o prêmio em nome dela.

Tão agradável para mim quanto a homenagem pessoal foi seu reflexo no modo como a empresa era vista. Éramos decididos e inovadores. Estávamos bem posicionados para atravessar tempos ruins e bons.

– Seria mais fácil me dar o prêmio quando nossa empresa estava dobrando de tamanho e o valor das nossas ações se multiplicava a cada ano – declarei na época. – Mas é ainda mais significativo recebê-lo num ano desafiador para todo esse ramo de atividade e para toda a economia.

É verdade que a bolha das pontocom nos golpeou com menos força do que fez com outras empresas. Em grande medida, nosso modelo empresarial enxuto e ágil, e nossa relativa independência dos canais de venda tradicionais, nos isolou dos problemas que assolaram os concorrentes maiores e mais lentos: Compaq, Hewlett Packard, Sun Microsystems e IBM. Nossas receitas caíram apenas 2% em 2002, mas nossa fatia de mercado cresceu.

Mesmo assim, o fim do boom revelou falhas em nossa cultura empresarial que todo aquele crescimento louco havia escondido. Às vezes, quando a maré baixa, a gente vê coisas largadas na praia, coisas que a gente não havia notado até então.* E isso nem sempre é agradável de olhar.

Depois das demissões, nós – quero dizer nós, da alta administração – percebemos que precisávamos voltar nossos olhos para a força de trabalho. Ao mandar todas aquelas pessoas embora, tínhamos violado um elo de confiança e enviado uma mensagem nova e difícil aos membros da equipe: o seu emprego não está garantido. Agora havia um novo contrato implícito: enquanto tivermos trabalho, enquanto você tiver habilidades que atendam às nossas necessidades e enquanto seu desempenho for bom, você terá um emprego. Mas se alguma dessas coisas não acontecer, talvez você não tenha mais um emprego.

Sob esses novos termos descompromissados, como poderíamos inspirar o pessoal?

Kevin Rollins e eu pensamos muito sobre essa questão.

Kevin tinha se juntado a Mort Topfer e a mim no Office of the Chairman logo após assinar oficialmente com a Dell, mas em 1999, depois de nos ajudar a chegar ao pico dos sete anos de crescimento, Mort decidiu se aposentar. Agora Kevin e eu estávamos comandando a empresa juntos. Como Lee Walker e eu, e Mort e eu, Kevin e eu tínhamos habilidades complementares: enquanto ele tendia a pensar em termos estratégicos, eu gravitava de modo natural para o lado tecnológico. Éramos de fato uma equipe. Tínhamos salas contíguas, separadas por uma divisória de vidro móvel que sempre deixávamos aberta.

Além de brilhantes ideias, Kevin trouxe para a nossa liderança outro conceito igualmente importante. Ele era um mórmon bem religioso: cheio de

---

* Como disse Warren Buffett: "Quando a maré recua, você descobre quem estava nadando pelado."

princípios e trabalhador, dedicado e sério. Havia se chateado com as falhas de nossa cultura reveladas pelo estouro da bolha das pontocom, e na primavera de 2002 ele e eu começamos a conversar sobre a necessidade de um novo documento, algo como o que eu havia criado em 1988: um código de valores e crenças que achávamos que todos na empresa deveriam seguir. Kevin e eu concordamos que já havia um conjunto de valores enraizado na empresa, mas o tempo e as circunstâncias os tinham enterrado fundo demais. Eles precisavam ser resgatados.

Durante um longo tempo, vínhamos realizando em toda a empresa uma pesquisa chamada Tell Dell. Era voluntária e anônima, e sempre tivemos uma alta taxa de participação. Muito do que aprendemos naquele período foi doloroso.

Uma coisa que descobrimos foi que nosso modelo organizacional plano, que permitia que os gerentes de todos os níveis tomassem decisões operacionais sem precisar da aprovação vinda de cima, nos ajudou a avançar rápida e eficientemente como empresa, mas também levou a alguns excessos. Havia um número grande demais de gerentes com ótimos resultados nos negócios, mas que criavam muitos problemas no caminho – não estavam sendo colaborativos com os colegas. Nosso crescimento vertiginoso e a ênfase constante em aumentar a participação de mercado haviam produzido uma cultura em que alcançar os números costumava ser mais importante do que o trabalho de equipe e a satisfação dos consumidores. Os líderes de vendas eram promovidos e recompensados, quer considerassem os sentimentos dos membros de sua equipe ou não.

Pior do que tudo foi descobrir que cerca de metade dos nossos funcionários diziam que prefeririam trabalhar em outra empresa se recebessem o mesmo salário. Tínhamos acabado de passar por um boom emocionante, e então descobrimos um lado sombrio: aparentemente havíamos atraído muitas pessoas porque elas achavam que iriam enriquecer. E agora que percebiam que talvez isso não acontecesse, estavam se perguntando o que faziam na Dell.

– Detectei que tínhamos criado uma cultura de preço de ações, uma cultura de desempenho financeiro e uma cultura de "O que eu ganho com isso?" em toda a nossa base de empregados – disse Kevin mais tarde. – Nessa instituição, seria preciso haver algo que amássemos mais do que ganhar dinheiro ou ter a cotação das ações subindo.

O pioneiro psicólogo Abraham Maslow falava sobre uma hierarquia das necessidades humanas, colocando-as em forma de pirâmide. Na base estão as necessidades fisiológicas: comida, água, abrigo, etc. Logo acima vêm as necessidades de segurança, como a segurança pessoal, emprego, saúde. Em seguida, subindo, vêm amor e pertencimento, estima e, no topo, realização pessoal.

Para os membros de uma empresa a situação é parecida. Na base da pirâmide, eles precisam de rendimentos para sustentar a família. Toda empresa proporciona isso. Mas, num nível mais alto, é desejável que as pessoas se envolvam com o trabalho. Isso deixa diversas corporações de fora. E no topo da pirâmide, em que um número muito maior de corporações não se encaixa, o que você *realmente* deseja é que seus empregados entendam o propósito da empresa e sejam inspirados por ele. Percebam que aquilo que estão fazendo é incrivelmente importante para todos os clientes e atende a um objetivo maior, permitindo o desenvolvimento do potencial humano. É como se cada um pensasse: "Uau, eu faço um trabalho de fato significativo, que importa para o mundo, e tenho motivos para sair da cama todas as manhãs." Em vez de sentir algo como "Estou numa tira de quadrinhos do Dilbert: vou para o trabalho, ganho dinheiro, depois volto para casa e no dia seguinte faço tudo de novo". É satisfatório ganhar dinheiro. Mas sentir que você faz parte de algo grande e relevante é uma forma de obter maior satisfação.

Enquanto estávamos pensando em tudo isso no final do verão de 2001, o proverbial cisne negro chegou.

Eu tinha estado na Costa Oeste a negócios e deveria ir a Washington, DC, mas cancelei a viagem e voltei para Austin. Cheguei em casa tarde na noite de 10 de setembro e na manhã seguinte estava na esteira ergométrica assistindo ao noticiário quando um boletim atravessou a base da tela: AVIÃO SE CHOCA CONTRA O WORLD TRADE CENTER.

Mal tive tempo de pensar em algo quando outro avião acertou a segunda torre. *Caramba!*

Saí da esteira e liguei para meu irmão Adam, que morava em Nova York. Ele não atendeu.

Cadê o Adam? Ele está bem?

Em minutos ficou evidente que os Estados Unidos estavam mergulhados em terror. Liguei para Paul McKinnon, nosso chefe de recursos humanos.

– Você viu o que está acontecendo? – perguntei. – Onde está todo o nosso pessoal? Vamos encontrar todo mundo. Havia alguém nosso naqueles aviões? Naqueles prédios? Na área?

A equipe já estava trabalhando nisso. E, sorte nossa, não havia ninguém nosso nos aviões. Um técnico havia recebido um chamado de serviço nas torres gêmeas, por isso estávamos tentando falar com ele, descobrir onde ele estava. Não conseguimos. Mas todas as outras pessoas que trabalhavam para nós nas áreas de Nova York e de Washington foram encontradas. Todos estavam em segurança, a não ser essa única pessoa. Continuamos tentando contatá-lo de todos os modos possíveis, mandando mensagens de texto, e-mails, telefonando, sem resposta. Claro, as redes de celulares estavam completamente congestionadas. Nada funcionava.

Mais tarde, descobrimos o que havia acontecido com nosso técnico. Ele estava no metrô no sul de Manhattan, tinha uma sacola cheia de peças e estava pronto para fazer o serviço numa das torres. Saiu do trem, subiu a escada até a rua, olhou para a fumaça, o fogo e o caos – e começou a andar depressa na direção oposta. Foi uma atitude muito inteligente. Chegou à área de Midtown e à segurança em tempo recorde.

Pessoas ficaram paradas em todo o país porque nenhum avião estava decolando. Havia todo tipo de histórias sobre pessoas alugando carros em duplas ou trios e fazendo viagens longas para voltar para casa.

Uma grande tristeza e um medo enorme se espalhou por todo o país.

Enquanto isso, muitos dos nossos clientes que tinham escapado de seus escritórios no World Trade Center, nos prédios ao redor e no Pentágono estavam em sérias dificuldades com relação ao trabalho. Cerca de 60 a 70 mil pessoas no Departamento de Defesa, na American Express, na Paine Webber e em muitas outras empresas precisavam restabelecer suas operações imediatamente e não podiam fazer isso sem computadores, mas seus escritórios tinham sido destruídos. As pessoas teriam que trabalhar em casa, mas com o quê? Nossos clientes estavam ligando e dizendo que precisavam de máquinas – um número espantoso de máquinas, 10 mil, 12 mil, 20 mil – assim que pudéssemos montá-las e enviá-las, o mais rápido possível.

Fui até nossa fábrica no norte de Austin e convoquei uma reunião geral improvisada, para falar sobre a tragédia que ainda estava se desdobrando.

Pude ver a agonia no rosto do nosso pessoal, a tristeza profunda refletindo o que eu sentia: muitos estavam chorando.

– Entendo perfeitamente como vocês estão tristes – disse. – Como todos estamos tristes. E devemos estar mesmo. Mas não vamos esquecer que todos temos um papel incrível a desempenhar ajudando o país a ficar de pé outra vez. Nossos clientes precisam de nós. Estão contando conosco e precisamos ajudá-los a se levantar e andar. Precisamos ajudar a bolsa de valores a voltar a ficar de pé e andar. Precisamos ajudar o Departamento de Defesa. Portanto, vamos voltar lá para fora e fazer isso.

Como não havia aviões decolando, precisávamos pensar em como transportaríamos todos aqueles computadores de nossas fábricas para os clientes. E elaboramos um plano. Em 48 horas tínhamos caminhões entregando um número gigantesco de computadores para as áreas de Washington e Nova York.

Os Estados Unidos se levantaram e agiram, mas a melancolia daquele período perdurou por muito tempo. Para muitas pessoas, e certamente para nós, como empresa, foi um período de inflexão. Sentimos uma urgência de examinar e aprofundar a cultura corporativa da Dell. Contratamos uma empresa para realizar uma auditoria cultural, avaliando nossos pontos fortes e fracos como organização. Parte da auditoria foi uma série de revisões de 360º da alta administração, inclusive Kevin e eu. Já no fim de setembro, começamos a nos reunir com vice-presidentes de cada região para discutir valores e obter feedback. Nós nos levantávamos nessas reuniões e falávamos sobre os nossos próprios 360º. Eu sabia que costumava ser impaciente com pessoas que não estivessem ouvindo bem ou demonstrassem incompetência. Podia demorar muito para elogiar um bom desempenho.

– Preciso trabalhar alguns aspectos da minha personalidade – falei mais de uma vez. – Ainda não terminei. Quero melhorar.

Todo mundo reconhecia que quando a receita, os lucros e o preço das ações estão subindo, é fácil perder de vista o objetivo maior do que estamos fazendo. Mas se você tem uma empresa em que a receita, os lucros e o preço das ações estão caindo, você não terá uma empresa de respeito, por mais que a cultura seja boa.

Como poderíamos alcançar um equilíbrio interno como empresa, um equilíbrio que se sustentasse em tempos bons e ruins? Como poderíamos engajar e inspirar os membros de nossa equipe de modo a criar uma cultura que não pensasse simplesmente em receita, lucro e preço de ações? (Ao mesmo tempo que aumentávamos a receita, o lucro e o preço das ações?)

No início, quando era apenas eu na empresa, eu tinha um conjunto de valores que sabia serem importantes, mas não precisava comunicá-lo a ninguém. À medida que mais e mais pessoas entravam a bordo, o cenário se complicou. Quando uma empresa cresce, ela se torna compartimentalizada. Os vendedores entendiam nossos valores porque estavam o tempo todo em comunicação com os clientes. Assim como o pessoal do suporte técnico. Mas o pessoal da produção e da cadeia de suprimentos estava um pouco mais distante da voz do cliente. Passamos a nos esforçar para fazer com que os clientes visitassem nossos locais de produção. O que aprendemos foi que o melhor modo de contar a história da *nossa* empresa era por intermédio das histórias *deles*. O que nossos clientes estavam tentando realizar? Quais eram seus desafios? Especialmente os desafios novos e não solucionados. Entendê-los está no centro do que precisamos continuar a fazer, como empresa, para termos sucesso. Por que o que eles estavam fazendo era *importante para o mundo* – e como estávamos ajudando-os a realizar isso?

Todos concordamos que atrair clientes leais devia ser o alicerce sólido da nova declaração de valores. Assim partimos para o trabalho.

Sensível é um adjetivo que executivos pragmáticos costumam usar de modo depreciativo. A versão em caricatura é um consultor chegando a uma grande empresa e fazendo todo mundo se sentar em volta de uma fogueira para cantar canções motivacionais. Mas aqueles sujeitos pragmáticos perguntam: esses sentimentos calorosos e agradáveis podem suportar a passagem do tempo? E o que está acontecendo com o balancete enquanto isso?

O brilhantismo de Kevin era que ele sempre via a importância prática da sensibilidade. Ele sabia que uma empresa sem alma podia se esgarçar e se despedaçar de várias maneiras. E uma empresa sem uma estratégia de negócios muito inteligente e prática irá morrer rapidamente. Assim, ao mesmo tempo que o OOC, o restante de nossa equipe de liderança executiva e nossos vice-presidentes criavam nossa nova declaração de valores, Kevin e eu pensávamos em uma estratégia que pudesse nos tirar da bolha das pontocom e nos levar para os anos seguintes.

Começamos com a percepção de que o último meio século tinha visto ciclos de crescimento e recuo na macroeconomia, na vida das empresas e na economia dos Estados Unidos. Sabíamos que estávamos em um desses ciclos e que sairíamos dele. A verdadeira questão era: como a Dell pode emergir desse ciclo ainda mais forte?

Nossa ideia foi triplicar o tamanho da empresa.

Algumas pessoas poderiam dizer: "O quê?! Toda a indústria bateu com a cara no muro. O PIB caiu para o negativo. Há problemas macroeconômicos em todo o planeta. E vamos triplicar o tamanho da nossa empresa?" A princípio, algumas pessoas da nossa organização disseram exatamente essas palavras.

Mas a solução era simples: baixar o preço e abocanhar boas fatias de mercado nesse período, de modo que quando os gastos em TI retornassem, teríamos uma *share of wallet* (a parcela do orçamento de um cliente que é gasta com os produtos ou serviços de uma determinada empresa) muito maior, e capturaríamos uma participação de mercado muito maior enquanto avançávamos. Estávamos naturalmente posicionados para fazer tudo isso por causa da nossa vantagem de custo na cadeia de suprimentos e no relacionamento crescente com os clientes.

Logo o plano começou a dar certo.

Enquanto isso, nossa nova declaração de valores ia sendo preparada. Em novembro e dezembro, um documento começou a tomar forma nos nossos fóruns regionais; em janeiro de 2002, nós o distribuímos a executivos regionais para ser revisado. E mais tarde, naquele mês, durante a reunião do nosso Comitê de Gestão Executiva Global em Austin, fizemos as revisões finais nessa declaração de valores. Nós a chamamos de Alma da Dell.

Ela havia sido projetada para uso interno, mas sabíamos que teríamos orgulho de mostrar ao mundo uma parte dela. A declaração tinha por base cinco princípios:

CLIENTES
Acreditamos na criação de clientes leais fornecendo uma experiência superior com um grande valor.

A EQUIPE DELL
Acreditamos que nosso constante sucesso se baseia no trabalho de equipe e na oportunidade que cada integrante tem de aprender, desenvolver-se e crescer.

RELACIONAMENTOS DIRETOS
Acreditamos em ser francos em tudo que fazemos.

CIDADANIA CORPORATIVA GLOBAL
Acreditamos em participar de modo responsável no mercado global.

VENCER
Temos paixão por vencer em tudo que fazemos.

A nova plataforma tinha evoluído de modo natural a partir da minha declaração de valores de 1988, quando estávamos apenas começando como participantes nos mercados nacional e internacional. Em 2002, tínhamos provado globalmente o que de fato era pertinente para a empresa, mas ainda queríamos reafirmar nossos valores básicos – e falar sobre novos.

Algumas mudanças sutis, porém importantes, aconteceram naqueles 14 anos. Em 1988, descrevemos nossa missão como "fornecer computadores de alta qualidade diretamente aos usuários finais com um alto nível de serviço ao consumidor"; em 2002, falávamos em "fornecer os melhores produtos e serviços com a qualidade mais elevada e a tecnologia mais relevante". *Produto* tinha passado para o plural; *serviços* estava a um mundo de distância de apenas serviço simples. Estávamos nos posicionando para migrar, no século XXI, do negócio primariamente de PCs para o de servidores e entrar em grande estilo no mercado de software e serviços.

Nosso compromisso em 2002, de "superar o desempenho da concorrência fornecendo de maneira consistente valor e experiência superior para o cliente", tinha sido verdadeiro para nós a cada passo do caminho. Mas o tópico Equipe Dell precisava abordar a mentalidade dos Dellionários e as demissões. A nova plataforma começava com a promessa de sermos uma meritocracia e anunciava recompensas financeiras ("Mantendo pagamento básico e programas de benefícios competitivos com empresas bem-sucedidas em nosso mercado") apenas depois de enfatizar o trabalho em equipe e desenvolver a capacidade de liderança em cada nível da nossa força de trabalho.

Como a declaração de 1988, as novas diretrizes enfatizavam o comportamento ético dentro e fora da Dell, mas iam mais longe, estipulando o que ocasionalmente havia sido negligenciado durante os anos de boom: "Estimular comunicações abertas, de mão dupla, com clientes, parceiros, fornecedores e uns com os outros" e "Organizar, comunicar e atuar por meio de estruturas não hierárquicas e não burocráticas".

Em 1988, tínhamos começado a operar internacionalmente (no Reino Unido em 1987 e no Canadá e na Alemanha em 1988), e o manifesto não abordava os desdobramentos de fazer negócios em outros países. As novas regras precisavam falar de responsabilidades como cidadãos globais: "Entender e respeitar as leis, os valores e as culturas de todas as nações" e "Colaborar de forma positiva em cada comunidade que chamamos de lar, tanto pessoal quanto organizacionalmente".

Enquanto minha declaração original havia terminado de modo inspirador, mas um tanto vago ("A empresa será a melhor em tudo que fizermos!"), a última seção da nova plataforma, "Vencer", era mais detalhada:

Estamos comprometidos em...

- Desenvolver uma cultura de excelência operacional.
- Entregar uma experiência superior ao consumidor.
- Liderar nos mercados globais onde atuamos.
- Ser conhecidos como uma ótima empresa e um ótimo lugar para se trabalhar.

E finalmente, mas não menos importante:

- Proporcionar um retorno crescente para os acionistas ao longo do tempo.

O penúltimo ponto era uma resposta a qualquer um que perguntasse: "Se não vou ser rico, por que desejaria ficar?" Agora a resposta a esses aspirantes a Dellionários era: "Porque é o tipo de lugar onde queremos estar."

Mas proporcionar um retorno crescente para os acionistas seria (como vimos) um pouco mais complicado.

12

PROJETO ESMERALDA

Por que você simplesmente não foi embora?

Essa foi a pergunta que mais de uma pessoa me fez depois das batalhas violentas de 2012-2013. Por que não deixar para trás todas as dores de cabeça ao tentar recomprar a minha empresa? Eu tinha ganhado muito dinheiro nos últimos 28 anos. Podia me dar ao luxo de caminhar ao pôr do sol, passear na praia do Havaí e catar conchas. Ou fundar outra empresa, construir um novo legado.

Uma repórter me fez essa pergunta logo depois de fecharmos o capital, e eu lhe dei uma resposta simples, que vinha do coração. Não queria outra empresa. Essa tinha o meu nome.

– Vou cuidar dessa empresa até depois de morto – brinquei. – É divertido para mim. Eu não poderia estar mais empolgado em ter o controle sobre o meu destino de um modo que seria impossível para uma empresa de capital aberto.

A única conversa com investidores que eu precisava ter agora, disse à repórter, era comigo mesmo.

A empresa tinha o meu nome, mas ia muito além de mim. Formávamos uma equipe fantástica, todos os 110 mil integrantes. Eu sentia que fechar o capital nos daria a chance de fazer o bem pelos nossos clientes e pela Dell.

E assim, em 30 de outubro de 2013, fechamos as portas para o mundo lá fora, arregaçamos as mangas e partimos para o trabalho.

Naquele outono, Jeff Clarke chegou numa manhã com o restante da Equipe de Liderança Executiva e fez um discurso estratégico sobre a construção da futura arquitetura empresarial da Dell. Contou sobre os recursos que seriam necessários para seguirmos em frente – a exemplo de melhor experiência na internet, atendimento digital aprimorado, suporte self-service ampliado. Era um plano bastante abrangente e demandaria uma boa quantidade de dinheiro para implementá-lo, centenas de milhões de dólares para dizer a verdade. Minha resposta foi a seguinte:

– Obrigado por fazer essas ponderações, Jeff. O conselho se reuniu, o conselho decidiu. E a decisão é ir em frente.

De repente as algemas foram partidas. O relógio trimestral tinha sido desligado. Podíamos implementar decisões corporativas importantes no momento em que seriam mais eficazes. A Dell era mais rápida e mais ágil do que jamais havia sido. Naquele outono, tivemos uma reunião para anunciar tudo o que iríamos fazer: investir em vendas e em pesquisa e desenvolvimento, aumentar a capacidade de vendas, aumentar a fatia de mercado, não recuar na luta contra os concorrentes.

Dissemos que faríamos tudo isso e começamos a colocar as ideias em prática imediatamente.

A princípio, as pessoas se mostraram meio céticas.

– É uma empresa de *private equity*, como isso vai funcionar? – perguntaram algumas. Precisávamos esclarecer que a Silver Lake era nossa sócia financeira, mas não estava olhando por cima do nosso ombro. Sabia que tínhamos uma equipe muito capacitada em todos os aspectos. Velhos costumes, porém, não desapareciam com facilidade. Fazíamos uma reunião com a Equipe de Liderança Executiva e o pessoal de vendas dizia, hesitante:

– Há muitas possibilidades em pequenas empresas, há um crescimento tremendo no setor, a margem operacional é muito atraente, e queremos acrescentar mais setecentos vendedores.

Eu respondia:

– Por que não acrescentamos 1.500?

No início, era possível observar algumas expressões de perplexidade.

Sempre que nos reuníamos, eu dizia:

– Quando teremos uma reunião em que eu não pedirei a vocês mais pressa com as pequenas empresas?

Vender para pequenas e médias empresas era incrivelmente importante para nós. Elas são a espinha dorsal de qualquer economia, mas em geral são mal servidas e muito fragmentadas. Para sermos agressivos, precisávamos contratar novos vendedores e treinar mais os que já tínhamos. Tudo estava relacionado com a reimaginação da arte do possível: vender para essas empresas e ganhar a posição de consultoria de confiança delas, o que nos daria a oportunidade de vender todo o nosso portfólio de soluções – hardware e software, sistemas, armazenamento, segurança e serviços – e financiar com a Dell Financial Services.

O nosso jeito anterior de trabalhar teria sido assim: "Se fizermos tantas contratações, os ganhos por ação estarão 2 centavos de dólar mais baixos no próximo trimestre e não alcançaremos as estimativas." Agora, nosso jeito de agir era assim: "Não, não. Pare de pensar demais. Vá fazer o investimento."

Logo nosso pessoal se deu conta de que estávamos colocando em prática exatamente o que dissemos que iríamos fazer, e essa atitude se tornou uma força propulsora: havia uma empolgação enorme em toda a empresa. Estávamos usando NPS (Net Promoter Score), uma ferramenta que a Bain havia desenvolvido em 2003 para avaliar o grau de satisfação no relacionamento entre um provedor (empresa ou empregados; neste caso, a Dell) e um cliente (consumidor ou empregado; neste caso, os membros da equipe da Dell). Semanas e meses depois de fecharmos o capital, o NPS de nossos empregados deu um salto até atingir percentuais estratosféricos, e permaneceu lá.

Nosso perfil público mudou – muito. A mídia diária de economia, *The Wall Street Journal*, o *Barron's* e o *Financial Times* perderam o interesse por nós no instante em que fechamos o capital. Era mais ou menos como se dissessem "Não existem mais ações, portanto não nos importamos." Mas a mídia de tecnologia e os veículos mais tradicionais, como *Wired*, *Fortune* e *Forbes*, continuaram a demonstrar interesse em nossa história, apesar de a abordagem ser mais positiva. "Ok, eles venceram essa luta épica, tomaram a empresa de volta e têm esse plano. Será que vai dar certo?" – era a pergunta que publicavam.

Estava dando certo, desde o início. A cada trimestre, aumentávamos a fatia de mercado e pagávamos as dívidas muito mais rapidamente do que todo mundo havia esperado, inclusive nós. O fluxo de caixa era forte o suficiente porque estávamos crescendo outra vez. "A 'nova' Dell começa com algumas métricas muito promissoras!", escreveu a *Forbes* em novembro de 2013.

> *A empresa que ganhou nome com vendas diretas tem hoje mais de 140 mil parceiros de canal [revendedores], tendo cerca de 16 bilhões de dólares dos quase 60 bilhões de receita anual da Dell vindo por essa via, a partir do zero em 2008. Também dobrou para 7 mil o número de especialistas em vendas com treinamento técnico nos últimos quatro anos. Duas em cada três empresas clientes da Dell têm como primeira experiência a compra de um PC, e cerca de 90% desses clientes passam a comprar outros produtos e serviços. O truque é conseguir que os vendedores façam vendas cruzadas. Até que ponto eles avançaram nesse esforço? "Estamos apenas no começo", diz Jeff Clarke, chefe dos negócios de PCs.*

Estávamos fazendo coisas antigas de modo diferente e coisas novas de modo muito diferente. Com relação aos PCs, começávamos a ter provas do que eu havia observado durante anos: as notícias sobre a morte do computador pessoal eram enormemente exageradas. As pessoas estavam deduzindo que a questão não era o PC versus o smartphone; era "e", não "ou". Ninguém iria impedir que as pessoas levassem smartphones para o trabalho, nem mesmo que elas fizessem algum trabalho com eles, em casa ou no escritório. Alguns usuários (em número muito menor) gostavam de seus tablets também. Era mais fácil trabalhar em PCs, por toda sorte de motivos, e nós ainda vendíamos um grande número deles, mas com uma mentalidade diferente.

Tínhamos tentado ramificar. Havia o nosso phablet Android, de 2010, o Streak. O problema era que a maior parte do lucro, entre o mecanismo de busca e a loja de aplicativos do Android, ia para o Google, e também que o restante – pelo menos a maior parte – era destinado a empresas de componentes que produziam telas, baterias, memória. Em 2011, lançamos um pequeno smartphone com teclado deslizante chamado Venue. O projeto era bastante bom, mas rodava Windows Mobile, e, depois de ser derrotado em serviços e aplicativos por Google e Apple, o Windows Mobile estava condenado. Mudamos o aparelho para Android, mas ali também não havia dinheiro a ganhar.

Então aqui estávamos nós com nosso principal produto: as vendas de PCs representavam 45% de nossa receita, e apenas 15% a 20% do lucro. Os PCs sempre foram um item com margem pequena, mas, como nosso modelo de vendas direta a preços mais baixos, fornecendo os melhores suporte e serviço, levava a vendas gigantescas – ou, como nós chamamos, em escala –, nos tornamos uma grande força. (E, apesar das previsões ruidosas e sinistras de muitos especialistas sobre a morte do PC, a Dell aumentaria sua fatia de mercado durante sete anos seguidos – 28 trimestres – entre o término do fechamento do capital e o momento em que este livro estava sendo escrito.)

Desde o início, eu sabia da existência de um mercado muito maior, além do PC. No começo da década de 1990, qualquer pessoa que tentasse olhar para a frente veria que, apesar de os PCs e os servidores – as máquinas físicas – continuarem a ser necessários, o espírito dentro da máquina – o software – dominaria a tecnologia. E, do ponto de vista empresarial, o software reinava.

Ao contrário de um PC, em que as margens brutas eram de 15% ou 20%, a margem bruta numa matriz de armazenamento, em decorrência de haver muito mais software, podia chegar a 60%. E, claro, se você estivesse vendendo software puro, sua margem seria de 98%, porque não há custo de materiais – o software são apenas bits.

A beleza do software é esta: o desenvolvimento de um programa que cria muito valor pode custar 1 milhão de dólares. Mas você poderia vendê-lo a um cliente, a 1 milhão de clientes ou a 1 bilhão de clientes. O seu custo para criá-lo não muda. De modo que pode ser incrivelmente lucrativo se o software tiver muitos usuários.

No final dos anos 2000, começamos a ver o PC como um potencial *loss leader* – sendo vendido com prejuízo para incrementar a venda de software e serviços. E tínhamos trabalhado bastante para que a empresa evoluísse para além dos PCs, e o fato de não estarmos recebendo todo o crédito por isso era um dos grandes motivos que nos levaram a fechar o capital.

⬩

Nosso dia a dia estava se ajustando em todos os sentidos. E isso se deu muito antes do fechamento do capital.

O advento da internet no final da década de 1990 tinha dado à humanidade acesso a mais dados do que qualquer pessoa jamais havia imaginado. No início dos anos 2000 o mundo da tecnologia estava mudando em velocidade assombrosa. Tínhamos começado a ter sucesso no ramo de servidores em meados da década de 1990, e as margens mais altas haviam sido fantásticas para o nosso resultado financeiro. Mas, à medida que a quantidade de dados se expandia exponencialmente no mundo, foi ficando cada vez mais claro que os servidores físicos sozinhos, por mais poderosos que fossem, não conseguiriam lidar com tudo aquilo. Já existia uma solução, para ser sincero.

Virtualização é um conceito anterior aos sistemas com base em microprocessadores – era possível encontrá-los em mainframes IBM no final da década de 1960. A ideia era instalar dentro do computador host um software que imitasse o host, criando assim qualquer número de mainframes virtuais dentro do mainframe real. Isolados uns dos outros para impedir travamentos contagiosos, esses computadores virtuais poderiam realizar tarefas específicas e depois ser desativados. Ou as cargas de trabalho poderiam ser transportadas de um para outro. Tudo isso acontecia em milissegundos, e os computadores hosts podiam estar separados por milhares de quilômetros. À medida que os microprocessadores se mostravam mais poderosos, mais e mais computadores virtuais podiam ser abrigados dentro do mainframe. E no Vale do Silício empresas de tecnologia estavam começando a descobrir como virtualizar PCs e servidores.

Uma pequena startup de Palo Alto chamada VMware foi pioneira nesse campo. Seu produto revolucionário foi um software de virtualização que permitia ao usuário rodar vários sistemas operacionais em um PC: você podia trabalhar com Unix e Windows no desktop, ou duas versões diferentes do Windows, ou Windows no sistema Mac. E em julho de 2001 a VMware se tornou uma das primeiras empresas comercialmente bem-sucedidas a virtualizar a arquitetura x86 – abrindo a porta para o desenvolvimento de servidores virtuais. No início de 2002, a Dell fez um investimento de 20 milhões de dólares na VMware, junto ao Goldman Sachs e vários outros parceiros.

Na outra costa, uma empresa de Massachusetts chamada EMC tinha se tornado a líder mundial em sistema de armazenamento de informação em rede. O grande produto da EMC era uma poderosa matriz de armazenamento com base em hardware e software chamada Symmetrix, que estava tendo um grande sucesso com corporações – as principais cem a duzentas empresas do mundo. Em outubro de 2001, a partir da minha antiga amizade com o brilhante CEO da EMC, Joe Tucci, a Dell e a EMC fizeram uma aliança estratégica num mercado que, segundo projeções, poderia chegar a 100 bilhões de dólares em 2005.

Eu havia conhecido Joe em 1994, quando ele era presidente e CEO da Wang Laboratories – cinco anos antes de ele entrar na EMC –, e tinha um grande respeito por ele como líder empresarial e estrategista. Sentia-me empolgado por trabalharmos juntos.

Para a EMC, a parceria proporcionou um canal de distribuição novo e poderoso para acessar consumidores além das empresas de grande porte às quais estava acostumada a vender. Como seus produtos tinham uma margem de lucro alta, acrescentar a Dell como canal contribuiu de maneira significativa para o fluxo de receita da EMC. Também ajudou a EMC a competir com outras empresas de armazenamento, como a NetApp, que havia desenvolvido canais para vender para além das principais cem a duzentas corporações. E o alinhamento conosco significava que não iríamos nos alinhar com a NetApp ou outra empresa de armazenamento. Por fim, o relacionamento permitiu que a EMC usasse a enorme capacidade de compra da Dell para baixar os custos de componentes como unidades de disco, aumentando ainda mais as margens de lucro.

Para a Dell, a aliança nos permitiu incluir os produtos de armazenamento de alto desempenho da EMC no negócio de servidores que vinha crescendo depressa. Isso nos deu um importante cliente novo, já que a EMC concordou em usar nossos servidores dentro de seus sistemas de armazenamento. E nos ajudou a penetrar mais nos centros de dados daqueles clientes empresariais – e posicionar a Dell e a EMC para avançar sobre concorrentes mútuos: os negócios de servidores e armazenamento da IBM, da Compaq e da HP.

Então, em janeiro de 2004, a EMC adquiriu a VMware. (Eles abririam o capital em 2007, reduzindo a propriedade a 81%.)

O que havia sido uma startup de Palo Alto era agora muito maior: o progresso da VMware em virtualizar o servidor foi tamanho que, em meados da década de 2000, se você trabalhasse numa empresa que tivesse servidores e não estivesse usando virtualização, estaria fazendo a coisa de modo totalmente errado. Era como um teste de QI corporativo. Valioso demais e fácil demais. E a VMware estava se espalhando como um incêndio na mata.

O comunicado de imprensa sobre a compra dizia que "A VMware irá representar um papel fundamental na estratégia da EMC para ajudar os clientes a baixar os custos e simplificar as operações, implantando tecnologias de virtualização em toda a sua heterogênea infraestrutura de TI para criar um conjunto único de recursos de armazenamento e computação disponíveis".

Traduzindo em outras palavras, as competências de virtualização da VMware tinham passado do PC e dos servidores para armazenamento, rede e segurança – isso queria dizer "infraestrutura de TI heterogênea", que significa Nuvem.

Comprar a VMware acabou sendo um investimento incrivelmente inteligente por parte de Joe Tucci. Assim como a formação dessa aliança com a Dell.

O problema para nós era que a EMC, com grande posicionamento entre empresas de ponta, estava ficando com a maior parte do lucro. Esse fato começou a me preocupar – e me levou a pensar, e depois a fazer a primeira grande aquisição, a empresa de armazenamento EqualLogic, em 2007.

A EqualLogic pareceu uma ótima compra para nós. A empresa vinha crescendo muito depressa e estava se preparando para abrir o capital. Já havia até redigido um prospecto. Tinha um produto excelente, direcionado a pequenos e médios clientes de armazenamento, longe do ponto em que a EMC costumava jogar. Assim, achamos que podíamos adquirir a EqualLogic sem destruir o relacionamento com a EMC, e isso nos traria um pouco de propriedade intelectual, que poderíamos vender com margens atraentes.

Lembro-me de ter ido ao nosso laboratório, onde uma equipe nossa testava e avaliava várias plataformas de armazenamento que existiam no mercado. Não sei se você sabe, mas engenheiros acham que podem construir tudo sozinhos. Se disséssemos a eles "Queremos desenvolver uma plataforma de armazenamento médio", eles responderiam "Ok, vamos fazer isso". Mas é muito mais difícil do que parece.

Eles estavam examinando as plataformas de outras empresas, e a escolha havia se reduzido a três, uma das quais era a da EqualLogic. Lembro que naquele dia eu conversava com sete dos nossos engenheiros e fiz a seguinte pergunta:

– Suponham que vocês têm 100 mil dólares. Podem depositar em um banco e deixar render juros ou entrar no IPO da EqualLogic, sem poder vender durante dez anos. O que vocês fariam?

Seis dos sete disseram que colocariam seus 100 mil dólares na EqualLogic – apesar de não terem eles mesmos criado a plataforma. Ao ouvir isso, comentei:

– Está bem, vamos comprar a EqualLogic.

E nós a arrancamos das mãos do mercado antes de ela abrir o capital, por 1,4 bilhão de dólares.

É muito dinheiro em qualquer tempo, e era muito para nós naquela época, alguns meses depois de eu voltar a ser CEO e enquanto ainda éramos uma empresa de capital aberto, com nossos acionistas observando cada lance com muita atenção. Sob esse holofote adverso, a EqualLogic representava um problema interessante.

Podíamos comprar uma empresa que tinha um produto ótimo e 100 milhões de dólares em vendas. E, em decorrência de nosso amplo relacionamento com os clientes, poderíamos levá-la a crescer até 700, 800 ou 900 milhões, talvez até 1 bilhão em receita – em receita! – em um período relativamente curto, talvez em apenas dois anos. Era possível fazer com que essas aquisições se pagassem logo. O desafio era que, depois de alcançar determinada altura, essas aquisições tendiam a se nivelar e permanecer em sua própria rota. Adquirir uma empresa que tinha sido a número seis ou sete em seu campo e levá-la a ser a número dois ou três, ou mesmo a saltar para a número um, era quase impossível. As empresas com posições de liderança, se continuarem a investir e servir bem aos clientes, dificilmente cedem seu lugar. Não é impossível, mas é raro que aconteça.

Nesse meio-tempo, eu continuava pensando na EMC e na VMware, que juntas estavam a caminho de se tornar a empresa mais importante no universo da infraestrutura de TI. Por isso liguei para Joe Tucci e perguntei o que ele pensava de uma fusão completa entre a Dell e a EMC.

Joe achou que podia ser uma ótima transação, talvez a maior fusão na área de tecnologia de todos os tempos. Assim, em 2008 e 2009 nós a exploramos. Com "nós" quero dizer Joe, eu e nossas lideranças executivas e nossos conselhos de administração, além de banqueiros de investimento, consultores e advogados. Tínhamos a Bain e a McKinsey de cada lado com análises detalhadas e centenas de slides, e tínhamos codinomes – a EMC era Esmeralda e a Dell era Diamante –, e nos reuníamos em hotéis obscuros em cidades improváveis, lugares onde ninguém iria nos reconhecer. Tínhamos até mesmo reuniões conjuntas dos conselhos das duas empresas.

Então chegou a crise financeira, e de repente ninguém falava mais em fusões.

Nos primeiros tempos como empresa de capital fechado estávamos em situação ainda melhor do que eu havia previsto. Mas minha empresa era algo que eu podia controlar, já a minha vida tinha outros planos.

Minha mãe lutou corajosamente durante cinco anos depois de o câncer voltar – Susan a apelidou de Mamãe Guerreira –, mas em janeiro de 2014 era evidente que ela havia perdido. Saiu do MD Anderson em Houston e foi para casa sob cuidados de enfermeiras do hospital. Morreu lá, na véspera do Dia dos Namorados.

A coisa boa, se é que existe uma coisa boa, é que todos nós ficamos com ela naqueles últimos dias. Todo mundo pôde se despedir, e ela nos disse o que fazer pelos próximos cinquenta anos. Uma força da natureza arruinada pela natureza.

Jamais tive um consultor mais bem preparado. Quando discursei no funeral dela, disse:

Sou filho da minha mãe.
Ela era feliz, positiva, muito inteligente. Sempre sorrindo. Ousada e feroz.
Jamais nos dizia o que fazer, mas graças a ela sabíamos o que fazer.
Sabia do que meus irmãos e eu precisávamos em todos os momentos da nossa vida.
Ensinou-nos que podíamos fazer qualquer coisa.
Alimentou nossa criatividade, nossa curiosidade, nosso desejo de aprender, experimentar e seguir nossas paixões.
Ensinou-nos a respeitar todas as pessoas, mas escolher com sabedoria aquelas com as quais passamos tempo. A compartilhar, amar e cuidar uns dos outros.
Ela nos deu tudo de que precisávamos e muito mais.
Cara, que sorte eu tive!

"A Dell Não Pode Perder" era o título da matéria de capa que a *Forbes* publicou mais ou menos nessa época, sobre meus sucessos empresariais em geral e o sucesso do fechamento do capital em particular. Eram belas palavras, mas a verdade é que na vida todos perdemos, muito, quando perdemos nossos entes queridos, e nenhum sucesso no mundo compensa isso.

Falando em compartimentalização: continuei a sentir uma tristeza profunda por causa da morte da minha mãe, mas ao mesmo tempo estava empolgado com nosso progresso como empresa de capital fechado. (E me permiti sentir isso porque sabia que mamãe também estaria entusiasmada.) Continuávamos a ganhar fatia de mercado e a pagar dívidas, o dinheiro continuava entrando. Estávamos nos expondo a muito mais volatilidade do que uma típica empresa de capital aberto, mas era por causa de todos os investimentos que fazíamos – alguns dos quais se pagaram rapidamente, outros lentamente, outros não se pagaram. Esses eram passos que não poderíamos dar com tanta facilidade se continuássemos a ser uma empresa de capital aberto: os acionistas odiariam todos aqueles altos e baixos. Mas agora, com o tempo e a perspectiva que o fechamento do capital havia nos dado, podíamos desfrutar do fato de, apesar de nossos ganhos estarem subindo e caindo, a tendência geral ser sempre para cima.

Alguns meses depois de fecharmos o capital, e nos sentindo muito confiantes com o progresso, Egon Durban e eu começamos a falar de coisas que podíamos fazer, para além dos investimentos orgânicos (internos), a fim de acelerar ainda mais a transformação da empresa. Tínhamos várias aquisições novas em mente, a maioria em software.

Mas o prêmio maior, mais ousado, mais luminoso, como Egon e eu concordávamos, seria a EMC/VMware.

Durban tinha ouvido de banqueiros que algumas empresas grandes estavam pensando em adquirir a EMC, colocando-a efetivamente em jogo. Na época, não sabíamos de nada mais específico, mas eu achava muito interessante a possibilidade de nós a adquirirmos. A EMC era constituída por três empresas maiores e várias menores. As três maiores iriam se combinar maravilhosamente bem com a Dell: a EMC Information Infraestructure, líder indiscutível no setor de sistemas de armazenamento, que se fundiria à perfeição com nossos servidores; a VMware, a pioneira em virtualização, que continuava descobrindo novos modos de tornar desnecessárias máquinas físicas; e a startup de desenvolvimento de software Pivotal, surgida da EMC e VMware, que criou uma plataforma para desenvolver software de nuvem. (O CEO da Pivotal, Paul Maritz, ex-CEO da VMware, era um sujeito brilhante com quem eu contava para informações e aconselhamento técnicos.) Juntar a Dell com a EMC criaria uma empresa incrivelmente forte. Seria ao menos possível?

A frustração de nossa fusão fracassada havia permanecido bem viva em minha mente durante cinco anos, enquanto a Dell e a EMC aumentavam a força em sistemas, armazenamento e segurança. Eu continuava sentindo que tínhamos perdido uma enorme oportunidade de combinar duas empresas número um complementares e criar uma espécie de time tecnológico dos sonhos. Naquele verão, Durban e eu começamos a conversar sobre revisitar a ideia.

Para nós, parecia uma progressão natural. A nossa aliança com a EMC era antiga e uma oportunidade rara no sentido de que a EMC e a VMware eram obviamente as número um em suas áreas. Como mencionei, é muito difícil mudar a posição de mercado de uma empresa. Assim, comprar uma empresa número dois ou número cinco (que em geral estão à venda) era um modo muito mais difícil de ter sucesso. As empresas número um não estão à venda, ou porque o preço é exorbitante ou porque fazem parte de uma empresa ainda maior que não é adquirível.

Eu estava empolgado com a ideia de combinar a Dell com a EMC e a VMware, e Durban também. Seria uma fusão de tamanho sem precedentes, que criaria a maior empresa em infraestrutura de TI, com os melhores produtos e tecnologias e a maior escala. E atenderia com perfeição às necessidades de nossos clientes – da Dell e da EMC. Nossas forças combinadas poderiam ajudar os clientes como jamais antes havia sido feito e ao mesmo tempo alcançar uma enorme vitória.

Os clientes precisavam da nossa ajuda, queriam a nossa ajuda. Com a informação digital avançando a uma velocidade estonteante, eles não podiam se dar ao luxo de dedicar todo o tempo a aprender como usar a nova tecnologia – software, dados, inteligência artificial, machine learning, redes neurais – para aumentar a capacidade competitiva. Não queriam ser integradores de sistemas. Pelo modo como eu via, o incrível conjunto de recursos amealhados pela Dell, a EMC, a VMware e a Pivotal poderia criar plataformas que permitiriam aos clientes aproveitar as novas tecnologias de modo integrado e automatizado.

Mas será que a Dell estava pronta para dar esse enorme passo?

As verdadeiras transformações em grandes empresas de tecnologia são muito raras. Porque as empresas desenvolvem uma capacidade específica, têm um conjunto de clientes, e mudar é difícil. Algo semelhante a não ser possível retirar as listras de um tigre. Se você nasceu cachorro, não morre gato.

Em 2014, porém, a transformação estava muito presente em meus pensamentos. Não tínhamos levado a Dell a uma posição de liderança na área de tecnologia pisando com cuidado. Para acompanhar o crescimento explosivo dos dados e manter a liderança, uma empresa de tecnologia precisava estar pronta para romper com os paradigmas, dar passos ousados numa escala mundial. Nós estávamos prontos. Eu estava pronto.

Naquele mês de agosto, liguei para Joe Tucci e perguntei o que ele achava de uma combinação de nossas empresas na forma de uma aquisição feita pela Dell.

Quando exploramos a ideia da fusão em 2008 e 2009, ainda éramos uma empresa de capital aberto. Agora que nosso capital estava fechado, eu disse a Joe, o processo seria muito mais fácil, já que eu era o acionista controlador da Dell e a Silver Lake era um sócio que dava todo o apoio.

Eu reconhecia, no entanto, que, como a capitalização da EMC estava por volta de 59 bilhões de dólares, uma aquisição era um esforço muito grande, tanto financeira quanto culturalmente. Uma empresa de capital fechado do Texas comprar a maior empresa de capital aberto de Massachusetts era um fato extraordinário.

Joe se mostrava motivado e receptivo. Estava chegando aos 70 anos e desejava se aposentar – havia adiado essa decisão diversas vezes porque não via um sucessor claro na EMC. Uma fusão comandada pela Dell me tornaria seu sucessor; além disso, acrescentaria recursos de que a EMC precisava. Joe havia percebido que a indústria estava mudando, e ser somente uma empresa de armazenamento sem outra de servidores não era uma boa estratégia a longo prazo.

Apesar de Joe gostar de mim, e confiar em mim tanto quanto eu gostava dele e confiava nele, a decisão, pelo fato de a EMC ser uma empresa de capital aberto, pertencia em última instância ao conselho administrativo. Em geral, o CEO faz uma recomendação. Mas, como aconteceu conosco ao fecharmos o capital, o conselho tem a responsabilidade de conseguir o maior valor possível para os acionistas e garantir que todas as alternativas sejam exploradas, inclusive a de continuar a ser uma empresa independente. Devemos vender uma parte da empresa? Devemos fazer uma recompra de ações? Vamos encontrar qualquer comprador possível, mas será que devemos permanecer independentes? O conselho precisava avaliar todas as opções.

O sigilo impedia Joe de falar comigo sobre os outros pretendentes, mas os banqueiros de investimento, que não estavam sujeitos a essa restrição – e estavam sempre prontos a agitar um acordo com o qual pudessem lucrar –, tinham sussurrado em meu ouvido e no de Egon quem poderiam ser os pretendentes (eram dois). E o que tornou o processo de fato interessante foi que, se um dos dois nos derrotasse, isso seria um grande problema para nós.

A Cisco Systems, a gigante das soluções de redes do Vale do Silício (seu valor de mercado em abril de 2014 era de 120 bilhões de dólares), expressou interesse inicial em adquirir a EMC, mas desde o início estava claro que a Cisco tinha seus próprios problemas. Para começo de conversa, a empresa estava no meio de uma reestruturação e tinha demitido vários milhares de empregados em todo o mundo. Além disso, apesar de a Cisco ter anunciado um novo foco na Internet das Coisas e ter comprado várias empresas para levar adiante essa iniciativa, não tinha histórico de fazer grandes aquisições – nesse aspecto, sempre havia sido bastante cautelosa. (Sua compra mais recente, a empresa de software e hardware de segurança Sourcefire, tinha custado 2,7 bilhões de dólares; adquirir a EMC iria custar vinte ou trinta vezes mais.) Outra complicação era que o CEO da Cisco, John Chambers – que já havia trabalhado para Joe Tucci na Wang –, estava prestes a se aposentar e podia ter sentimentos embaralhados com relação a algo tão gigantesco.

Uma profissional que se mostrou totalmente interessada era a CEO da HP, Meg Whitman.

Quando Meg, ex-CEO do eBay, entrou para a Hewlett Packard em 2011, estava assumindo as rédeas de uma empresa lendária, mas lendariamente problemática também. Fundado numa garagem em Palo Alto em 1930 por Bill Hewlett e David Packard, o primeiro colosso tecnológico americano tinha entrado no século XXI numa situação muito favorável sob a liderança da CEO Carly Fiorina. Com a aquisição da Compaq em 2002, a HP parecia decidida a nos levar a suar a camisa pelo dinheiro no mercado de PCs. Mas quando os resultados da fusão se mostraram pouco impressionantes (a HP assumiu por algum tempo o primeiro lugar em vendas de PCs em 2002 e depois perdeu a liderança para nós no ano seguinte), houve um conflito entre Fiorina e seu conselho de administração, culminando, em 2005, na decisão de demiti-la. Seguiu-se uma década turbulenta para a empresa, com um conselho que parecia caótico e pouco eficaz e um desfile interminável de CEOs que vinham e iam embora, às vezes em meio a algum tipo de escândalo.

Robert Wayman veio depois de Fiorina, e Mark Hurd depois de Wayman. Então Hurd foi investigado por uma possível violação do código de conduta empresarial da HP (irregularidades na prestação de contas e uma acusação de assédio sexual) e mandado embora. (Mark, que mais tarde se tornou presidente e depois coCEO da Oracle, morreu em 2019.) Então Cathie Lesjak assumiu interinamente. Em 2010, o conselho escolheu Leo Apotheker como o quarto líder da HP em quatro anos – nesse ponto, o conselho da empresa estava atraindo atenção indesejada. Num artigo do *The New York Times* sobre o novo CEO, James B. Stewart escreveu: "Entrevistas com vários diretores atuais e antigos e pessoas próximas a eles envolvidas na busca que resultou na contratação de Apotheker revelam um conselho que, apesar de composto por muitos indivíduos talentosos, era cheio de animosidades, suspeita, desconfiança, ambições pessoais e uma disputa de poder que tornaram o grupo quase disfuncional."

O breve mandato de Apotheker se mostrou previsivelmente problemático. Ainda que a HP tivesse recuperado o primeiro lugar em vendas mundiais de PCs em 2006, a pequena margem de lucro nesse segmento de mercado não empolgava Apotheker, cujo passado estava na área de software. Ao contrário de nós, ele não apreciava as virtudes do PC como gerador de caixa e base para vender programas e serviços. Quando Apotheker anunciou planos de vender ou terceirizar a divisão de PCs da HP e adquirir a empresa de software inglesa Autonomy por 11 bilhões de dólares – o que daria à HP um enorme incremento no negócio de software, mas esgotaria as reservas de capital da empresa –, o conselho da Hewlett Packard o demitiu e contratou alguém do próprio conselho para substituí-lo: Meg Whitman.

Meg era uma estrela, formada em Princeton e na Harvard Business School. Tivera cargos executivos na Procter & Gamble, na Bain & Company e na Hasbro antes de entrar para o eBay, que ela transformou em uma gigante em sua década como CEO (1998-2008). Ela é uma pessoa inteligentíssima e decente, uma líder natural, mas seu passado estava principalmente em bens de consumo, e a HP era muito diferente. O atendimento a empresas era um território desconhecido para Meg.

O primeiro anúncio depois de assumir o cargo no outono de 2011 revertia o plano de Apotheke: Meg disse que a Hewlett Packard manteria sua divisão de PCs. Mas no fim do verão de 2014, ocorreram muitas mudanças.

Em 8 de setembro de 2014, fui ao Vale do Silício para me reunir com os CEOs de alguns de nossos parceiros, uma viagem que eu fazia com regularidade. Dessa vez me encontrei com Steve Luczo, chefe da fabricante de discos rígidos Seagate (conhecida antigamente, na época em que eu aprendi a mexer nos primeiros PCs, como Shugart); Lloyd Carney, da rede de dados e armazenamento da empresa Brocade; Jensen Huang, da projetista de chips gráficos NVIDIA; e Scott McGregor, da empresa de semicondutores Broadcom. Todas essas empresas eram parceiras da EMC e da VMware, e nessa viagem, sem revelar nada, eu estava trabalhando para entender como esses líderes enxergavam a EMC e quem eles viam como sérios concorrentes.

Naquela segunda-feira de fim de verão me encontrei com mais um CEO. Meu almoço com Pat Gelsinger, chefe da VMware, foi intencionalmente a reunião mais longa do dia, porque havia muita coisa que eu desejava entender. Conhecia Pat desde 1986, quando apareci na sede da Intel em Santa Clara exigindo ver o presidente da empresa, Andy Grove. Foi como entrar na Disney e exigir falar com Walt Disney. O Dr. Grove era uma verdadeira lenda na indústria de tecnologia, um imigrante da Hungria que tinha chegado aos Estados Unidos com 21 anos, quase sem um tostão e falando pouco inglês, e transformou a Intel, mais uma fabricante de chips de memória, na principal produtora de microprocessadores do mundo. Eu não era ninguém, apenas um cara voluntarioso de 21 anos tentando tirar minha pequena startup do chão, fazendo os melhores PCs possíveis. Para isso, precisava de chips Intel 286, e não estava conseguindo obtê-los em quantidade suficiente. Por isso me sentei no saguão da Intel e, quando um segurança pediu que eu fosse embora, argumentei que não iria a lugar nenhum até ver o Dr. Grove. Andy deve ter ouvido falar do rapaz irritante que estava no saguão, porque acabei me encontrando com ele e contei sobre minha tentativa de transformar a PC's Limited numa grande empresa. A partir desse dia, ele se tornou meu amigo – assim como Pat Gelsinger, assistente técnico de Andy, que era apenas alguns anos mais velho que eu.

Trabalhando lado a lado com Andy, Pat foi o arquiteto do processador 80486 original e ascendeu até se tornar o primeiro executivo chefe de tecnologia. Alguns anos depois de o Dr. Grove se aposentar, Pat saiu da Intel e entrou na EMC como presidente e COO da EMC Information Infrastructure

Products. Em 2012, o conselho o nomeou CEO da VMware, uma divisão semi-independente da EMC, e a longa parceria da Dell com aquela empresa e minha amizade ainda mais longa com Pat se juntaram de um modo novo e empolgante.

Ele não tinha ideia do que borbulhava no fundo da minha mente durante aquele almoço em setembro de 2014, mas nós dois tínhamos muito que conversar, de qualquer modo. Em fevereiro, a VMware havia colocado a Dell como seu principal parceiro OEM (fabricante original de equipamentos, na sigla em inglês). Em agosto, na conferência VMworld, a Dell e a VMware haviam anunciado diversas soluções empresariais inovadoras, inclusive a Dell Technologies Solutions for VMware, uma precursora da VxRail, a aplicação de infraestrutura hiperconvergente que se tornaria um sucesso gigantesco (mais de 5 bilhões de dólares em vendas) para nós dois.

Era só o começo. Como dizia o documento de briefing para minha reunião com Pat, "no ano passado houve uma interação consistente da alta administração da Dell com a VMware, com foco em incrementar soluções conjuntas e reforçar nossos relacionamentos de engenharia e vendas".

Nossa longa parceria também enfrentava desafios. A expansão do portfólio de software de administração da empresa de Pat e o agrupamento de títulos de programas em suítes de produtos criou tensão e sobreposição com alguns produtos da Dell: a ferramenta de gerenciamento de experiência do usuário Foglight, o software de virtualização de desktops vWorkspace e nossa suíte Enterprise Mobility Management. A VMware estava se expandindo para além de parceiros OEM como a Dell e começando a trabalhar com fabricantes de projetos originais (ODM, na sigla em inglês), como a Supermicro, para aumentar o alcance de vendas.

Tanto Pat quanto eu sentíamos que as vantagens de nossa colaboração suplantavam em muito os desafios. Saí com a sensação de que o relacionamento da VMware com a EMC e a Dell era sólido e provavelmente continuaria assim – um alicerce fundamental para a fusão sobre a qual eu ainda não tinha dito nenhuma palavra a ninguém, a não ser Joe Tucci e Egon Durban.

Em anos comuns – antes que a vida ficasse extraordinária –, eu passava aproximadamente cem dias na estrada, fazendo negócios. Muitos quilômetros e muito tempo longe de casa. Felizmente, adoro meu trabalho – adoro me reunir com clientes, parceiros e fornecedores, além de membros da equipe em todo o mundo. E sou naturalmente curioso – ir a lugares novos e conhecer coisas novas me empolga. Em muitos sentidos ainda sou o mesmo sujeito de 1985, quando fiz a primeira grande viagem ao Extremo Oriente e me senti animado em cada minuto de cada hora de cada dia.

Em 1985, eu tinha 20 anos. A saúde não era uma coisa na qual eu pensava muito naquela época, mas penso um bocado agora. Tive vários colegas e amigos que morreram cedo, e quero fazer todo o possível para permanecer saudável enquanto puder – pela minha família, por minha empresa, por mim mesmo. Se você não tem saúde, todo o restante estará perdido.

Enxergo a saúde como uma espécie de hierarquia cuja base é o sono. Pense bem: se você não conseguir se exercitar durante um mês, poderá se sentir triste, mas mesmo assim continuará a viver. Se você não conseguir comer por uma ou duas semanas, sofrerá, mas (desde que se mantenha hidratado) suportará a privação de comida. Mas se você não conseguir dormir por três dias, sucumbirá. O sono nem sempre vem com facilidade quando estamos atravessando fusos horários, o que faço com frequência.

Com o passar dos anos, desenvolvi alguns métodos para conseguir dormir da melhor maneira possível enquanto viajo. Uma cartola de truques, para dizer a verdade. O primeiro deles é este: se você está indo a algum lugar com muitos fusos horários de distância, durma cada vez mais cedo durante duas ou três noites antes da viagem. Outro truque: assim que você chegar à cidade a ser visitada, levante-se de manhã cedo e faça exercícios. Sob nenhuma circunstância – e aprendi isso do modo mais difícil – durma no meio do dia ou no fim da tarde, caso contrário você colocará tudo a perder. Adapte-se ao novo fuso horário o mais rápido possível.

A segunda semana de setembro de 2014 foi bastante típica para mim. Depois de sair do Vale do Silício, voltei a Austin por dois dias. Na sexta-feira, dia 12, fui a Nova York para uma reunião do conselho da Catalyst, uma organização sem fins lucrativos que promove locais de trabalho inclusivos para mulheres. Na manhã seguinte fui para o Oriente, para uma semana de encontros com clientes em Doha, Riad, Abu Dhabi. Depois Berlim (onde fiz uma visita curta, mas agradável ao meu primo Natan Del, médico na Alemanha) e Bruxelas – e, em seguida, dei meia-volta e viajei 8 mil quilômetros para o oeste até Aspen, no Colorado.

Meu destino era The Weekend, uma reunião sempre fascinante de especialistas em política, segurança global, educação, ciência e tecnologia. Naquele ano, entre os oradores estavam o ex-secretário de Defesa e diretor da CIA, Robert Gates, o ex-secretário do Tesouro Hank Paulson, a rainha Rania al-Abdullah, da Jordânia, o ex-primeiro-ministro britânico Tony Blair e muitos outros notáveis. Eu só estava ali para olhar, ouvir e aprender – mas logo me peguei ouvindo mais do que desejava.

Durante o coquetel de recepção antes do jantar, vi um rosto familiar: Paul Singer, fundador e co-CEO da Elliott Management. O hedge fund de Paul tem sido muito bem-sucedido por mais de quatro décadas, fazendo apostas contrárias, frequentemente pessimistas, sobre mercados e títulos – e um de seus gerentes de carteira, Jesse Cohn, tinha ido havia pouco tempo a Austin para tentar me convencer da ideia que já transitava em minha mente: uma fusão com a EMC.

Para meu desconforto, Paul Singer estava me encurralando nessa recepção e pressionando a favor de uma fusão – sobre a qual (claro) eu não podia falar nada. Eu sorri e assenti, assenti e sorri, até que Paul terminou o que queria dizer e (acho) captou a mensagem: eu jamais comento boatos e especulações.

Poucas vezes fiquei mais feliz ao ouvir uma sineta chamando para o jantar.

Esse encontro aconteceu na noite de sexta-feira, 19 de setembro. Numa manhã de domingo, depois de voltar a Austin, meu olhar foi direto para uma manchete no site do *The Wall Street Journal*:

A EMC AVALIA FUSÃO E OUTRAS OPÇÕES
Pressionada por ativistas e diante da possível aposentadoria do CEO, a gigante do armazenamento de dados chega a uma encruzilhada

Aquilo era bem interessante.
A reportagem começava assim:

Durante quase um ano, a EMC andou tendo discussões intermitentes com a Hewlett Packard Co., mas, segundo fontes, essas conversas se encerraram recentemente. Não está claro se podem ser retomadas.
Segundo essas mesmas fontes, outra empresa que teve conversas com a EMC foi a Dell Inc. Não está claro em que pé estão as conversas entre as duas empresas. Dados os seus tamanhos relativos, é improvável que a Dell

contemple a tomada de controle total da EMC e, em vez disso, busque a compra de ativos, inclusive seu negócio central de armazenamento, segundo uma das fontes. (...)

O acordo que a EMC e a Hewlett Packard discutiram seria um negócio gigantesco, em parte porque as duas empresas têm um valor de mercado combinado de quase 130 bilhões de dólares. O acordo que elas contemplavam seria uma transação de todas as ações faturada como uma fusão de iguais, segundo fontes.

Eu tinha quase certeza de quem eram essas fontes: algum banqueiro de investimento inescrupuloso, ou alguns banqueiros de investimento inescrupulosos querendo agitar um acordo com o qual poderiam lucrar, ou alguém da Elliott, ansioso para agitar um acordo com o qual poderiam lucrar também – ou as duas coisas.

De qualquer modo, os boatos que eu tinha ouvido sobre a HP estavam corretos. E o que Joe Tucci não pudera me dizer no final de agosto, quando liguei para ele para conversar sobre a fusão, era que Meg Whithman estava à beira de me vencer na corrida.

Como descobri mais tarde, primeiro Meg ligou para Joe querendo falar sobre uma possível compra da EMC pela Hewlett Packard em novembro de 2013, logo depois de nosso fechamento do capital ser finalmente aprovado. Ela devia estar perguntando a si mesma por que não estávamos tentando fazer uma compra; talvez achasse que o processo de fechamento estivesse nos distraindo. As conversas entre a HP e a EMC continuaram durante boa parte de 2014 e correram muito bem. O que as duas empresas bolaram foi um acordo ação por ação: em vez de gastar e pegar empréstimos para adquirir a EMC, a HP deixaria os acionistas da EMC trocar suas ações por ações da HP na base de um para um. Não seriam necessárias pilhas gigantescas de capital próprio ou de dívidas. Quando a poeira baixasse, todas as ações seriam combinadas para criar uma gigantesca empresa nova, totalmente capaz de nos derrotar em cinco setores – serviços, software, armazenamento, servidores, segurança – em que vínhamos nos esforçando tanto para ter sucesso.

A HP e a EMC tinham um acordo verbal, e então, no último minuto, não tinham mais. Pelo que ouvi dizer, na última hora a HP disse: "Nossa ação deveria valer 5% a mais do que a sua, porque temos uma empresa melhor do que a de vocês." O que, para o conselho da EMC, pareceu quebra de confiança. Fim de jogo. O que seria uma fusão arrasa-quarteirão, criando uma megaempresa que dominaria os setores de infraestrutura de nuvem e segurança, e nos causaria sérias dificuldades, de repente não existia mais. Em última instância, a HP perdeu o acordo por causa de uma quantia relativamente trivial. Por mais que eu goste de Meg Whitman e a admire, acho que esse foi um erro monumental de sua parte.

Quer um banqueiro de investimentos desonesto tenha plantado ou não a matéria no *The Wall Street Journal* para provocar alguma ação, no outono de 2014 já havia movimento suficiente acontecendo no mundo da tecnologia, e nem sempre positivo.

A Hewlett Packard estava em dificuldades (um comentarista na época a chamou de "uma empresa de tecnologia com problemas profundos cujo produto mais lucrativo é a tinta"); a EMC estava sendo pressionada pela Elliott, e outros titãs da TI com capital aberto também lutavam para se manter bem no mercado. Os ganhos da Oracle haviam caído em meio a boatos de que Larry Ellison ia sair (não ia); a Microsoft estava demitindo 18 mil pessoas; as grandes empresas de software CA Inc. e Compuware também enfrentavam problemas.

Havia quem dissesse que essas empresas representavam o passado. A onda do futuro, segundo especulações, eram corporações nascidas na internet como Amazon, Google, Facebook, Twitter, Yahoo e muitas outras. Mas, sob a cobertura de proteção do capital fechado, a Dell – nascida no Dobie 2713 – tinha começado a trabalhar numa combinação que, se conseguíssemos realizar, seria espantosamente grande, a maior (mais de 60 bilhões de dólares) na história da tecnologia.

Três dias depois da reportagem publicada no *Journal*, liguei de novo para Joe Tucci para falar sobre o cenário totalmente novo em que estávamos. A ligação tinha sido programada para durar quinze minutos, mas Joe e eu ficamos ao telefone por muito mais tempo e começamos a abordar um modo de enfrentar os desafios consideráveis à nossa frente. Para começo de conversa, concordamos que, à medida que avançássemos, o sigilo completo seria essencial. De novo foram usados codinomes. Nós éramos Denali; a EMC era Esmeralda; a VMware era Verdite. A fusão era o Projeto Esmeralda.

Ao pensar naquela época, do verão de 2014 ao outono de 2015, lembro que em quase todas as reuniões que fazia com clientes e parceiros importantes eu pensava: *Será que a combinação com a EMC e a VMware faz sentido? Como esses clientes e parceiros vão reagir? Como nossa equipe vai reagir? O que vai funcionar bem e quais desafios podemos enfrentar?* Em todos os encontros, eu fazia sondagens profundas, de todos os modos possíveis, buscava respostas para essas perguntas, ao mesmo tempo que me esforçava ao máximo para não dar nenhum sinal do que estava para acontecer. A potencial fusão – como o fechamento do capital – era a decisão mais ponderada possível. Algo para pensar durante um longo tempo e com muito cuidado antes de decidir ir em frente.

13

HARRY YOU E A GRANDE SURPRESA

Em 7 de outubro de 2014, Meg Whitman anunciou que ia fazer exatamente o que tinha prometido não fazer três anos antes, quando assumiu a liderança na Hewlett Packard: dividir a empresa em duas. A HP Inc. conteria o negócio ainda lucrativo de PCs e impressoras; a Hewlett Packard Enterprise (que Meg iria comandar) abrigaria as áreas de servidores, armazenamento, rede, software e serviços – o que uma fusão com a EMC teria complementado e ampliado. Era difícil não enxergar esse movimento como mais uma redução de uma empresa que já fora grande.

E agora, com a Cisco fora da corrida, tínhamos uma trilha aberta para realizar a fusão – de novo, se conseguíssemos descobrir como fazê-la. Joe Tucci e eu falamos ao telefone várias vezes no final do outono, depois planejamos nos encontrar em janeiro, no Fórum Econômico Mundial, em Davos, na Suíça.

No Havaí, um dia depois do Natal, Egon Durban e eu fizemos outra longa caminhada pela trilha do litoral, seguindo a mesma rota que havíamos feito dois anos antes, quando discutimos pela primeira vez o fechamento do capital da Dell. Muita coisa havia acontecido nesse meio-tempo, e tínhamos muito que conversar agora. Mas, claro, nosso relacionamento mudara completamente naqueles dois anos: naquela época, Egon era apenas um sujeito inteligente cujas ideias eu queria sondar; agora era um bom amigo e um sócio muito confiável.

Quando começamos a caminhar, falamos de assuntos triviais: como os três filhos dele (mais novos do que os meus) e os meus quatro estavam indo, como tinha sido o Natal dele (tínhamos acabado de comemorar o Chanuca no dia 24). Discutimos o recente hackeamento ocorrido na Sony Pictures, provavelmente feito pela Coreia do Norte, e a retirada pela Sony do controvertido filme *A entrevista* dos cinemas. E, claro, perguntamos um ao outro quais oportunidades a iminente divisão da HP em duas empresas poderia criar.

A partir daí foi uma transição natural levantar os pontos positivos e negativos da grande fusão: o que poderia dar certo e o que poderia dar errado, quais oportunidades de crescimento de receita a combinação das duas empresas poderia gerar, quais obstáculos continuavam em nosso caminho. E ainda havia obstáculos consideráveis.

Como clientes e parceiros poderiam reagir à aquisição? E os concorrentes? Quem mais, entre possíveis compradores financeiros ou pretendentes estratégicos, ou as duas coisas, poderia aparecer com uma oferta maior? Qual efeito uma intervenção por parte de um ativista (Elliott ou algum outro) poderia ter?

E, abordando um tema ainda complicado e difícil, como esse acordo poderia ser financiado?

As lindas ondas que quebravam na praia e o céu azul sereno pareciam dizer: *A vida é simples, aproveitem*. Mas Egon e eu sabíamos que, por mais que isso pudesse parecer verdadeiro numa trilha litorânea um dia depois do Natal no Havaí, o caminho à frente seria difícil.

Apesar dos muitos repórteres e fotógrafos que cobriam Davos, Joe e eu conseguimos encontrar uma sala de reuniões vazia onde pudemos conversar sem chamar atenção. No início de março, nos encontramos de novo numa reunião do Conselho dos CEOs de Tecnologia em Washington, D.C. Os assuntos que conversávamos eram sempre os mesmos: quais receitas e sinergias de custo uma fusão de nossas organizações criaria? Qual seria o papel da VMware na nova empresa? Qual papel representariam as diferenças culturais entre a EMC, com base em Boston, a VMware, no Vale do Silício, e a Dell, em Austin? Como essa transação gigantesca poderia ser alavancada?

E quais líderes, nas equipes das duas empresas, teriam mais capacidade para executar nossa estratégia?

Reconhecendo que era hora de levar nossas discussões para mais do que duas pessoas, planejamos uma reunião no início de abril – na minha casa em Austin, para proteger o sigilo – que, além de Joe e eu, incluiria Egon; Bill Green, membro do conselho da EMC e ex-CEO da empresa de consultoria tecnológica Accenture; e Harry You, vice-presidente executivo da EMC encarregado da estratégia corporativa (e ex-diretor financeiro da Oracle).

No dia 3 de abril, Sexta-Feira da Paixão, nos reunimos. Durante o encontro de cinco horas, a discussão foi muito mais séria. (Apesar de ter havido uma bela quebra de intensidade quando meu filho Zach, nitidamente intrigado com essa conferência de alto nível, enfiou a cabeça na sala para dizer oi.) Estávamos começando a abordar as sinergias de receita e de custos: sempre achávamos que haveria muito mais da primeira do que da segunda, mas por acaso as sinergias de receita entre as duas empresas seriam maiores do que imaginávamos. Ainda havia um problema financeiro: combinando todo o capital próprio e os empréstimos que supúnhamos ser capazes de levantar, não conseguiríamos comprar os 81% de participação da EMC na VMware. Mesmo assim, Egon – uma presença forte, com um histórico de grandes sucessos na Silver Lake – disse estar muito otimista com a possibilidade de obtermos sucesso na transação.

Quando interrompemos a reunião, Joe e Bill voltaram para Boston, e Egon e Harry, para a Califórnia. Como Egon me contou mais tarde, ele e Harry estavam repassando de novo e de novo a questão financeira quando Harry disse de repente:

– Há algo mais que poderíamos tentar.

Em 1984, buscando se posicionar no futuro tecnológico, a General Motors quis adquirir a empresa de Ross Perot, Electronic Data Systems, para ajudar a padronizar os diversos sistemas de informática da fabricante de automóveis e entrar no negócio de saúde e automação de folha de pagamento da EDS. Mas o acordo enfrentou uma dificuldade inicial quando a GM propôs pagar à EDS, em parte, com ações ordinárias da General Motors. Vendo sua empresa como um empreendimento ágil, de alto crescimento e criador de tendências, Perot e sua equipe relutaram em combinar o destino financeiro com o de uma empresa automobilística de crescimento lento e estilo antigo. A preocupação era pertinente por causa do gigantismo da GM, e os sucessos da

EDS poderiam se perder nesse mix – nenhuma inovação que os empregados da EDS pudessem desenvolver alteraria o preço das ações de um couraçado gigante como a General Motors.

Os banqueiros de investimentos envolvidos no acordo bolaram, então, uma solução genial: a Ação Ordinária Classe E da GM, também conhecida como *tracking stock* (ação de rastreamento).

A Ação Ordinária Classe E tinha uma equivalência financeira absoluta com as ações ordinárias existentes da General Motors, só que a GM pagaria dividendos sobre ela com base não nos ganhos da General Motors, *mas da EDS*. Isso dava aos empregados da EDS um grande incentivo para melhorar e desenvolver a própria empresa, e ainda permitia que a fusão acontecesse.

Saltemos para 1995, quando a GM, depois de uma aliança corporativa lucrativa, mas tempestuosa durante uma década, estava procurando se separar da EDS e voltar a ser apenas uma fabricante de automóveis. Em particular, a GM queria descarregar suas *tracking stocks*, agora valendo 10 bilhões de dólares, sem sofrer um grande impacto fiscal. Harry You, na época um jovem banqueiro de investimento no Lehman Brothers, recebeu a tarefa de encontrar uma solução para esse problema. (Em última instância, a General Motors resolveu a questão dando as *tracking stocks* para o Plano de Pensão Hourly-Rate da GM.) Nesse processo, Harry se tornou um estudioso do estranho instrumento financeiro conhecido como *tracking stocks*.

Avance vinte anos, com Harry You e Egon Durban viajando para o oeste no avião de Egon e tentando deduzir como a Dell Inc. poderia obter 60 bilhões de dólares para se fundir com a EMC. Em algum lugar no sudoeste, Harry se lembrou da GM e da EDS. E disse:

– E se emitíssemos uma nova classe de ações para a VMware, que não refletisse a propriedade do negócio, mas rastreasse o desempenho da empresa? Poderíamos adoçar a recompensa paga aos acionistas da EMC no acordo acrescentando *tracking stocks* da VMware às suas ações da EMC.

Egon se mostrou muito empolgado com a ideia – tanto que ele e Harry começaram a esboçar de imediato, no avião, em guardanapos de papel, como uma *tracking stock* da VMware poderia funcionar numa combinação entre a Dell e a EMC.

Como vínhamos colaborando com a ideia durante seis meses, trabalhando lado a lado como parceiros, Egon telefonou para mim, do carro, logo depois que pousou, e contou, muito empolgado, sobre a sugestão surpreendente de Harry You.

Eu sabia um pouquinho sobre *tracking stocks*. Lembrava-me da ação Classe E da GM porque tinha estudado bastante a história de Ross Perot. Mas não entendia por completo o conceito. Por isso fui me informar. Esse é o meu jeito: costumo me aprofundar num assunto até achar que o domino. (Às vezes, isso exige permanecer por um bom tempo debruçado sobre o tema.) Entrei na internet e, no terminal da Bloomberg, li tudo que pude sobre esse instrumento financeiro peculiar e as empresas que o haviam usado. Descobri na internet todo tipo de artigos de professores de economia sobre prós e contras das *tracking stocks*. E comecei a me sentir um tanto otimista ao pensar que seríamos capazes de escalar o Everest dessa fusão gigantesca.

Eu estava decidido a entender a EMC e a VMware a partir de todos os ângulos – fazendo sondagens profundas para descobrir quaisquer pontos fracos, qualquer aspecto negligenciado, qualquer coisa que eu não soubesse. Fiz uma lista dos mais altos executivos que haviam saído da EMC nos últimos anos e conversei com muitos deles pessoalmente, para descobrir mais sobre a empresa. O objetivo declarado da reunião era uma oportunidade de trabalho na Dell, e em um ou dois casos contratamos o profissional. Não era incomum eu me reunir com executivos – mesmo quando não tínhamos uma vaga de trabalho – para conhecê-los, caso surgisse uma oportunidade. Como rotina, acompanho os grandes talentos de nossa área, tanto dentro quanto fora da empresa.

Não seria mais fácil simplesmente evitar todas essas maquinações? Por que (posso ouvir você perguntando) não comprar algumas startups de armazenamento e virtualização e integrá-las à Dell – processo conhecido no mundo da tecnologia como estratégia do colar de pérolas? Isso custaria muito menos do que adquirir a EMC e a VMware. É verdade, as duas empresas tinham posições bastante fortes nos setores de armazenamento e virtualização. Mas havia muitos desafios lá fora: legiões de startups que estavam tentando suplantá-las. A Sand Hill Road, a rua no Vale do Silício cujo nome passou a representar muitas empresas de capital de risco que tinham sede lá (e tão famosa no setor de tecnologia quanto Wall Street na área de finanças), estava financiando diversas novas startups de armazenamento, e era frequente que a EMC as adquirisse à medida que cresciam. Ainda que houvesse méritos nessa abordagem – uma forma de pesquisa e desenvolvimento por aquisição –, ela tinha limitações. Para começo de conversa, custava muito caro: os acionistas podiam sentir, com razão, que isso estava diluindo o valor de suas quotas.

Também me parecia que, para a indústria se consolidar – e tudo indicava a inevitabilidade disso –, teria que surgir uma empresa líder com escala e capacidade de inovação orgânica, força em pesquisa e desenvolvimento, para criar sucessivas gerações de produtos líderes. Sim, havia um papel para a inovação interna e, sim, havia um papel para aquisições menores, mas o real motivo para a Sand Hill Road continuar apoiando novas startups de armazenamento, às vezes com valores absurdos, era que provavelmente seriam compradas por empresas majores (em geral, a própria EMC) ou fariam IPO.

O mundo girava, a indústria mudava, e com o tempo a Sand Hill Road passou a financiar outras áreas que estivessem na moda. Os clientes são sempre o juiz e o júri definitivos. E ainda que houvesse ameaças à VMware, vindas de empresas e tecnologias emergentes, Pat Gelsinger e a equipe da VMware realizavam um ótimo trabalho, inovando e fazendo suas próprias aquisições para manter a capacidade competitiva da empresa.

Como parte do processo de decisão muito bem analisado, me reuni com cada uma das empresas que planejavam desafiar a EMC e a VMware, para saber se um plano como o do colar de pérolas poderia fazer sentido. E o que descobri foi que, ainda que algumas dessas startups tivessem ideias interessantes, estavam longe de poder entregá-las em grande escala. Não demonstravam nenhuma evidência de ser capazes de se integrar bem umas com as outras.

Havia outro problema: todas essas empresas estavam perdendo enormes quantias de dinheiro. Os investidores de risco estavam dispostos (por enquanto) a continuar apoiando e financiando as perdas, ao mesmo tempo que elas eram valorizadas astronomicamente. A nossa estratégia de aquisições até então já havia me ensinado que era improvável adquirir um punhado de startups que desafiasse uma líder do ramo como a EMC/VMware. A etiqueta de preço da EMC e da VMware tinha inúmeros zeros, mas, em relação ao fluxo de caixa atual das empresas e nossas projeções de sua lucratividade futura, essa avaliação parecia uma pechincha.

James Bainbridge Lee, do JPMorgan Chase – conhecido por todo mundo como Jimmy –, tinha sido um de nossos principais consultores financeiros no fechamento do capital e agora estava trabalhando como consultor e principal banqueiro de investimento na fusão com a EMC. Um titã em sua área, Jimmy havia sido pioneiro no desenvolvimento dos mercados financeiros alavancados nos Estados Unidos e tinha criado, praticamente sozinho, o moderno mercado de empréstimo sindicado. Com cabelo grisalho penteado para trás, bochechas rosadas e inteligência aguçada, Jimmy era uma daquelas figuras maiores do que a vida, brilhante, entusiasmado e empolgante.

Na quinta-feira, 28 de maio, Jimmy, Egon e eu tivemos uma longa e detalhada conversa por telefone sobre os desafios que ainda enfrentávamos para financiar o negócio. Jimmy, sempre animado, via mais possibilidades do que empecilhos. Ele apresentou sua visão de como tudo poderia funcionar: a Silver Lake e eu (inclusive a MSD Capital, a empresa que cuidava dos investimentos da minha família) poderíamos colocar 5 ou 6 bilhões de dólares em capital próprio. As *tracking stocks* da VMware representariam cerca de 18 bilhões. Ele mencionou também a Temasek, um fundo soberano que administrava investimentos para o governo de Cingapura (e um dos maiores investidores em nosso processo de fechamento do capital), como uma possível fonte de recursos.

Ainda assim precisaríamos pegar cerca de 50 bilhões de dólares emprestados, uma quantia sem precedentes. Como poderíamos convencer os bancos a nos emprestar a quantia de que precisávamos a uma taxa que não fosse onerosa? E como poderíamos convencer o conselho da EMC de que o negócio valia a pena?

Os bancos não representavam uma preocupação para Jimmy.

– Acredite em mim, nós podemos obter empréstimo sindicado – disse ele.

Importante mesmo, completou, era convencer o conselho da EMC de que o negócio com a Dell era altamente complementar, de que a fusão traria crescimento e novas oportunidades, e de que Austin e Boston poderiam jogar muito bem juntos.

– Eles querem ser tranquilizados – disse Jimmy. – São a maior empresa de capital aberto de Massachusetts, e vocês são uma empresa de capital fechado do Texas. Como isso vai funcionar? Vão criar problemas? O conselho deles tem muitas responsabilidades, e a primeira é conseguir o melhor preço possível para os acionistas. Mas eles também pensam no próprio legado. Querem um bom resultado para a empresa e para o pessoal deles a longo prazo.

Jimmy sugeriu:

– Diga a eles que você planeja comprar um apartamento em Boston. Diga que vai passar um tempo significativo lá, que vai fazer todo o possível para garantir que a coisa dê certo. Eles vão gostar de ouvir isso.

Achei a ideia muito boa, e disse isso a ele. Lembro que, no fim da conversa, Jimmy contou que ia surfar com o filho. Parecia empolgado. Esse fato me pareceu tão admirável quanto qualquer aspecto de sua sabedoria financeira.

A família era a prioridade do meu fim de semana, e foi uma maratona feliz: nossa filha mais nova, Kira, estava se formando com honras na Vassar em Poughkeepsie, Nova York, e os gêmeos, Zachary e Juliette, na St. Andrew's Upper School, em Austin. Tudo começou na sexta-feira, com um jantar para Zach e Juliette em nossa casa, com 25 familiares e amigos íntimos. A cerimônia de formatura era na manhã seguinte. De lá, fomos direto para o aeroporto e viajamos até Poughkeepsie. O jantar de formatura de Kira era no sábado à noite, e a cerimônia, no domingo. Três formaturas durante um fim de semana, e felizmente pudemos estar presentes em todas, com os avós, exceto mamãe, cuja falta sentimos profundamente.

A família estava em meu pensamento quando me encontrei com Jack Egan, filho de Richard Egan, cofundador da EMC, já falecido. Jack, um membro independente do conselho, era o elo fundamental com as origens da empresa. De maneira nenhuma a EMC seria vendida sem o apoio dele. Assim, em 8 de junho fui a Boston pedir seu apoio.

A ocasião, um jantar numa suíte de hotel voltada para o porto, era um segredo bem guardado, com apenas quatro participantes: Jack, Harry You, Egon e eu. Jack queria examinar a fusão sem a supervisão ou a influência de Joe Tucci, por isso Joe (de modo totalmente apropriado) ficou de fora. Harry estava lá apenas para representar a administração da EMC e observar os processos. Assim que terminamos de comer e falar amenidades, Egon e eu garantimos a Jack que a empresa de seu pai estaria em boas mãos. Nós nos esforçamos ao máximo e fomos sinceros em cada palavra.

A primeira pergunta de Jack acertou o alvo: a EMC era a maior empresa de capital aberto de Massachusetts, com fortes laços econômicos e culturais com Boston. Qual seria o compromisso da Dell com Boston e a comunidade?

Talvez porque também era um fundador, mas não só por isso, eu disse que achava importante valorizar a história e o legado de como as empresas começaram, com os erros e tudo. Disse a Jack que sempre lembraríamos, respeitaríamos e honraríamos os que fundaram a EMC e a VMware.

Argumentei que as três empresas, EMC, VMware e Dell, tinham fortes compromissos com nossas respectivas comunidades. E, falando por nós, essa filosofia teria o prazer de incluir Boston, depois de nos fundirmos. Para começo de conversa, eu disse (sorrindo enquanto pensava em Jimmy) que compraria um apartamento em Boston e passaria algum tempo na cidade enquanto estivesse trabalhando na sede da EMC em Hopkinton, a apenas 30 quilômetros pela Mass Pike.

Jack assentiu, depois me perguntou sobre nossa estratégia e nossos planos para a empresa combinada.

Expliquei a ele que a EMC e a Dell formariam uma combinação dos sonhos: a maior empresa de tecnologia com capital fechado no mundo, com a melhor tecnologia do ramo, os melhores produtos, expertise técnica e uma incrível força de vendas. A fusão seria excelente para os acionistas da EMC e para os clientes e parceiros da Dell. Um negócio sem perdedores.

Disse que sabia muito bem, em consequência de nosso fechamento do capital, que uma estrutura privada para as empresas combinadas criaria liberdade para investimento em vendas e inovação: um foco de longo prazo, sem as restrições dos resultados trimestrais. E a liberdade para investir era apenas o início; a estrutura de capital criada pela fusão seria um multiplicador de forças para a capacidade de investimento. O crescimento explosivo dos dados, indo na direção de 1 trilhão de dispositivos conectados em todo o mundo, exigia nada menos do que isso. Os clientes estavam vendo as necessidades de armazenamento e de segurança crescerem de forma exponencial, e precisavam encontrar uma empresa capaz de abordar um amplo espectro de soluções.

E, claro, os clientes estavam sempre à procura de um parceiro de confiança. O alicerce já existia: a EMC era conhecida e amada por muitos clientes empresariais, e a Dell, por milhões de empresas pequenas e médias. Combinadas, ambas representariam um parceiro de confiança ainda maior para clientes de todos os tamanhos. Um parceiro líder na tecnologia atual – servidores, armazenamento, virtualização, software de nuvem, PCs – e em condições de liderar a tecnologia do futuro – transformação digital, data centers definidos por software, infraestrutura convergente e hiperconvergente, nuvem híbrida, mobilidade e segurança.

As duas empresas, argumentei, tinham motores de inovação comprovados; juntas teriam maior escala, melhor cadeia de suprimentos e, mais importante, mais clientes comerciais – dando à EMC Dell um alcance maior de mercado que o de qualquer outra empresa de tecnologia no mundo.

Resumindo, falei a Jack, a Dell somada à EMC seria a maior força motriz em estrutura de TI, numa posição especial para aconselhar os clientes sobre o melhor modo de transformar sua TI em meio à explosão de dados. Nenhuma outra empresa chegaria perto disso.

No fim da conversa Jack assentiu, e nós soubemos que ele havia nos dado a bênção. Agora só precisávamos convencer o restante do conselho dele. E conseguir aqueles últimos 50 bilhões de dólares.

Estávamos quase lá, mas era um quase enorme.

Apesar de nós (a Dell) estarmos prontos para contribuir com todo o capital próprio da empresa existente – dobrando ou triplicando o valor do bem-sucedido fechamento do capital –, além de quase 4,5 bilhões de dólares em capital novo (2,8 bilhões meus, pessoalmente, e da MSD Capital, 1,1 bilhão da Silver Lake e 500 milhões do Temasek), Jimmy Lee achava que os bancos alegariam que esse total não bastaria para sustentar o empréstimo necessário para completar a aquisição. Assim, começamos a abordar o uso de financiamento mezanino – um híbrido de empréstimo e financiamento com capital próprio que permitiria ao credor converter a dívida em participação societária. Por causa da característica da conversão, esse tipo de empréstimo é tratado como participação societária, se o negócio fracassar. (Além disso, é caro, com uma taxa de juros bem mais alta que o outro empréstimo que estaríamos tomando.) Achamos que poderíamos precisar de até 10 bilhões de dólares em financiamento mezanino.

Logo concluímos que o Temasek, o fundo soberano de Cingapura, era nosso melhor, e talvez único, parceiro viável. Ainda assim, era apavorante colocar todos os ovos em uma única cesta: num determinado ponto naquele verão parecia que se o Temasek não quisesse investir 10 bilhões de dólares, o negócio não iria para a frente.

Nas semanas seguintes, enquanto negociávamos potenciais termos com o Temasek, refinamos e otimizamos nossa estrutura de capital num esforço de (1) reduzir a quantidade de capital novo necessário, (2) aumentar a quantidade de novos empréstimos disponíveis, (3) minimizar o custo do capital emprestado e (4) maximizar a propriedade direta da Dell sobre a VMware.

Nove dias depois do meu jantar com Jack – 17 de junho, uma tarde de quarta-feira –, eu estava olhando meu terminal da Bloomberg quando uma notícia piscou na tela e me deixou de cabelo em pé: Jimmy Lee havia morrido. Mais tarde, descobri que Jimmy havia tido um colapso enquanto se exercitava em sua casa em Connecticut. Foi levado às pressas ao hospital, mas não pôde ser ressuscitado. Tinha 62 anos. Jovem demais.

Foi um golpe devastador para todos que amavam Jimmy – e éramos muitos. A morte tinha acontecido bem no meio daquele negócio gigantesco, cujo financiamento Jimmy vinha capitaneando para nós. Em momentos assim – que lembravam a tristeza de quando minha mãe morreu –, minha capacidade de compartimentalização é testada até o limite. Minha mente se dividiu entre o sofrimento pela família e pelos amigos de Jimmy e reflexões sobre a brevidade da vida e o negócio premente em mãos. Dezenas de milhares de pessoas seriam afetadas por esse negócio. Como poderíamos agir corretamente em nome delas? Quem poderia ocupar o lugar de Jimmy Lee?

Jimmy tinha sido uma força da natureza – todo mundo sabia disso. O foguete que impelia essa fusão. E os auxiliares dele, ou quem pudesse ser chamado para ocupar seu lugar, não eram Jimmy. Pensei nisso durante um ou dois dias, e então meu telefone tocou. Era Jamie Dimon, chefe de Jimmy e CEO do JPMorgan Chase. Fazia muito tempo que eu conhecia Jamie e tinha o maior respeito por ele como líder. E o que ele estava dizendo agora – que ia substituir Jimmy e conduzir esse negócio até o sucesso – me levou a respeitá-lo ainda mais.

À medida que progredíamos, a análise se tornava mais profunda.

Cada empresa tinha contratado uma firma de consultoria para ajudar examinar as sinergias de receitas e custos do Projeto Esmeralda: a B a Dell e a McKinsey para a EMC. No final de agosto, marcamos uma reunião num hotel discreto, escolhido em função do sigilo – um Hyatt Regency nos ermos do norte de New Jersey –, para que nós e a EMC, além de um punhado de banqueiros e advogados, revisássemos as descobertas dos consultores.

Na noite anterior, Joe Tucci, Bill Green, Harry You, Egon e eu tínhamos jantado num restaurante ali perto, num antigo vagão ferroviário reformado. O dia seguinte seria de negócios importantes, mas naquela noite a atmosfera em volta da mesa era amistosa e divertida. Talvez isso tenha feito surgir "A Ideia".

Lembro que estávamos rindo de diversas ideias, inclusive a de entrar num banco, sentar-se diante de algum gerente e falar: "Quero um empréstimo de 50 bilhões de dólares." Era mais ou menos o ponto em que estávamos naquele momento, e pareceu meio cômico. De repente, Egon ficou sério e levantou o indicador, dizendo:

– E o gerente diz: "Ok, como vocês vão nos pagar de volta?" E nós respondemos: "Temos algumas maneiras de fazer isso."

Silêncio absoluto. Todos ficaram só ouvindo.

– Uma delas é algo chamado ISG, a combinação do armazenamento da EMC, que existe há mais de trinta anos, com o negócio de servidores da Dell, líder mundial. Além disso, há o negócio de PCs, que gera um enorme fluxo de caixa.

Egon continuou:

– E tem também a VMware. Apesar de estarmos emitindo uma *tracking stock*, contamos com 81% das ações ordinárias atuais da VM em nosso balancete. Elas são negociadas na Bolsa de Valores de Nova York e valem cerca de 40 bilhões de dólares. Como depois da fusão teríamos os 81% da VMware em nosso balancete, nosso capital seria muito maior do que sem a VMware incluída. Assim, senhor banqueiro, temos várias maneiras de lhe pagar.

Egon sorriu.

– Essa é a parte linda: não precisamos daquele caro financiamento mezanino do Temasek.

Talvez eu não esteja me lembrando bem; será mesmo que Joe, Bill, Harry e eu irrompemos em aplausos espontâneos? O que sei, com certeza, é que estávamos todos sorrindo.

Procuramos os serviços de consultoria das agências de classificação de risco para discutir a proposta e buscar ratings provisórios para o financiamento e a estrutura de capital. Agora nossa estrutura final incluía a rolagem de algumas dívidas com grau de investimento existentes na EMC. Mais importante ainda era que, ao usarmos o argumento irretocável de Egon sobre a VMware, conseguimos alcançar avaliações de tranches com grau de investimento para a maior parte dos empréstimos novos que precisávamos levantar.

Era um tremendo avanço. O mercado de dívidas de grau de investimento é muito mais profundo – ser capaz de utilizá-lo nos permitia aumentar a quantia e baixar o custo do novo capital de débito a um ponto em que não necessitássemos mais levantar qualquer ação preferencial cara do Temasek para financiar a transação. Agora podíamos enxergar um caminho para a vitória... um caminho com um grande obstáculo.

Na manhã de quarta-feira 2 de setembro, Egon e eu fomos ao escritório jurídico da Skadden Arps na Times Square para aquela que poderia ser a reunião mais importante da minha vida profissional. Era agora ou nunca, o dia em que o conselho da EMC iria olhar desconfiado para mim e para minha empresa e decidir se éramos dignos de comprar a empresa deles – e, sem pressão, se eu era digno de liderar.

O nervosismo que tomava conta de mim foi consideravelmente aliviado porque tínhamos um amigo: Jamie Dimon.

Era uma grande sala de reuniões, ocupada com os membros do conselho e administradores da EMC, banqueiros e advogados, uma câmera e fones de ouvido com microfones para incluir todos que não estivessem presentes: duas dúzias de pessoas esperando para ouvir o que eu tinha a dizer. Eu tinha pensado naquela ocasião como uma entrevista de emprego – estava me sentindo confiante, mas ao mesmo tempo consciente de que havia muita coisa em jogo.

O conselho tinha várias perguntas.

Eles queriam entender nossos planos, saber como manteríamos o ecossistema da VMware independente e como manteríamos o envolvimento filantrópico e comunitário que a EMC tinha no cerne de sua cultura. Fiz meu melhor discurso de venda.

Expliquei que poderíamos operar de modo mais eficaz como uma empresa de capital fechado com foco de longo prazo. Mencionei o artigo que tinha escrito para o *The Wall Street Journal* alguns meses antes, em que expliquei como o fechamento do capital estava sendo positivo para nós. No texto, eu dizia que depois disso a paixão dos integrantes de nossa equipe só crescera e que agora eles tinham liberdade para se concentrar em inovar para os clientes de um modo que nem sempre fora possível enquanto lutávamos para atender às exigências trimestrais de Wall Street.

Ao recordar as dificuldades pelas quais a Southeast Management tinha nos feito passar, e mencionar o que a Elliott Management ainda estava levando a EMC a passar, lembrei ao conselho que o fechamento do capital libertava a empresa das pressões dos investidores ativistas.

Expliquei nossos planos para a retenção e o crescimento da equipe. Disse que planejávamos manter a maioria dos altos executivos porque nossa fusão tinha a ver principalmente com sinergias de crescimento e receita – e lembrei ao conselho que a HP teria eliminado muitos cargos. Disse ao conselho que a grande maioria das pessoas muito talentosas na EMC, na VMware e na Pivotal complementava nossas equipes.

Assegurei o compromisso com Boston e Massachusetts: disse a eles, como havia dito a Jack, que planejava comprar um apartamento em Boston. Prometi que daríamos continuidade ao ótimo trabalho que a EMC havia iniciado ao se conectar com as comunidades ao redor – como a parceria com o estado para levar educação e inspiração em ciência, tecnologia, engenharia e matemática para escolas dos ensinos fundamental e médio; doar milhões de dólares para instituições de caridade locais e oferecer milhares de horas de voluntários para ajudar na proteção ambiental e na assistência a desastres. Prometi que honraríamos, preservaríamos e celebraríamos a forte cultura da empresa. Disse que sentia um respeito profundo pelo que Joe e sua equipe haviam criado e pelo modo como tinham criado, e que só planejávamos ampliar esses feitos, não alterá-los.

Cerca de uma hora depois do início da reunião houve um silêncio momentâneo. Então um membro do conselho rompeu a pausa com uma pergunta.

– Essa fusão acrescentaria uma carga grande ao seu trabalho, e o seu trabalho já é grande – disse ele. – Todos nós gostaríamos de saber até que ponto você será capaz de se dedicar a ele.

– A empresa tem o meu nome, ela é a minha vida – respondi. Depois sorri. – Mas, como aqueles que têm filhos entenderão, meus gêmeos cresceram, foram para a faculdade, então estou com bastante tempo livre.

A minha fala provocou risos. Mas, assim que o silêncio voltou à sala, outro diretor me olhou com seriedade e perguntou:
– Vocês têm o dinheiro? Estamos falando de muito dinheiro.
Antes que eu pudesse dizer uma palavra sequer, Jamie interveio:
– Têm. Eles têm o dinheiro.
Dessa vez os risos foram mais altos ainda. Então veio outro silêncio enquanto todos absorviam a importância e a credibilidade do homem que havia falado. Foi um momento que jamais esquecerei, e algo pelo qual sempre serei grato a Jamie.

Depois da reunião, liguei para cada um dos principais executivos da EMC e da VMware e pedi o compromisso de permanecer na nova empresa. Todos, sem exceção, disseram sim.
Estávamos chegando perto do que queríamos. Estava começando a se tornar realidade.
Voltei a Austin e, no sábado, dia 5, parti para uma semana de viagem a fim de visitar algumas de nossas instalações na Ásia. Primeira parada, Bangalore. Meu pai foi comigo, como fazia de vez em quando. Isso nos dava ótimas oportunidades de passar algum tempo juntos; ele podia fazer um pouco de turismo e adorava me acompanhar e me ver em ação. Quando as pessoas lhe perguntavam quem ele era, ele dizia com orgulho:
– Sou o fundador do fundador.
De Bangalore fomos para Xangai, depois Tóquio. Então papai voltou a Houston e naquele fim de semana eu me encontrei com Susan num pequeno resort isolado no sul de Utah, onde adoramos fazer caminhadas.
Talvez por causa do jet lag, talvez por causa da proximidade do anúncio da maior aquisição de tecnologia de todos os tempos, acordei no meio da noite com o coração disparado e uma tempestade de pensamentos sobre coisas que eu precisava fazer e perguntas sobre como conseguiria dar conta de tudo. A verdade é que eu não tinha certeza de como a fusão iria funcionar. Havia incontáveis detalhes a serem examinados, detalhes sobre os quais poucas pessoas tinham conhecimento, e por esse motivo eu não podia envolver um maior número de profissionais com minhas angústias. Não tenho tendência a me desesperar, mas – eu nunca havia experimentado nada parecido – essa

pode ter sido a minha versão de um ataque de pânico. Anotei um punhado de ideias, olhei as estrelas durante um tempo e finalmente voltei a dormir.

―

Na manhã de segunda-feira, 12 de outubro de 2015, fizemos o grande anúncio: a partir de um acordo com o dobro do tamanho do maior acordo tecnológico até então (a aquisição da Compaq pela HP por 33 bilhões de dólares em 2002), a Dell Inc. e a EMC tinham se tornado uma única empresa, com mais de 150 mil integrantes. A companhia passaria a se chamar Dell Technologies e seria comandada por mim. Conseguimos! Tínhamos comprado uma empresa de 67 bilhões de dólares com 4,5 bilhões em capital próprio (além de todo o patrimônio líquido da Dell Inc.). Nosso financiamento de débito tinha tido um sucesso que ia além dos nossos sonhos. Era como se tivéssemos atravessado as Cataratas do Niágara de moto em cima de uma corda bamba.

As reações foram imediatas.

Os concorrentes diziam: "Eles vão levar anos para resolver isso; não vai dar certo; terão todo tipo de problemas; você deveria comprar de nossa empresa."

Meg Whitman comandou o ataque como havia feito antes quando fechamos o capital. Num e-mail para "Todos os Empregados da Hewlett Packard Enterprise", chamou a fusão de "uma boa coisa para a Hewlett Packard Enterprise e uma oportunidade para aproveitarmos o momento".

Meg dizia que a fusão era algo bom para a HP, mas ruim para a Dell:

Com os empréstimos de 50 bilhões de dólares que a nova empresa combinada terá em seu balanço, a Dell precisará pagar cerca de 2,5 bilhões por ano somente de juros. São 2,5 bilhões que tirarão da área de pesquisa e desenvolvimento e outras atividades fundamentais da empresa, e isso vai impedi-los de servir melhor os seus clientes.

Meg parecia saber bastante sobre como alocávamos o capital. (A estrutura de capital criativa e eficiente estabeleceu a base para um forte fluxo de caixa e um pagamento acelerado da dívida, essa é a verdade.) Mas nossa dívida supostamente excessiva estava longe de ser sua única crítica. Havia também a problemática união das duas empresas.

Integrar a EMC e a Dell, que, juntas, têm mais de 75 bilhões de dólares em receitas e quase 200 mil funcionários, não é um feito simples. Será uma tarefa gigantesca e um enorme transtorno para os empregados e sua equipe de gerenciamento à medida que duas culturas muito diferentes se unem, as equipes de liderança mudam e uma estratégica totalmente nova é desenvolvida.

Meg ainda declarou:

Juntar dois portfólios vai exigir uma quantidade significativa de racionalização de produto, o que será perturbador para o negócio e criará confusão entre os clientes. Eles simplesmente não saberão se os produtos que estão comprando hoje de qualquer uma das duas empresas terá suporte daqui a 18 meses.

Seria o roto falando do esfarrapado? Como escreveu um comentarista: "Se alguém conhece esse tipo de confusão, deve ser a HP." Aquela gigantesca aquisição da Compaq – evidentemente ocorrida muito antes do mandato de Meg – jamais havia resultado em grande coisa a não ser no desmantelamento de uma empresa que havia sido importante e no incremento da nossa posição no mercado de PCs.

Para além disso, houve a compra pela HP da empresa de software Autonomy – uma empresa que tínhamos pensado em adquirir, mas deixamos de lado porque, ao custo de 11 bilhões de dólares, era cara demais. Pelo que parecia, o conselho da HP pensava como nós, porque demitiu Leo Apotheker por ter dito que planejava comprá-la. Então, um mês depois de suceder Apotheker, Meg Whitman foi em frente e adquiriu a Autonomy, ao preço acordado anteriormente – a transação se transformou num fiasco embaraçoso para a Hewlett Packard (um cancelamento que custou 8 bilhões) quando descobriram que a Autonomy vinha maquiando a contabilidade.

Gosto de Meg e a respeito, mas o que ela estava fazendo era apenas semear medo, incerteza e dúvida, num esforço um tanto desesperado para compensar o outro erro colossal que havia cometido ao não adquirir a EMC. Não era um ataque venenoso, ao estilo de Carl Icahn, mas não deixava de ser um ataque. Em sua defesa, devo dizer que essa é uma prática comum no mercado: eu mesmo posso ter feito uma ou duas vezes. Ela só estava tentando agitar a mídia e animar suas tropas. Mas ao dividir sua empresa em duas estava admitindo que, de fato, tinha cedido a nós a vitória no negócio de infraestrutura de TI.

Anunciamos a fusão naquele mês de outubro, mas, por causa de um processo de aprovação longo e arrastado – todos os principais governos com que as duas empresas faziam negócios precisavam declarar que a combinação não violava nenhum regulamento antitruste –, ela só seria efetivada onze meses mais tarde, em setembro de 2016.

Em agosto de 2016, todos os países dos quais dependia a aprovação da fusão – mais de vinte – tinham dado a bênção a nós. Com exceção de um: a China. A República Popular não tinha dado seu ok no período de aprovação obrigatório de 180 dias, e por isso tinha aberto outro período de 180 dias que seria prejudicial para nossa empresa e nossa equipe. Por isso instruí Rich Rothberg, nosso consultor geral na época, a ir a Pequim, para me mandar informações semanais e fazer todo o possível para garantir que o MOFCOM, a autoridade antitruste chinesa, tivesse todos os dados necessários para chegar rapidamente a uma decisão.

Depois de uma semana, Rich ligou e me disse que não tinha ideia de quando sairia a decisão. A mesma coisa aconteceu depois da segunda semana. Quando ele ligou com a mesma notícia na terceira semana, eu lhe disse que precisávamos marcar posição e dizer ao MOFCOM que ele não sairia da China até que eles dessem a aprovação, não importava quanto isso demorasse. Rich recebeu minha diretriz com vinte segundos de silêncio, tempo em que pensou que passaria o Dia de Ação de Graças, o Natal e o Ano-Novo com nossa equipe da Dell em Pequim. Respondeu que não achava que o MOFCOM ou o governo chinês se importariam nem seriam influenciados pelo paradeiro dele enquanto demoravam para decidir nosso destino. Sem me abalar com a falta de fé de Rich no poder que um indivíduo tem de fazer diferença, respondi que eu achava que a presença dele lá seria significativa para a nossa equipe administrativa e sinalizei como era importante para a empresa ele anunciar sua decisão de ficar na China até a aprovação sair de fato.

Mais vinte segundos de silêncio – depois do que Rich disse acreditar que o que estava fazendo na China (principalmente esperar numa sala de reuniões na sede da Dell) poderia ser feito com a mesma eficácia em Austin. Dessa vez eu fiquei em silêncio, e depois de mais vinte segundos (tempo em que tive certeza de que Rich pensou na "sugestão" de seu chefe) ele disse que achava que sua permanência em Pequim fazia sentido e seria um forte sinal para o governo chinês de que faríamos qualquer coisa para obter uma decisão mais rapidamente. Não sei se a insistência em fincar os dois pés em Pequim foi um fator preponderante, mas, para a sorte de Rich (e da empresa), o MOFCOM deu sua aprovação nos dez dias seguintes. E Rich estava em casa no início de setembro, bem antes das festas de fim de ano.

Durante todo o processo de aprovação sabíamos que nossos concorrentes tentariam jogar areia nas engrenagens. Sabíamos que eles iriam à Divisão Antitruste do Departamento de Justiça e diriam: "A Dell vai comprar a VMware e vai tirar de todos os concorrentes o acesso à VMware, portanto vocês precisam investigar isso." Assim, uma das primeiras coisas que precisei fazer pessoalmente foi ligar para os CEOs de todas as empresas concorrentes – Cisco, IBM, NetApp, Lenovo e muitas outras, e também para Meg Whitman – e garantir a eles que a VMware permaneceria independente.

O ponto positivo foi que o longo processo de aprovação nos deu mais tempo para começar a trabalhar na fusão da Dell com a EMC. Porque o segundo argumento de Meg – de que integrar duas empresas gigantescas, cada uma com sua própria cultura corporativa, é muito difícil – não estava totalmente errado. Mas ela havia posto o desafio sob a luz mais negativa possível, ao passo que eu o via como uma oportunidade incrível.

E, antes de tudo, era uma oportunidade para estabelecer a marca. Uma das grandes questões logo de início era: como iremos chamar a empresa?

Essa não era uma pergunta que poderia ser respondida de forma fácil ou intuitiva. Assim, aplicamos um processo comprovado na Dell que resolve qualquer decisão, não importa quão complexa seja, entre trinta e quarenta dias. O processo consiste em dois passos: Fatos e Alternativa, e Escolhas e Compromissos.

Com frequência, as empresas ficam travadas ao ter de tomar grandes e complicadas decisões, que por fim jamais são tomadas ou levam quatro, cinco ou dez meses para serem resolvidas. O nosso método diz: "Vamos encarar os fatos reais – não opiniões, fatos." Ao mesmo tempo perguntamos: "Quais são as alternativas legítimas? Não coisas malucas que jamais faríamos, mas alternativas legais." Então passamos um tempo não muito grande, talvez duas semanas, examinando com atenção cada uma das opções.

Em seguida vem o passo Escolhas e Compromissos, que – sem surpresa – estipula: "Vamos fazer uma escolha e nos comprometer com ela." A escolha não tem por base personalidades ou emoções. É um processo objetivo orientado por fatos e dados. Temos uma cultura de busca da verdade, tendo aprendido muito tempo atrás que os fatos e os dados são nossos amigos.

Nesse processo de estabelecimento da marca, a primeira pergunta era: "Quais são as alternativas? Bom, você poderia simplesmente chamar a empresa de Dell. Poderia chamá-la de EMC. Poderia chamá-la de DellEMC. Ou de Dell-EMC-VMware. Tínhamos algumas outras variações: Dell Labs, ou Dell Laboratories.

Uma das alternativas era criar uma marca do zero. Mas concluímos que isso custaria centenas de milhões de dólares e demoraria muito tempo, ao passo que, com a Dell, já tínhamos uma das marcas mais reconhecidas no mundo. A EMC não era tão popular nesse ramo de atividade, mas para um tipo especial de cliente era proeminente e muito valorizada. Todas essas empresas que tinham grandes prédios com logotipos na fachada sabiam o que havia em seus data centers. Assim, para o negócio de infraestrutura, criamos a DellEMC como marca. E como marca da empresa-mãe, Dell Technologies.

Porém, mais importante do que dar um nome à nova empresa era formar uma equipe completamente integrada, que funcionasse bem. Com esse objetivo, passei o restante de 2015 e os primeiros três trimestres de 2016 numa grande ofensiva de charme, fazendo tudo o que podia para deixar o maior número possível de administradores da EMC não apenas confortáveis com a união como também empolgados com ela.

Um dos primeiros desafios era evitar – na verdade, erradicar – qualquer caracterização da fusão como uma aquisição.

Sempre gosto de olhar pelas lentes do cliente e do integrante da equipe, também conhecido como empregado. Se você é cliente, não quer ouvir falar de aquisições. Carl Icahn faz aquisições. É o tipo de tomada de controle acionário em que conselhos inteiros e equipes de gerenciamento são dispensados pelo interesse de usar a empresa para obter lucro rápido. Uma "combinação" soa muito melhor que uma "aquisição". Uma "fusão" parece uma "combinação". A gente pode dizer "fusão".

Mesmo assim, se você faz parte da equipe, há algo muito estranho em estar numa fusão. Quando entra em uma empresa, você tomou uma decisão assertiva de entrar nessa empresa e ela tomou uma decisão assertiva de receber você. Numa aquisição ou fusão isso não acontece. Sua empresa foi comprada ou combinada com outra e agora você trabalha para essa nova empresa. Você não tomou a decisão positiva de trabalhar nessa nova organização e ela não tomou a decisão positiva de contratar você. É um relacionamento totalmente diferente, e é complicado fazer com que as pessoas se sintam à vontade com ele.

E se a união tivesse acontecido no sentido contrário? Passei algum tempo pensando nisso. Nós estamos sentados aqui em Round Rock, no Texas, fazendo o que fazemos, e então uma empresa compra a Dell. Em primeiro lugar, a nova sede não seria mais em Round Rock, no Texas, seria em outro lugar. E talvez eu estivesse lá, talvez não, talvez houvesse todo um conjunto de pessoas lá. Seria diferente, com certeza.

Naquele ano, comecei a me esforçar para dar um grande abraço ao maior número de pessoas da EMC. Claro, elas receberam incentivos financeiros para permanecer na empresa, mas o dinheiro não é tão poderoso quanto a conexão emocional, o sentimento de "Conheço as pessoas envolvidas no comando desta empresa e confio nelas. Acredito no que estamos fazendo, e o que estamos fazendo é importante".

Tomei diversas atitudes. Levei pessoas para jantar. Convidei pessoas à minha casa. Queria desenvolver relacionamentos e entender as perspectivas e as ideias delas. Por causa de nossa aliança anterior, eu conhecia alguns executivos da EMC, como Bill Scannell (que havia começado a trabalhar na empresa em 1986) e Howard Elias, e fui conhecendo muitos outros. Era uma equipe de liderança incrível, muito talentosa. Entrei no LinkedIn e me conectei com todo mundo que tinha um cargo razoavelmente importante na EMC, na VMware e na Pivotal. Ninguém esperava receber esse tipo de aviso: "Você tem uma mensagem de Michael Dell no LinkedIn." Não quero me gabar da minha importância pessoal, mas as pessoas demonstram entusiasmo por ter contato direto com o CEO, seja ele quem for. Quando alguém me escrevia de volta, eu dizia "Bem-vindo à equipe! Nós estamos muito animados, ouvimos grandes elogios sobre você" – o que levava a presumir que eu tivesse ouvido. E "Mal posso esperar para trabalhar com você!".

Fui ao maior número possível de locais de trabalho da EMC, e sempre avisava com antecedência que faria isso: "Quero me encontrar pessoalmente com o máximo de pessoas em postos altos." Não estava sendo dissimulado. Não diria a uma pessoa que tinha ouvido dizer que ela era ótima se não tivesse ouvido dizer que ela era ótima, mas minha campanha era objetiva. Eu reconhecia que aqueles profissionais não tinham decidido trabalhar em nossa empresa, talvez não soubessem nada sobre ela, a não ser o que tinham ouvido falar. Assim, era quase como se eu estivesse recontratando cada uma daquelas pessoas. Eu ia às mesas para dizer: "Ouvi coisas fantásticas sobre você e realmente quero você na equipe. Quero garantir que você tenha um papel importante na empresa – grande parte do motivo de estarmos realizando a fusão é o trabalho que você está fazendo." Ia além e dizia: "Esse novo produto é mesmo ótimo, quero saber mais sobre ele, me mantenha informado, sinta-se livre para me contatar a qualquer momento e dizer em que posso ajudar." Eu também queria ouvir as ideias daqueles profissionais sobre as melhores oportunidades que poderíamos ter. Minha mensagem a todos com quem me encontrava era: "Estamos nisso juntos."

Essa campanha tinha um alvo. Desde o início, sabíamos que a fusão criaria algumas redundâncias, não queríamos que todo mundo ficasse. Em alguns casos, havia funções sobrepostas, e decisões difíceis teriam que ser tomadas. Esse não era o enredo fundamental da fusão, mas tinha de ser feito.

Como decidir quem fica e quem vai embora? Começamos com estratégia, estrutura, pessoal. Qual é a estratégia? Qual é a melhor estrutura para executá-la? Quem se encaixa melhor na estrutura para executar a estratégia? Enquanto examinávamos as pessoas nas duas organizações, encontramos um poço de talentos incrivelmente profundo: para quase todos os cargos tínhamos três ou quatro candidatos qualificados, em alguns casos, cinco. É inevitável que, quando duas empresas gigantescas se unem, haja um número maior de ótimos profissionais do que de ótimos cargos.

Esse tipo de constatação nos dava a oportunidade de aumentar o calibre dos talentos em toda a organização. Mas rendeu alguns momentos difíceis.

Havia uma função importante – não vou dizer qual – que era ocupada na Dell e na EMC por dois executivos extremamente hábeis e engajados. O profissional da Dell tinha acabado de ser nomeado; o da EMC estava lá havia muito tempo. Qualquer um dos dois poderia fazer um trabalho notável. Mas a dura verdade era que o sujeito da Dell, recém-nomeado, estava em posição de crescer num papel em que tudo que ele conhecia era a organização combinada, e com isso poderia dar às empresas fundidas uma perspectiva que não se baseava em uma ou outra empresa antiga.

Eu disse imediatamente ao sujeito da EMC que não haveria um cargo para ele. Agradeci o ótimo trabalho que ele havia feito e comentei que sabia que ele continuaria ajudando até o final da fusão. Avisei que tínhamos um generoso pacote de demissão para ele. Ele respondeu:

– Vou pensar sobre isso.

Ele voltou e propôs um plano em que o outro sujeito continuaria a realizar a função para a DellEMC e ele se incumbiria da Dell Technologies – uma proposta que o tornaria o principal sujeito da empresa-mãe no cargo. Seria algo como um "uber" profissional.

– Não era isso que eu tinha em mente – contestei.

Demorei algumas reuniões para convencê-lo de que não existia um cargo disponível para ele. Era um sujeito ótimo, e a decisão foi difícil para nós dois. Mais para ele, claro. Ele ficou desapontado, mas não com o pacote de demissão.

Depois desse processo, às vezes complicado, emergimos com uma ótima equipe, formada pelas melhores pessoas de toda a empresa. Éramos e ainda somos muito preocupados com o equilíbrio da equipe, de modo que reflita nossos pontos fortes coletivos como empresa. Depois de cinco anos, houve uma polinização cruzada tão intensa que quase ninguém diz "Sou legado da Dell" ou "Sou legado da EMC". Se alguém fizer isso, nós lembramos gentilmente: "Não, não, agora é uma empresa única: somos a Dell Technologies."

Eu estava feliz por continuarmos a ser uma empresa de capital fechado. (Ou, para ser mais exato, uma empresa de capital aberto controlada por capital fechado, por causa das *tracking stocks*.) A fusão tinha dado certo e continuava dando: assim como tínhamos previsto, as duas companhias juntas eram maiores do que a soma das partes. Combinar o negócio de servidores da Dell com o negócio de armazenamento da EMC havia criado uma gigantesca nova estrutura empresarial muito bem-sucedida. Quando nos fundimos com a EMC, nossas vendas beiravam 73 bilhões de dólares; em 2017 e 2018, acrescentamos quase 20 bilhões em novas receitas, muito mais do que qualquer um havia esperado. No primeiro trimestre de 2018, nossa receita de servidores em todo o mundo cresceu mais de 50%, tirando do topo a HP, a antiga líder no setor. Retomamos também a liderança na entrega de PCs nos Estados Unidos. (Se o PC estava de fato morto, era um cadáver bem animado.)

A participação de 81% na VMware, que veio junto do acordo, era um tremendo bônus que gerou 8,1 bilhões de dólares em vendas e 3,3 bilhões em fluxo de caixa livre nos doze meses que terminaram em meados de 2018 – para não mencionar mais 9 bilhões que recebemos dos 11 bilhões de dividendos especiais da VMware no início de julho. A VMware estava indo muito, muito bem, e boa parte de seu sucesso era decorrente do fato de a Dell Technologies entregar soluções completas junto de nossos negócios de servidores, armazenamento e PCs. E as *tracking stocks*, tendo crescido 115% desde que as havíamos emitido, refletiam esse sucesso.

Em meados de 2018, tínhamos pagado boa parte do empréstimo tomado para completar a fusão. Era hora de simplificar a estrutura de capital, aumentar o interesse econômico na VMware e alinhar os interesses de todos os acionistas, tanto os do capital fechado (principalmente a Silver Lake e eu) quanto do aberto (proprietários das *tracking stocks*, vulgo ações Classe V ou DVMT).

Era preciso eliminar as *tracking stocks* e reunir todos os acionistas.

Como fazer isso?

Nosso conselho formou uma comissão especial – sombras de 2012 – para explorar todas as alternativas. Será que deveríamos simplesmente comprar toda a VMware? A VMware não gostava dessa ideia. Com razão, estavam orgulhosos de sua identidade como uma empresa de software independente e não tinham desejo de perder essa independência.*

Em última instância, o melhor caminho a seguir – e aqui tivemos o sábio aconselhamento de Gregg Lemkau, chefe de investimentos do Goldman Sachs – seria adquirir as *tracking stocks* usando dinheiro e ações ordinárias da empresa-mãe. Comprar as *tracking stocks* poderia ser um movimento simplificador – mas, para compensar corretamente os acionistas das DVMT, a comissão precisaria estabelecer um valor para a Dell Technologies.

---

* No momento em que escrevo este livro, a Dell Technologies anunciou um *spin-off* aos seus acionistas de cerca de 81% de participação na VMware. O contexto histórico é que em setembro de 2016, quando terminamos a fusão com a EMC, a VMware e a Dell Technologies estabeleceram o objetivo de alcançar 1 bilhão de dólares em sinergias de receitas atualizadas para a VMware. Como isso representaria mais de 15% da receita da VMware, chegou-se à conclusão na época de que seria um objetivo difícil. Mas ultrapassamos em muito essa meta, alcançando quase 3,4 bilhões de dólares em sinergias de receitas atualizadas no ano fiscal de 2020 – isso representou mais de 31% da receita da VMware e quase todo o seu crescimento.

E haveria necessidade de os proprietários das *tracking stocks* votarem a favor da transação.*

A imprensa especializada em economia acompanhou nossos avanços com algum interesse, até porque não se deixa para trás a história da maior fusão de tecnologia de todos os tempos. E esse holofote sobre nós logo atraiu rapi-

---

* Para explicar a importância desse passo, cada ação da Dell Technologies se beneficia atualmente de uma quantidade proporcional dos 81% de participação da VMware. Então o acionista estará livre para manter as duas ações, ou vender uma, ou ambas. A liderança da Dell Technologies acredita que o *spin-off* irá beneficiar os acionistas da Dell Technologies e da VMware simplificando as estruturas de capital das duas empresas e aumentando a flexibilidade estratégica. A estrutura de capital anterior das empresas era complicada: um acionista da VMware sabia que a Dell Technologies era a maior proprietária da VMware. Isso não era benéfico para o mercado, que costuma preferir empresas envolvidas com apenas um tipo de produto. O *spin-off* terá o efeito de transformar a Dell e a VMware em empresas com um tipo de produto ao mesmo tempo que mantêm a estratégia benéfica e a parceria comercial de que desfrutamos. Esse passo também dará à VMware mais flexibilidade para fazer aquisições com base em ações e tomar outras iniciativas. No fechamento da transação, a VMware distribuirá um dividendo especial em dinheiro de 11,5 a 12 bilhões de dólares no agregado a todos os acionistas da VMware, inclusive à Dell Technologies. Com base nos atuais 80,6% de participação na VMware, a Dell Technologies receberá algo entre 9,3 e 9,7 bilhões de dólares, e pretende usar o ganho líquido para pagar dívidas, posicionando bem a empresa para as avaliações de grau de investimento. Espera-se que a transação fechada no quarto trimestre do ano calendário de 2021, sujeita a determinadas condições, receba uma carta favorável da Receita Federal e que a transação seja qualificada como livre de impostos federais dos Estados Unidos para os acionistas da Dell Technologies.

Com uma estrutura de capital ainda mais forte, a Dell Technologies está posicionada para aproveitar a retomada dos gastos com infraestrutura e PCs, novos modelos de operação em nuvem, a mudança para a computação de borda e as iniciativas de transformação digital dos clientes a prazo mais longo. Com um acordo comercial forte, a Dell Technologies poderá continuar a trabalhar de perto com a VMware para impulsionar inovações e preservar as sinergias de *go-to-market* ao mesmo tempo que gera novas oportunidades por meio de um ecossistema aberto. Com a tecnologia no centro da recuperação mundial da Covid-19, a Dell Technologies está concentrada em:

- Reforçar ainda mais a posição de liderança da empresa no crescimento da infraestrutura de tecnologia e nos mercados clientes.
- Expandir para novas áreas de crescimento de nuvem híbrida, computação de borda, 5G, telecomunicação e gerenciamento de dados.
- Entregar uma experiência moderna para o cliente na economia do "faça de qualquer lugar", inclusive mudando rapidamente para a operação em nuvem e modelos de consumo sob a iniciativa APEX.

damente a atenção de outra parte muito interessada no negócio, o sujeito em quem eu havia pensado um dia como "O Coringa".

Em 2 de julho de 2012, nós – a Silver Lake e a Dell Technologies – anunciamos o plano de adquirir as *tracking stocks*. A mídia apontou que essa ideia era complicada demais, apesar de, para nós, parecer bastante simples: estávamos propondo aos proprietários das ações Classe V a opção de receber em dinheiro ou em ações ordinárias Classe C da Dell Technologies. Depois da transação, a ação ordinária Classe C seria negociada na Bolsa de Valores de Nova York, o que significava que a Dell iria se tornar uma empresa de capital aberto novamente.

Segundo esse plano, os proprietários de ações de rastreamento receberiam 109 dólares em dinheiro ou 1,3665 ação Classe C da Dell para cada ação DVMT que tivessem. A *tracking stock* havia fechado a 84,58 dólares na última sessão de negociação antes do anúncio, de modo que os que optassem pelo dinheiro receberiam um prêmio de 29% por suas ações, mais que o dobro do que valia a ação quando foi emitida pela primeira vez. O valor da compra para os que optassem pela ação Classe C dependeria do preço da ação assim que ela começasse a ser negociada. Era um jogo? Claro. Mas era uma aposta muito boa. E uma alternativa que estaria à disposição de cada acionista que quisesse fazer essa aposta.

E, claro, isso não impediu Carl Icahn de criar confusão.

A batalha perdida em assumir o controle da Dell em 2013 deve ter sido um golpe duro para Icahn, mas não o desencorajou de forma nenhuma. Ele era como um zumbi que você não consegue matar. Não parava de borboletear no mercado, de fazer o que mais gostava: comprar grandes posições em empresas quando sentia cheiro de sangue e tentar extrair valor, quer isso fosse bom para elas ou não. Vencia uma batalha aqui, perdia outra ali, saboreava o jogo e toda a publicidade que lhe trazia, dava-se bem e aumentava a grande fortuna com toda a alegria possível – apesar de não parecer uma grande alegria.

Será que ir contra nós outra vez era uma tentativa de redenção por parte de Icahn? Como sempre digo, não gosto de fazer especulações, especialmente sobre os motivos de outras pessoas. É provável que o jogador de pôquer que há em Icahn tenha visto outra possibilidade de ação.

O primeiro movimento que ele fez em 2018 saiu direto de seu gasto caderninho de jogadas, e era um eco do primeiro movimento de 2013: ele começou comprando um punhado de nossas ações, modesta e discretamente, na primavera. Em meados de agosto, quando revelou sua posição, havia acumulado 1,2% de participação nas DVMT. Em outubro, tinha se tornado o principal acionista das *trackers*, com 9,3%. Ele pretendia causar encrenca em grandíssimo estilo mais uma vez. Como antes, fingia ser a voz dos pobres acionistas oprimidos, que estávamos tentando flechar (segundo ele) com uma oferta insultuosamente baixa.

Numa carta furiosa e prolixa que virava a razão de cabeça para baixo (Icahn não conhecia outro estilo) enviada à SEC (a comissão de valores mobiliários dos Estados Unidos) em 15 de outubro, ele dizia que o copo não estava só meio vazio, mas levemente molhado. Icahn acusou a mim e Silver Lake de termos tramado a fusão com a EMC por causa de um sentimento enorme de inadequação da Dell Inc.:

> *Há vários anos, a Dell e a Silver Lake perceberam que a Dell Technologies* [sic] *era apenas uma empresa de hardware valorizada que enfrentava desafios seculares e jamais desfrutaria do crescimento e do sucesso da Apple e da Microsoft. Portanto, se alavancaram drasticamente para comprar a EMC Corporation, uma empresa híbrida de hardware e software mais bem posicionada, cuja joia da coroa eram seus 82% de participação na VMware, Inc.*

Segundo a visão de mundo de Icahn, a Silver Lake e eu tínhamos entrado em conluio – de modo nefasto! – para criar as *tracking stocks* e empurrá-las para os acionistas da EMC com a intenção de destruir seu valor por meio de "táticas de amedrontamento... reminiscentes das táticas que Maquiavel aconselhou os governantes Bórgia a usar séculos atrás (!)", depois comprando-as de volta a preços de pechincha. Na visão de Icahn, a Dell Technologies não queria apenas capitalizar a estrutura e se beneficiar de modo adequado do nosso sucesso; não, nós *precisávamos desesperadamente* pegar de volta aquelas *tracking stocks*:

> *A combinação de alta alavancagem e a característica cíclica do negócio da Dell significam que é possível que o fluxo de caixa da Dell venha a ser prejudicado seriamente por qualquer redução em seus negócios, tornando muito importante controlar o fluxo de caixa recorrente mais estável da VMware.*

> *Para continuar pagando os empréstimos, acreditamos que a Dell tem necessidade mais premente do fluxo de caixa da VMware do que a administração daria a entender.*

Aos preços atuais, o diferencial entre as *tracking stocks* e as ações VMW negociadas no mercado aberto – o desconto – estava por volta de 11 bilhões de dólares. Segundo os cálculos de Icahn, nossa oferta para os acionistas das DVMT implicava tentar tirar esses 11 bilhões da mesa. "Não se enganem", escreveu ele,

> *se o atual negócio "oportunista" acontecer, 100% do desconto, cerca de 11 bilhões de dólares, serão um ganho econômico principalmente atribuível a Michael Dell e seus sócios da Silver Lake. Para mim, está claro que Dell e Silver Lake seguiram o conselho de Maquiavel ao pé da letra: É melhor ser respeitado do que amado, mas ser temido é ainda melhor do que ser respeitado.*

Maquiavel outra vez. Carl gostava de tornar o final de seus textos ultra-animados, e esse não desapontou quem o seguia. Ao encerrar, ele escreveu:

> *Acredito com convicção que Dell e Silver Lake estão tentando capturar 11 bilhões de dólares que, por direito, pertencem a nós, os acionistas das DVMT. <u>Assim, pretendo fazer tudo que estiver ao meu alcance para IMPEDIR essa proposta de fusão com as DVMT. Na minha opinião, é melhor ter paz do que guerra, mas saibam que ainda gosto de uma boa luta pelos motivos certos, e na situação atual não vejo a paz chegando em breve. Fiquem ligados!</u>*

Era uma declaração totalmente falsa, claro, mas os veículos especializados em economia adoraram essa guerra de palavras. Publicaram imagens manipuladas de nós dois nos encarando com luvas de boxe. E não era apenas Dell versus Icahn. Outros grandes proprietários de *tracking stocks* estavam se alinhando a Icahn: a P. Schoenfeld Asset Management (PSAM), a BlackRock Inc., Paul Singer, da Elliott, a Canyon Partners, a Mason Capital. Era um assunto que renderia reportagens durante meses.

E então, para o desapontamento de espectadores, comentaristas e agitadores, o interesse pelo tema definhou.

Tudo durou apenas um mês. No fim das contas, o ataque de Icahn era apenas um pálido eco de 2013. Em 1º de novembro, ele abriu um processo contra nós, como era típico de seu estilo, alegando que a Dell tinha se recusado a fornecer informações financeiras aos acionistas das DVMT com relação à nossa proposta de aquisição das *tracking stocks*. Acusou-nos de ameaçar os acionistas com um IPO – se não conseguíssemos os votos a favor da aquisição.

Chegamos a considerar um IPO da Dell Technologies em vez da compra das *tracking stocks*. Discutimos essa possibilidade com vários bancos que tentaram nos convencer da ideia – mas esse era o nosso plano B. A opção muito mais simples era apenas aumentar nossa oferta, o que fizemos em 15 de novembro, elevando-a para 14 bilhões de dólares, ou 120 dólares por ação. Concordamos com outras mudanças, inclusive dar aos proprietários de ações Classe C o direito de eleger um diretor independente.

E assim, de uma hora para outra, os proprietários das *tracking stocks* surgiram do nada. A Elliott, a Canyon Partners, a Mason Capital e outras – no total, donos de aproximadamente 17% das ações DVMT – decidiram aceitar nossa oferta, deixando Icahn abandonado ao relento. Em 15 de novembro, ele retirou o processo, primeiro reivindicando o crédito por termos aumentado a oferta – "Principalmente por causa de nossa oposição, hoje a Dell melhorou o negócio reduzindo o valor que seria desviado dos acionistas das DVMT de 11 para 8 bilhões de dólares" – e depois encerrando em seu clássico estilo rabugento:

> *Apesar de acreditarmos que um acordo muito melhor poderia ser obtido, como vocês podem imaginar, não fomos convidados pela Dell ou pelo Goldman [Sachs, nosso banco de investimentos no acordo] para as negociações. Com relação ao acordo revisado, parece que acionistas representando 17% das ações decidiram mudar de posição e apoiar a Dell. Como resultado, além do apoio com que a Dell já contava, determinamos que não seria possível vencer uma luta por procuração e decidimos retirar o litígio em Delaware e encerrar a disputa.*

De uma hora para a outra, minha suposta nêmesis deu no pé – *hasta la vista*, Icahn, talvez a gente jante de novo algum dia. O caminho estava livre para a Dell Technologies se tornar a melhor versão possível de si mesma.

Como disse na época o CEO de tecnologia Dan Serpico: "Isso vai afastar o medo, a incerteza, a dúvida e o barulho, e permitir que a Dell e sua comunidade parceira se concentrem em assuntos mais importantes, como atender os clientes onde os clientes estão, com ótimas soluções, criando um bom canal, fornecendo bons incentivos e investindo em tecnologias futuras.

Amém.

Em 11 de dezembro, numa reunião especial em Round Rock, 61% dos acionistas das DVMT votaram a favor de trocar as *tracking stocks* por ações Classe C da Dell Technologies. E em 28 de dezembro de 2018 foi oficializado: éramos de novo uma empresa de capital aberto – mas um tipo de empresa de capital aberto muito diferente do que havíamos sido.

– Com essa votação – declarei à imprensa –, estamos simplificando a estrutura de capital da Dell Technologies e alinhando os interesses de nossos investidores. Isso reforça nossa posição estratégica, já que continuamos a entregar inovação, visão de longo prazo e soluções integradas da borda à nuvem. Criamos a Dell Technologies para ser o parceiro de maior confiança dos nossos clientes em sua transformação digital.

(Alguns fatos finais sobre Carl Icahn: na data em que fechamos o capital, 29 de outubro de 2013, a ação da Icahn Enterprises valia 100,53 dólares; em 28 de dezembro de 2018, o dia em que a Dell voltou a negociar na bolsa, o preço da ação de Icahn estava 57,73 dólares. Em comparação, em 29 de outubro de 2013 o Standard & Poor's (S&P) 500 estava em 1.771,95 dólares; em 28 de dezembro de 2018, tinha subido para 2.485,94 dólares. Apesar de todo o barulho, o desempenho de Icahn estava muito abaixo do S&P 500.)

14

ZETABYTES E OBJETIVOS ESTRATOSFÉRICOS

Em julho de 2017 – cinco anos depois da conferência *Fortune* Brainstorm, onde nos conhecemos –, Egon Durban e eu nos sentamos no palco em Aspen para ser entrevistados pelo CEO da revista, Alan Murray. Na conferência de 2012, Egon e eu tínhamos afirmado, separadamente, que os mercados públicos de ações estavam desvalorizando muitas empresas de tecnologia – depois nos encontramos nos bastidores e nossa semelhança de pensamento levou a nos unirmos no fechamento do capital da Dell Inc., e mais adiante a colaborarmos na fusão com a EMC. Agora nós dois estávamos no palco para explicar a transformação da empresa.

Alan pareceu perplexo. Estava bancando o advogado do diabo ou estaria de fato confuso?

– Todos sabíamos o que era a antiga Dell, certo? – disse ele. – Pegávamos o catálogo, encomendávamos o computador, e ele chegava numa caixa. A nova Dell é difícil de ser compreendida. Quero dizer, vocês estão fazendo um pouquinho de tudo. Estão em hardware e software, estão na Internet das Coisas, estão em dados, em ciber, em redes. Expliquem em poucas palavras qual é a proposta de mercado especial da Dell.

– Nós nos enxergamos como uma empresa essencial de infraestrutura – respondi.

Contei que nossos clientes estavam diante de uma versão que havia passado por quatro transformações diferentes. A transformação digital era a grande – aquela que toda empresa no planeta estava começando a enfrentar. E essa, eu disse, estava conectada à segunda transformação: a explosão no número de nós inteligentes e conectados, todos os dados, a Internet das Coisas, a inteligência da máquina e a Inteligência Artificial (IA). Isso, falei, era um negócio importantíssimo para uma quantidade enorme de empresas.

– E há a transformação de TI – comentei. – Como automatizar, modernizar e ter um modelo mais voltado para a nuvem? Claro, isso exige uma mudança da força de trabalho. Como você permite que todo o seu pessoal tenha as ferramentas certas? E, por fim, como você garante a segurança?

Alan pareceu receptivo, mas ainda se mostrava perplexo.

A combinação com a EMC, a VMware e a Pivotal nos permitiu criar essa empresa nova, a Dell Technologies, que tinha se tornado a líder em infraestrutura de TI. Eu disse que tínhamos uma posição fantástica em vários dos novos caminhos pelos quais a indústria estava evoluindo – o data center definido por software e a infraestrutura hiperconvergente, em que todas as funções de TI que antes eram definidas por hardware são virtualizadas. Que estávamos armazenando mais dados críticos e produzindo mais servidores do que qualquer outra empresa no planeta, trabalhando em conjunto com a VMware e a Pivotal para atender a todas as necessidades dos nossos clientes no grande mundo novo dos dados.

Alan retrucou:

– Existe muita gente dizendo que a abordagem "Vamos fazer tudo isso" tem suas armadilhas. Que há vantagem em focar, há vantagem em dizer "Vamos ser a única empresa que faz isso melhor do que todo mundo". Por que vocês rejeitam essa abordagem?

– Todo mundo tem direito à opinião – respondi. – O que posso dizer é que no nosso primeiro trimestre tivemos 1 bilhão de dólares de receita a mais do que planejamos. Quando vamos até um cliente e dizemos "Você quer comprar dez itens. Vai comprar seis ou sete deles da nossa empresa. Por que não comprar dez?", a porcentagem de clientes que responde sim é notavelmente alta. Nenhum dos nossos concorrentes tem o conjunto especial de capacidades ou a amplitude que nós temos.

Enquanto escrevo estas palavras, a porcentagem de clientes que dizem sim é mais alta do que nunca. Para o ano encerrado em 31 de janeiro de 2021, mesmo no meio de uma pandemia global, registramos as receitas, os lucros e o fluxo de caixa mais altos de todos os tempos. Se você estivesse acompanhando, veria que o valor de nosso patrimônio líquido nos oito anos desde o anúncio do fechamento do capital aumentou em mais de 625%, e que nosso valor como empresa cresceu para mais de 100 bilhões de dólares. Nada mau para uma empresa que foi considerada morta em 2013. Mas tão empolgante para mim quanto o crescimento e o sucesso da empresa são as possibilidades estonteantes da tecnologia: o que eu chamo de explosão cambriana no mundo da big data.

Há 540 milhões de anos, durante o primeiro período geológico da era paleozoica, chamado de cambriano, a vida na terra, antes limitada a organismos unicelulares, explodiu subitamente em diversidade biológica. Ninguém sabe afirmar por que isso aconteceu.

O que temos de melhor de modo semelhante é a explosão dos dados, impelida pela tecnologia, que começou em meados da década de 1950 e continua até hoje em ritmo cada vez mais acelerado. Em 2003, um relatório da Universidade da Califórnia em Berkeley estimou que por volta de cinco exabytes de dados – cinco vezes mil elevados à sexta potência, ou 5 bilhões de bilhões – foram produzidos em 2002, mais ou menos o dobro do que foi produzido em 2000. Em 2017, o ano em que Egon e eu tentamos explicar a profundidade e a amplitude do novo alcance tecnológico da Dell a Alan Murray, o tamanho da datasfera global (a quantidade de dados criados, capturados e replicados num determinado ano) tinha aumentado 5 mil vezes, chegando a 26 *zetabytes* – 26 trilhões de gigabytes, 26 bilhões de trilhões de bytes. No ano seguinte, o número subiu para 33 zetabytes. Em 2020, tinha alcançado 59 zetabytes; para 2024, a projeção é de chegar a 149.

São números quase incompreensivelmente grandes. O que eles de fato significam?

Naquele dia em Aspen, expliquei a Alan Murray o que eles queriam dizer em termos da nossa empresa – como estamos bem posicionados para abordar todas as necessidades de dados de nossos clientes, em diversas modalidades. Mas o que me pego pensando com frequência é em como essa explosão cambriana criou uma quarta revolução industrial, e como isso é empolgante.

Na primeira revolução industrial, a água e o vapor mecanizaram a produção. Na segunda, a energia elétrica criou a produção em massa. Na terceira, que começou em meados do século XX, os eletrônicos e a tecnologia da informação automatizaram a produção. E a quarta revolução industrial, que vivemos agora, está se desenvolvendo a partir da terceira, mas com uma explosão de novas tecnologias que rompem as fronteiras entre o físico, o digital e o biológico.

A quarta revolução também funde os mundos do negócio e da tecnologia. O modo como descrevo isso ao falar com pessoas de negócios é dizendo que o domínio da tecnologia não está mais no departamento de TI; a empresa inteira é tecnologia. Estou falando de todas as empresas. Se você está tentando fazer carros, dispositivos médicos ou qualquer tipo de produto e deseja ter novos clientes, a tecnologia é o cerne do progresso. É um jogo bem diferente de vinte ou trinta anos atrás, e quase todas as empresas do mundo estão a ponto de descobrir isso.

Antigamente, um computador custava 1 zilhão de dólares, e você precisava usar um jaleco especial para entrar numa sala à qual apenas algumas pessoas tinham acesso – e o lugar fazia um barulho enorme. Então, o preço caiu de 1 zilhão de dólares para 3 mil dólares – foi nesse momento que entrei no mercado –, depois para 300 dólares, e agora os computadores custam 1 centavo e estão em toda parte. Todos andamos por aí o tempo todo com dois, três ou quatro data centers portáteis. E esse número só aumenta.

No Reino Unido, há uma empresa chamada Arm Holdings que projeta algo chamado processador ARM. É um microprocessador que a empresa licencia e está em quase qualquer dispositivo, geringonça ou smartphone em que você possa pensar. Existem mais de 180 bilhões de chips baseados em ARM no mundo hoje. Faça as contas: existem 7 bilhões de pessoas no mundo. Mas, claro, talvez apenas 4 a 5 bilhões delas estejam conectadas (até agora). São muitos processadores por pessoa. E esses processadores estão cada vez mais poderosos, um número maior deles está conectado o tempo todo – e agora estão chegando o 5G e a IA, e todas as tecnologias que achávamos tão avançadas são apenas o show de abertura para o que está vindo por aí.

O 5G é especialmente empolgante – desde conectar pessoas até conectar coisas (como na Internet das Coisas). Não tem a ver com falar mais rápido ao telefone, tem a ver com tornar tudo no mundo inteligente e conectado. Com interação entre usuário e máquina, os computadores pessoais continuarão a ser importantes no futuro, mas uma parte muito maior será de máquinas falando umas com as outras. Tudo isso na Internet das Coisas – veículos autônomos inteligentes e ruas, prédios, cidades, fábricas e hospitais inteligentes, e muito, muito mais. Uma quantidade quase incompreensivelmente gigantesca de dados será gerada.

Todas as organizações precisam transformar esses dados numa vantagem competitiva e melhorar de maneira contínua tudo o que fazem. Mas a análise de dados na escala em que estão sendo criados agora não pode ser feita por seres humanos, só pode ser realizada de modo eficaz com o uso de inteligência artificial (IA) e aprendizagem de máquina (AM). A análise por IA e AM criarão novas ideias, melhorando drasticamente todos os setores, desde o comércio até o serviço de saúde, a educação e as finanças. Até o governo.

A próxima década da revolução na informação, catalisada por IA e big data, irá impactar todos os ramos de atividade e todos os aspectos de nossa vida. A internet impeliu grandes mudanças e avanços, mas essa revolução de agora será maior, e essas mudanças virão mais depressa do que a maioria das pessoas espera.

Ao mesmo tempo é imperativo que a IA reflita nossa humanidade e nossos valores. Para nós, como empresa, isso significa lucros e propósito, não lucro a todo custo. Isso está refletido em nossos objetivos para 2030.

O mundo da computação está se estendendo para o mundo físico. O lugar onde eles se encontram é chamado de borda. Muita coisa está acontecendo lá agora. Muito mais irá acontecer em breve.

Enquanto 60% da população global está conectada digitalmente neste momento – um número gigantesco que aceitamos sem questionar –, 90% da humanidade estará conectada em 2030. O 5G será a plataforma para construir um novo mundo inteligente, um sistema nervoso digital. O 5G será definido por software, permitindo o mundo multinuvem, que incluirá nuvens de borda, nuvens de telecomunicação, nuvens privadas e nuvens públicas.

Uma coleção de nuvens trabalhando em conjunto é o futuro digital. Por isso estamos investindo recursos substanciais em desenvolver a nuvem da Dell Technologies. E a empresa é líder em inovação em todas as áreas mencionadas também porque investe mais de 4 bilhões de dólares por ano em pesquisa e desenvolvimento – atualmente, temos mais de 32 mil patentes concedidas e pendentes.

Estou muito entusiasmado com tudo isso.

Não é somente porque adoro tecnologia, é porque adoro o modo como a tecnologia melhora o mundo. Claro que a tecnologia em si é neutra. Pode ter aspectos bons e ruins, mas, pela maneira como eu encaro o assunto, percebo que na maioria das vezes há pessoas boas que querem fazer projetos bons.

Talvez você discorde.

Talvez você tenha visto um número muito grande de filmes em que computadores malignos assumem o controle, ou uma bomba numa mala destrói uma cidade, ou pessoas com chips implantados são obrigadas a obedecer a algum vilão diabólico. Hollywood sempre fez um trabalho muito bom em nos amedrontar com relação a inovações tecnológicas – mas não vamos pôr toda a culpa em Hollywood. Desde o início dos tempos, os contadores de histórias conseguiram alarmar as pessoas a respeito de ideias novas. Provavelmente assim que o fogo foi descoberto correram boatos sobre todas as consequências medonhas que ele poderia trazer – quando na verdade a descoberta do fogo transformou a humanidade.

A tecnologia é como o fogo. Pode nos esquentar, pode iluminar o caminho. Para quase todos os problemas no mundo existe uma solução tecnológica. Veja o atendimento à saúde. Existem incontáveis exemplos em que a tecnologia facilita a descoberta de medicamentos, os diagnósticos e os tratamentos. A morte de mães durante o parto e as mortes por malária diminuíram radicalmente nas últimas décadas. A tecnologia tem ligação direta com o aumento da alfabetização e a redução da pobreza no mundo durante o mesmo período. Em 1999, 1,7 bilhão de pessoas vivia na pobreza extrema; hoje são cerca de 700 milhões. Um bilhão de pessoas saiu da pobreza extrema nos últimos vinte anos. O acesso à água potável e à educação cresceu drasticamente, assim como o PIB dos países em desenvolvimento. E onde o atendimento à saúde e a instrução progridem, as economias avançam.

Mas, conforme avançam, elas se tornam cada vez mais especializadas. E, com o aumento da especialização, a desigualdade de renda se mostra mais profunda. À medida que a tecnologia prolifera numa economia que avança, pessoas inteligentes descobrem como inovar. Talvez estejam criando algoritmos para IA, talvez estejam desenvolvendo transporte autônomo ou usando efeitos de rede e informação digital para melhorar um ramo de atividade ou criando interfaces entre cérebro e máquina. Nem todo mundo pode fazer isso. E se você é mesmo bom nisso, talvez ganhe bastante dinheiro. Como Bezos, Gates, Musk, Zuckerberg, Brin e Page – todas essas figuras que descobriram como fazer algo melhor do que outros e acabaram prosperando de modo exponencial. (E, sim, como eu também.) Essa é a era da especialização. E é provável que se torne mais pronunciada no futuro porque as economias serão ainda mais avançadas e especializadas.

Não tenho uma solução brilhante para isso. Mas acredito de todo o coração que a tecnologia irá nos ajudar a desenvolver soluções que beneficiarão a humanidade.

Sendo uma pessoa que viaja pelo mundo com frequência, tenho uma consciência clara do progresso incrível feito em toda parte e também da pobreza e do desespero em que tantas pessoas ainda se encontram.

Enquanto escrevo estas observações, estamos no meio da maior crise sanitária de nossa geração. A pandemia de covid-19 exacerbou desigualdades e expôs as falhas da nossa sociedade. Você praticamente não tem chance de alcançar o sucesso, nem mesmo numa meritocracia, se não tiver acesso a boas escolas ou a um bom serviço de saúde, se não fizer refeições nutritivas, se temer pela sua segurança física, se não tiver conectividade de banda larga ou dispositivos para trabalhar em casa ou para participar da economia.

Não sou especialista em políticas públicas nem vou fingir que sou, mas acho que mais deve ser feito – pode ser feito – para equilibrar a balança. Diversas vezes penso em como ganhei na loteria por ter nascido nos Estados Unidos e estudado numa escola pública em Houston, que tinha um professor de matemática fantástico e um terminal de teletipo. Eu poderia ter nascido em qualquer um dos milhões de bairros pelo mundo onde as pessoas lutam todos os dias para obter o essencial para viver. Felizmente meus ancestrais saíram da Letônia e da Polônia. Eu me dei bem, mas nada disso teria acontecido se não tivesse tido muita sorte, para começo de conversa, e me pego sempre querendo ajudar outras pessoas o máximo que posso.

Desde o início, a MSDF, a nossa fundação, se dedicou à transformação: mudar a vida de crianças que vivem na pobreza urbana nos Estados Unidos, na Índia e na África do Sul, melhorando a educação, a saúde e a estabilidade econômica das famílias. Nosso objetivo é colocar oportunidades diante das pessoas de modo que elas possam mapear o próprio futuro. As crianças são o nosso futuro, e Susan e eu estamos convencidos de que alguns dos maiores líderes e cidadãos globais de amanhã são crianças que podemos ajudar hoje.

No início, sustentei a fundação por meio das vendas de ações da Dell Inc.; mais recentemente, contribuí com investimentos bem-sucedidos que fiz na MSD Capital (investimentos que se tornaram mais vitoriosos graças a Gregg Lemkau, que veio do Goldman Sachs para se tornar CEO da empresa de investimentos da nossa família no início de 2021). No momento, a fundação tem uma dotação de aproximadamente 1,7 bilhão de dólares, que é investida e gera retorno. O fluxo de saída total da fundação, na forma de subsídios, incrementado por projetos de assistência técnica e uma carteira de investimentos de impacto, ultrapassou 1,9 bilhão de dólares. (Investimento de impacto é o financiamento inicial para ajudar novas empresas com fins lucrativos a levar produtos ou serviços necessários aos de baixa renda. Às vezes perdemos dinheiro, às vezes recuperamos o capital, às vezes temos lucro – que em seguida gastamos em outros projetos filantrópicos.) Ao longo dos anos, Susan e eu contribuímos com 2,5 bilhões de dólares para a fundação, e planejamos alocar a maior parte da riqueza que conseguirmos em filantropia durante toda a vida.

Espero também seguir o exemplo luminoso de Susan e dedicar muito mais tempo a quem precisa nos próximos anos. Com a brilhante Janet Mountain comandando uma ótima equipe, a Fundação Michael e Susan Dell já deu passos largos.

Ajudar significa muito mais que fazer um depósito em conta bancária. Significa entender os desdobramentos da pobreza num nível comunitário, motivo pelo qual criamos equipes em escritórios regionais para atacar os problemas pela raiz.

É um desafio, por exemplo, o número de estudantes do ensino médio, vindos de famílias de baixa renda, que tiravam notas decentes, mas não estavam entre os melhores de suas turmas. Por esse motivo, não conseguiam entrar na faculdade e obter um diploma. Uma de nossas primeiras iniciativas foi lançar o programa Dell Scholars nos Estados Unidos, para atender às necessidades financeiras e psicossociais de estudantes com esse perfil, muitos dos quais são os primeiros da família a cursar uma faculdade.

Acreditamos também em estabelecer metas. Isso significa que, ainda que no início apenas 18% desses estudantes (da pequena fração dos que conseguem entrar numa faculdade) chegassem ao dia da formatura, nossa fundação apostou em que eles alcançariam 85% de taxa de graduação – mais de quatro vezes a média nacional. Com uma média de 80% em quinze anos, agora temos milhares de ex-alunos da Dell Scholar em todos os Estados Unidos, com diplomas e ótimos empregos.

E há espaço para melhores resultados. Estamos contentes, mas nunca satisfeitos.

Depois dessa iniciativa, lançamos o programa Dell Young Leaders na África do Sul, adaptado às necessidades específicas dos jovens daquele país, com apoio especializado para garantir aos recém-formados uma transição bem-sucedida para o primeiro emprego.

Nos últimos vinte anos, as lições aprendidas com esses programas cresceram até formar um espectro de apoio para muitas organizações sem fins lucrativos que auxiliam estudantes universitários de baixa renda. Em consequência, um de nossos objetivos atuais é ajudar mais de 350 mil estudantes de baixa renda em todo o mundo a obter diplomas universitários a cada ano.

Outra iniciativa começou com um problema que detectamos entre famílias moradoras de favelas urbanas na Índia: não existiam serviços financeiros confiáveis disponíveis aos desfavorecidos, que, ao enfrentar dificuldades, eram obrigados a tomar empréstimos a taxas exorbitantes de agiotas. Um único problema financeiro (gasto médico, perda do emprego por causa do clima) podia lançar uma família na miséria novamente. Ao mesmo tempo, o sul da Ásia se mostrava um dos maiores centros de microcrédito do mundo, mas somente nas áreas rurais. Queríamos ajudar a levar o microcrédito às cidades da Índia.

Começamos tentando disponibilizar empréstimos para empreendedores, mas a equipe da nossa fundação nas cidades indianas logo descobriu que o capital inicial, não o capital de concessão, era o que os empreendedores do núcleo urbano esperavam para testar a viabilidade do novo modelo. Assim, embarcamos numa jornada de 15 anos para apoiar os empreendedores de microcrédito nas maiores cidades da Índia por meio de investimentos de participação societária e empréstimos, em última instância disponibilizando microcrédito confiável para milhões de famílias indianas. Os esforços da fundação ajudaram a provar a viabilidade financeira do modelo e desempenharam um papel vital no crescimento do microcrédito urbano, que hoje responde por mais de 50% de todos os negócios de microcrédito na Índia. Por causa disso, vimos oportunidades de estender esse trabalho ao crédito especializado para indivíduos e pequenos empreendedores, e hoje continuamos a trabalhar em direção à melhoria da estabilidade financeira de mais de 3 milhões de famílias de baixa renda em todo o mundo a cada ano, criando acesso a serviços financeiros confiáveis.

Outro exemplo é que em nossa busca de levar ótimas opções de educação às famílias, milhares de programas em escolas do ensino básico receberam nosso apoio. Logo ficou claro que as ferramentas disponíveis aos nossos educadores não estavam acompanhando o ritmo das que eram acessíveis às empresas. Os professores e administradores estavam se afogando em dados de estudantes, mas não conseguiam formar uma opinião mais abrangente, e em tempo real, sobre cada aluno individualmente, de modo que pudessem detectar logo quando um deles precisava de ajuda. O primeiro passo em direção ao que chamamos de aprendizado em imagem completa é a *interoperabilidade de dados*: a troca de dados sem emendas, segura e controlada entre ferramentas e aplicativos educacionais.

Em 2011, depois de cinco anos trabalhando com os distritos nesse desafio, introduzimos a Ed-Fi Alliance e a Data Standard para apoiar a melhoria no desempenho dos alunos do ensino básico. A Ed-Fi Alliance é uma subsidiária sem fins lucrativos dedicada a ajudar cada distrito escolar dos Estados Unidos a alcançar a interoperabilidade de dados. A tecnologia tem por base o Ed-Fi Data Standard, uma estrutura de dados de código aberto e um conjunto de ferramentas que conectam de modo controlado e seguro os aplicativos de dados educacionais que as escolas já estão usando. Esse conjunto gratuito de ferramentas capacita educadores, estudantes e pais oferecendo informações detalhadas, em tempo real, sobre os pontos fortes dos estudantes e o que vemos não como pontos fracos, mas como oportunidades de crescimento.

Enquanto escrevo isto, quase 2 milhões de professores e mais de 33 milhões de estudantes nos Estados Unidos são representados por organizações que usam o conjunto de ferramentas Ed-Fi. Essas ferramentas permitem que os distritos, os estados e as organizações de administração de *charter-schools* abordem desafios como o absentismo crônico, os hiatos de desempenho dos estudantes em áreas de conteúdo específico e o pouco engajamento de pais e alunos. Essa experiência foi aprimorada para ajudar o governo da África do Sul a desenvolver um conjunto de ferramentas de administração de informações que agora auxiliam quase todos os aprendizes e as escolas de lá. Essas iniciativas são apenas uma parte de nosso compromisso de apoiar mais de 500 mil salas de aula em todo o globo a cada ano com ferramentas de alta qualidade, tecnologia e recursos.

Enquanto isso, do outro lado da cidade, na Dell Technologies, continuamos os esforços para incluir todo mundo no progresso tecnológico exponencial das próximas décadas – especificamente levando a formação em ciência, tecnologia, engenharia e matemática a meninos e meninas carentes em todo o mundo. Trabalhando junto ao Ministério da Educação da Etiópia, estamos equipando mais de mil escolas com mais de 24 mil computadores Dell, enquanto nossa parceira sem fins lucrativos Camara Education fornece treinamento em tecnologia de informação e comunicações para líderes e professores das escolas que estão mostrando às crianças como usar as máquinas – e sendo rapidamente suplantados pelos estudantes que absorvem tudo em velocidade extra. Como você pode imaginar, essa iniciativa é muito apaixonante para mim: no bairro de Meyerland, em Houston, havia um garoto que era exatamente assim.

Susan e eu continuamos motivados por todas as oportunidades que temos de retribuir tudo aquilo que ganhamos, seja por iniciativa da fundação, seja por intermédio da empresa. Essas crianças são o nosso futuro, destinadas a trazer todo tipo de mudanças para o bem, e podem nos mostrar caminhos novos e bem-sucedidos para romper o ciclo de desigualdade econômica. Uma de nossas grandes alegrias é conhecer e conversar com esses estudantes e suas famílias – a força deles é contagiante e inspiradora. Claro que os problemas são reais, os desafios são gigantescos e falta muito a fazer. Mas esse trabalho vale a pena. E só estamos começando.

Queremos também que nossos valores sejam refletidos em nossa empresa. Administrar um negócio lucrativo sempre foi crucial para mim: o lucro não significa apenas meu sucesso pessoal, mas também o das muitas pessoas que trabalham ao meu lado, sem as quais nenhum dos feitos espetaculares dos últimos 37 anos teria acontecido. E o sucesso de uma empresa, como eu entendo, significa muito mais do que gerar dinheiro para os membros da equipe e os acionistas. Acredito que podemos nos dar bem fazendo o bem.

A Dell sempre se esforçou para criar um legado para o mundo – ser uma força para o bem no presente e no futuro tecnológico no qual tenho tanta esperança. Ela começou produzindo soluções de alta qualidade a um preço acessível. Desde o início, ajudamos a democratizar a tecnologia, colocando mais poder nas mãos de mais pessoas do que jamais havia acontecido. Essa missão continua, junto de todas as outras novas modalidades que descrevi: tentamos sempre ser os melhores em tudo que produzimos, e nesse processo ajudaremos a impelir o progresso humano numa escala global, espalhando novas tecnologias maravilhosas.

Estamos nos esforçando sempre para ser os melhores no modo *como* fazemos o que fazemos. Desde o início eu pensava: estamos produzindo todos esses dispositivos, eles têm vida útil e depois as pessoas param de usá-los. E então? Eles vão para algum porão ou alguma garagem, ou são empilhados nos armários dentro das corporações, depois vão parar num lixão. E todos têm o meu nome. Assim, desde o início pensamos em programas de reciclagem e devolução para todos os materiais que entram em nossos produtos. Como podemos criar o menor impacto ambiental possível com o que fabricamos?

Esse tipo de pensamento pareceu vir de forma natural pelo fato de estarmos baseados em Austin, cuja beleza física inspira a consciência ambiental. Desde nossos primeiros dias, quando éramos apenas 150 pessoas, não 150 mil, eu me dirigia a nossas equipes para dizer:

– Vamos pensar num modo de usar materiais mais limpos, mais sustentáveis, e consumir menos energia, tornar a embalagem mais amigável em termos ambientais.

Veja o que aconteceu com o amianto, eu dizia à minha equipe. Muito tempo atrás, as empresas que colocavam amianto em seus produtos não estavam desprezando a saúde de ninguém nem queriam dizer: "Esse negócio é mesmo ruim, vai matar inúmeras pessoas. Vamos pensar em como usar bastante esse componente." Elas apenas não sabiam que o amianto era nocivo a tal ponto. Assim, desde o início, nós perguntávamos: "O que estamos fazendo involuntariamente que poderia ser perigoso?" Não porque houvesse uma regra, ou porque alguma autoridade reguladora fosse aparecer na empresa, mas porque parecia o certo a fazer.

Quando dissemos aos nossos engenheiros que queríamos minimizar o impacto ambiental com nossos produtos, mas não gostaríamos que ficassem mais caros, eles acharam que esse era o desafio mais legal de todos os tempos. Reagiram totalmente à altura.

E essa é a nossa razão de ser. Em 2019, publicamos o *Progress Made Real* (Progresso Realizado), um roteiro de 40 páginas contendo os objetivos para 2030 em quatro categorias de aspirações: avançar na sustentabilidade, cultivar a inclusão, transformar vidas, incentivar a ética e a privacidade. "Sabemos que o mundo está enfrentando desafios complicados, em muitas camadas, e às vezes podem parecer insuperáveis", diz o documento. "O statu quo não irá nos levar ao tipo de mundo que precisamos ter em 2030."

O *Progress Made Real* não é apenas mais um panfleto corporativo em papel lustroso. É uma crônica da vida real sobre como enfrentamos desafios e continuamos a cumpri-los. E como estabelecemos novas e ambiciosas metas. Nossos objetivos são grandes, mas com frequência nós os ultrapassamos a tempo ou até mesmo antes do prazo.

Nosso propósito estratosférico para avançar na sustentabilidade é que, em 2030, para cada produto que um cliente comprar, faremos o reúso ou a reciclagem de um produto equivalente. Para cada item que construímos, pensamos em como podemos fazê-lo de modo a ser desconstruído e ter todas as partes reutilizadas. Temos até um designer de joias que faz anéis, colares e brincos com o ouro das placas de circuito impresso. A meta para 2030 é que 100% de nossas embalagens e mais da metade do conteúdo de nossos produtos sejam feitos com material reciclado ou renovável.

Esse método é conhecido como economia circular, e é alcançável. Em 2018 – dois anos antes do tempo previsto –, alcançamos o objetivo para 2020 de recuperar cerca de 1 bilhão de quilos de material eletrônico usado. No Dia da Terra de 2019, chegamos à nossa meta para 2020: usar 50 milhões de quilos de materiais sustentáveis nos produtos, inclusive plásticos com conteúdo reciclável. Os materiais são uma fonte fundamental de inovação: reciclar plásticos e outros componentes de computadores velhos para fazer novas peças e identificar oportunidades de usar materiais do lixo – por exemplo, plásticos que iriam para o oceano – como recursos que possam ser devolvidos à economia. Acelerar a mudança para uma economia circular nos beneficia, e beneficia os clientes e o mundo.

Quanto mais refletirmos como equipe sobre o mundo real em toda a sua variedade, mais fortes somos e seremos. Nunca é tarde demais para a diversidade, mas o fato é que ela faz parte integral da Dell. Recentemente, recebi um bilhete lindo de uma mulher que tinha acabado de se aposentar depois de trabalhar para nós durante quase trinta anos. Ela guardou uma cópia do anúncio ao qual respondeu no início da década de 1990: o segundo parágrafo dizia que não importa de onde você vem, não importa sua aparência. Isso a atraiu, e por esse motivo ela se candidatou à vaga.

Não gosto de contar vantagem, mas não creio que muitas outras empresas de tecnologia atuassem desse modo naquela época.

Tomamos muitas atitudes antes que alguém precisasse pedir. Nunca tivemos ninguém protestando do lado de fora de nossa sede com cartazes nos dizendo qual era a coisa certa a fazer.

Estamos no mesmo caminho hoje, mas trabalhamos mais do que nunca pela diversidade, pela inclusão e pela igualdade. A meta estratosférica para 2030 é que 50% de nossa força de trabalho global e 40% de nossos líderes globais sejam mulheres. Planejamos chegar a esse mesmo ano com 25% da força de trabalho e 15% de nossos líderes nos Estados Unidos formados por negros e minorias hispânicas/latinas. Todos os membros de nossa equipe (inclusive altos executivos) participarão de um curso anual sobre preconceito, racismo, assédio, microagressões e privilégios. Cinquenta por cento das pessoas capacitadas por nossas iniciativas sociais e educacionais serão mulheres ou pessoas de grupos com baixa representatividade.

Alcançaremos esses objetivos. Não para demonstrar que somos uma boa empresa, mas por causa das perspectivas e das ideias novas que pessoas fantásticas que ainda não conhecemos devem trazer para a Dell.

Reduzimos as emissões operacionais anuais de gases de efeito estufa em 38% desde 2010, e na próxima década planejamos reduzir pela metade as emissões de 2019.

Em 2030 usaremos 75% da energia gerada a partir de fontes renováveis em todas as instalações da Dell – e 100% em 2040.

Continuaremos a insistir – como condição para fazer negócios com a empresa – em práticas éticas, respeito e dignidade para cada uma das centenas de milhares de pessoas que criam nossos produtos. Isso significa exigir locais de trabalho seguros e saudáveis em toda a nossa cadeia de suprimentos e atender e ultrapassar os padrões da indústria estabelecidos no Código de Conduta da Responsible Business Alliance, da qual somos membros fundadores.

Continuaremos a promover a crença em que a tecnologia tem o poder de ajudar a resolver os problemas sociais mais sérios do mundo. Continuaremos a explorar novos modos de colaborar com o setor público para enfrentar esses problemas – como na Índia, onde nos unimos ao Ministério da Saúde e do Bem-estar Familiar e ao nosso parceiro Tata Trust para desenvolver o Digital Life-Care, que usa tecnologia da Dell para realizar exames preventivos de doenças não transmissíveis em escala nacional.

Este último ano tem sido diferente de todos os 37 anos em que tive o privilégio de comandar a empresa. Durante a pandemia, todos nós enfrentamos uma crise para a qual não existe um manual de instruções. Mas a Dell sempre teve uma cultura de otimismo – a crença em que a tecnologia amplifica o potencial humano, tendo sempre as pessoas no centro do que fazemos.

Quando a Covid chegou, vimos todo tipo de resultados para diferentes tipos de empresas: as mais habilitadas digitalmente se saíram melhor. E, sendo uma empresa que na última década e meia investiu pesadamente na transformação digital, estávamos numa posição bastante resiliente. Em março, dissemos a todas as pessoas da Dell Technologies que elas deveriam trabalhar em casa, se pudessem. E isso acabou funcionando muito bem – quando foi preciso fazer com que 100 mil pessoas trabalhassem em casa, isso aconteceu em um fim de semana. Talvez não devêssemos ter nos surpreendido. Tínhamos ferramentas, processos e o tipo de negócio que permitia que as pessoas trabalhassem de modo remoto, e tínhamos uma cultura de trabalho flexível que havia começado já em 2009. Tudo se manteve no mesmo ritmo, e nossa produtividade até melhorou. Foi ótimo em certo sentido, porque a pandemia aumentou a demanda por todos os nossos produtos, tanto físicos quanto digitais.

Ainda que a Covid-19 tenha trazido uma grande tragédia humana e uma devastação econômica, produziu outras consequências, como a redução mundial do nível de gases de efeito estufa. E revelou que o trabalho pode ser mantido quando tudo passou a ser feito pela internet.

Muitas vezes deparávamos com a questão de como resolver uma oportunidade de negócios com um cliente, um problema particular que ele quisesse solucionar, com o especialista certo. Digamos que esse cliente hipotético morasse na Austrália. No passado, encontrávamos um especialista interno e o mandávamos de avião para lá. Eram quatro dias despendidos somente na viagem, o que significa muito tempo e muito dinheiro.

Viajar pelas linhas aéreas Zoom é incrivelmente eficaz, e descobrimos que todos os nossos clientes parecem satisfeitos em trabalhar utilizando esse meio. Você pode observar essa enorme mudança de hábito como um vislumbre do futuro.

Não creio que voltaremos a ser como antes.

Ainda existem questões a serem respondidas, como a melhor forma de treinar novos membros da equipe. Isso pode ser feito remotamente com algum grau de eficiência, mas também existem perdas. Num mundo de trabalho por vídeo, como reproduzir as ideias que as pessoas têm depois de se esbarrarem no corredor ou perto do bebedouro? Estamos nos esforçando muito para tentar encontrar respostas para esses dilemas.

Uma coisa positiva que descobrimos é que com reuniões feitas via internet há muito mais participação que num contexto físico, até porque mais pessoas podem ser incluídas na conversa. Pense num cliente específico que vem a Round Rock com oito pessoas para dois dias de reuniões e jantares – pela internet, esse cliente pode incluir trinta ou quarenta pessoas de sua empresa em vez de oito, e obter um nível de envolvimento igualmente alto. Percebemos que esse comprometimento com o trabalho também aconteceu dentro da Dell: quando as pessoas estão em modo remoto, têm um desejo maior de estar conectadas.

No meio da pandemia, a Dell Technologies empregou recursos técnicos consideráveis, como supercomputadores conectados a um número enorme de servidores, para entender o vírus e acelerar o desenvolvimento de remédios e tratamentos. Garanto que quando alguém no futuro perguntar "Como vocês dominaram a pandemia?", a tecnologia terá representado um papel importante na solução. Acho que vamos ver esse período, com todas as suas dificuldades, como um tempo de enorme aceleração de processos digitais e – sim – de transformação.

Não sei por que as pessoas não são mais curiosas e por que a curiosidade não é considerada um dos traços mais importantes da liderança.

Uma vez um jornalista me perguntou se eu ficava entediado quando era criança. Só precisei pensar um segundo: nunca fiquei, nem por um minuto, porque era curioso demais. Todos os dias eu acordava empolgado com todas as coisas novas que havia para aprender.

Hoje em dia tenho o mesmo sentimento. A mudança, a verdadeira transformação, é uma corrida sem linha de chegada. O que significa que lá fora existem muito mais coisas a serem aprendidas por mim, por todos nós.

Não é muito legal isso?

Agradecimentos

Eu comecei cedo na vida e logo percebi que o que as pessoas esperavam de mim eram atitudes. Como reação, aprendi a não me abrir pessoalmente: descobri que era muito mais confortável manter a maioria das opiniões no âmbito profissional. Pode soar estranho, mas essa é uma das motivações para este segundo livro de memórias.

Meu primeiro livro, *Direct from Dell* (Direto da Dell, em tradução livre), de 1998, era uma obra sólida e afinada com quem eu era naquela época. Tive o cuidado de segurar meus sentimentos e reflexões mais profundos. Muita coisa mudou desde então na minha vida e na empresa que tenho o privilégio de comandar desde o início, em 1984, do meu quarto no dormitório na Universidade do Texas. Depois da transformação monumental na empresa, que inclui o fechamento do capital, a combinação com a EMC e a VMware e a abertura do capital novamente, muitos amigos e colegas sugeriram que era hora de contar toda a história – ou melhor, as *histórias* muito entrelaçadas do meu desenvolvimento como homem e da evolução da empresa que tem meu nome. Neste livro novo eu queria ser o mais sincero possível sobre tudo o que pensei e senti durante os muitos altos e baixos na grande aventura de construir uma empresa. A sinceridade amedronta. Traz vulnerabilidade – algo que eu conhecia, mas para a qual não estava preparado em 1998. O que aprendi desde então é que existe uma grande força em entender a vulnerabilidade que todos compartilhamos como seres humanos. Como este livro expõe, não existe um caminho reto para o sucesso, ainda que, visto de fora, às vezes possa parecer assim. Eu queria compartilhar minhas experiências, junto de muitas outras lições de negócios e de vida que aprendi no caminho.

Durante quase dois anos, a partir do início de 2019, Jim Kaplan tem sido meu colaborador dedicado e diligente, usando habilmente uma série de entrevistas e observações sobre mim em várias reuniões, grandes e pequenas, para tecer uma história escrita. Jim conversou com duas dúzias de pessoas, cada uma das quais, a seu modo, ajudou a tornar a Dell um sucesso e acrescentou materialidade ao livro. Sua persistente atenção aos detalhes e seu questionamento incessante sobre complexos temas técnicos e financeiros que ele precisava entender para explicá-los de modo mais claro possível aos nossos leitores – e sempre com a minha voz – foram cruciais. Jim também me pressionou o tempo todo para ser o mais aberto que eu desejava ser. Sou um grande compartimentalizador: uma capacidade que me ajudou demais nos negócios, mas que na vida me reteve de vez em quando. Cavando cada vez mais fundo na minha lembrança, de modo frequente (e catártico) abri uma torrente de situações em que não pensava havia séculos.

Mas a autodescoberta é mais um subproduto do que um fim em si. Em última instância, este livro é para todas as partes interessadas. Para os nossos clientes, que nos inspiram, possibilitando o progresso em tantos sentidos, e compartilham seus desafios futuros conosco, motivando-nos a inovar mais em nome deles. Para nossos parceiros empresariais, que ajudam a multiplicar nossos esforços e nossas realizações. Para nossos acionistas, que confiaram em nós para sermos bons guardiões de seu capital. E para as comunidades onde atuamos, cujo apoio e cuja parceria são essenciais.

Minha história pessoal e a história da empresa estão completamente entrelaçadas há 37 anos. Este livro é a história dos mais de 150 mil colegas talentosos e dedicados, atuais e do passado, ao lado dos quais tive a honra de trabalhar e que me ajudaram de maneira decisiva. Sozinho não posso fazer muita coisa, mas como equipe somos incontíveis.

Existe um número muito grande de colegas, diretores e consultores para citar, mas alguns atuais e do passado têm sido essenciais – e às vezes cruciais – na evolução e no sucesso da empresa. Eu gostaria de agradecer especialmente a Kaye Banda, Paul Bell, Marc Benioff, Jim Breyer, Jeremy Burton, Don Carty, Janet Clark, Don Collis, Laura Conigliaro, Jamie Dimon, Dave Dorman, Ken Duberstein, Egon Durban, Steve Felice, Glenn Fuhrman, Bill Gates, Brian Gladden, Bill Green, Tom Green, Kelley Guest, Marius Haas, Eric Harslem, Glenn Henry, Paul Hirschbiel, Bobby Inman, Joel Kocher, Sallie Krawcheck, Ellen Kullman, Mike Lambert, Susan Larson, Tom Luce,

Kate Ludeman, Klaus Luft, Manny Maceda, Claudine Malone, Alex Mandl, Joe Marengi, Paul Maritz, Bill McDermott, Paul McKinnon, Tom Meredith, Mort Meyerson, Shantanu Narayan, Sam Nunn, Ro Parra, Simon Patterson, Ross Perot Jr., Karen Quintos, Rory Read, Kevin Rollins, Steve Rosenblum, Julie Sackett, Rick Salwen, John Swainson, Mary Alice Taylor, Mort Topfer, Larry Tu, Joe Tucci, Suresh Vaswani, Lynn Vojvodich, Lee Walker, Chuck Whitten e Harry You.

Sinto uma gratidão especialmente pungente pelos que nos deixaram: os falecidos Jay Bell, Andy Grove, Andrew Harris, Michael Jordan, George Kozmetsky, Jimmy Lee, John Medica e Michael Miles.

E quero agradecer a todos os líderes atuais da Dell Technologies, inclusive Jeff Boudreau, Kevin Brown, Sam Burd, John Byrne, Michael Collins, Mike Cote, Steve Crowe, Rola Dagher, Mike DeMarzo, Allison Dew, Stephanie Durante, Howard Elias, Jenn Felch, Sam Grocott, John Haynes, Aongus Hegerty, Dennis Hoffman, David Kennedy, Adrian McDonald, Yvonne McGill, Maya McReynolds, Amit Midha, Steve Price, Brian Reaves, Rich Rothberg, Jennifer Saavedra, Bill Scannell, Doug Schmidt, Tom Sweet, Gerri Tunnell e tantos outros.

Pat Gelsinger, que foi fundamental na ascensão da VMware e nos primeiros anos da unida Dell-EMC – e que agora retornou, com justiça poética, para a Intel –, merece uma menção especial.

Devo destacar Jeff Clarke. Tendo entrado na empresa em 1987, Jeff é o mais próximo que tenho de um cofundador. Engenheiro brilhante, além de magistral em táticas corporativas, ele conta com um conjunto único de habilidades. Como executivo-chefe operacional e vice-presidente, foi e continua a ser vital para o sucesso da empresa. Jeff não é apenas um grande integrante da equipe, é também um grande amigo.

E é importante agradecer a Gregg Lemkau, Marc Lisker, John Phelan, Rob Platek e a todos os meus sócios na MSD Capital e MSD Partners que estão criando uma importante firma de investimentos alternativos.

Acima de tudo, quero agradecer à minha família – em especial, à minha mãe. Assim que consegui convencê-la a abandonar sua convicção inicial de que eu deveria me tornar médico (sinto muito, mãe!), ela esteve comigo a cada passo do caminho, sempre positiva, sempre sabendo de que eu precisava. Meu pai culpa minha mãe pelo meu sucesso, o que é pelo menos metade verdadeiro. Meus pais ensinaram a meus irmãos e a mim que podíamos realizar qualquer coisa, alimentaram nossa curiosidade e nosso desejo de aprender. Além disso, nos ensinaram a diferença entre certo e errado, e a respeitar todas as pessoas e cuidar uns dos outros. Tive muita sorte em ter pais tão fantásticos.

Sempre quis ser um ótimo marido e pai. Fiquei apaixonado quando conheci Susan, e me casar com ela foi a melhor decisão da minha vida. Eu a amo mais e mais a cada dia. Ela é uma pessoa melhor e me inspira em tudo que faço. É minha melhor amiga, minha confidente e minha parceira em todas as coisas. Viveu comigo quase cada momento deste livro e foi fundamental em refinar o manuscrito. Juntos temos muito orgulho de cada um de nossos filhos, Kira, Alexa, Zachary e Juliette, que estão pavimentando seus caminhos bem-sucedidos na vida.

E quero agradecer aos meus dois irmãos, Steven e Adam, que sempre estiveram do meu lado e que eu amo demais.

Como digo no livro, sou muito grato por ter nascido nos Estados Unidos, onde tive acesso a ótimas escolas – e onde, por uma sorte enorme, me vi no alvorecer da era dos microprocessadores, olhando com curiosidade intensa o que viria em seguida.

Devo agradecer à brilhante Janet Mountain e à equipe fantástica da Michael and Susan Dell Foundation, que deram vida às ambições de caridade da nossa família com grandes resultados.

Minha gratidão profunda vai para todos os nossos concorrentes no passar dos anos. Eles foram uma fonte de motivação e inspiração abundante (para derrotá-los), inclusive quando duvidavam publicamente de nós. Aprendi com o sucesso deles e, com certeza, ainda mais com seus fracassos, que me ensinaram muito sobre o que não fazer e como não fazer.

Muito obrigado à minha excelente agente literária, Pilar Queen, e aos meus fantásticos editores Adrian Zackheim e Trish Daly, junto a toda a equipe da Portfolio.

Por fim, mas não menos importante, quero agradecer aos nossos leitores, esperando que esta história inspire outras pessoas de algum modo.

Apêndice

COISAS EM QUE ACREDITO

O que vem em seguida, sem qualquer ordem específica, são princípios, características, ideais e lições que me ajudaram e ajudaram a nossa empresa a ter sucesso:

1. Curiosidade. Já mencionei curiosidade? Ela é tão importante que vou dizer de novo: nunca pare de aprender. É bom ter orelhas grandes. Para ouvir, aprender e ser sempre curioso. Estar aberto à ambiguidade. Projetar sua empresa a partir do cliente.

2. Fatos e dados devem ser usados para tomar decisões. Seja objetivo e humilde e esteja disposto a mudar de ideia se os fatos e os dados sugerirem que isso é necessário. O método científico funciona nos negócios.

3. Comprometimento, impulso, coragem, determinação, perseverança, vontade indomável – você precisa dessas qualidades.

4. Jamais tente ser a pessoa mais inteligente da sala. Cerque-se de pessoas que o desafiem, ensinem, inspirem e o empurrem para ser o melhor possível. E aprenda a reconhecer e apreciar os diferentes talentos das pessoas.

5. Confiabilidade, ética e integridade são fundamentais. Você não vai conseguir ter sucesso sempre sem esses valores. Os mercados são eficientes a longo prazo. Se eu assumir um compromisso e não o cumprir, ou se entregar um produto ou serviço ruim, ninguém vai querer comprar comigo outra vez.

6. O ritmo das mudanças só está aumentando. Não vai diminuir no futuro.

7. Você precisa mudar para não morrer. Só existem os rápidos e os mortos. As organizações precisam se reinventar a todo instante, entender e prever todos os fatores, inclusive e especialmente a tecnologia, que terão impacto sobre elas no futuro.

8. As ideias são matéria-prima. A execução delas não é. Ter uma grande ideia ou estratégia é necessário, mas não suficiente para obter sucesso. Você precisa executar. Isso exige disciplina e entendimento operacionais detalhados.

9. Os times, não os jogadores, ganham campeonatos. Sempre coloque o time à frente do jogador.

10. A vida tem a ver com levar um soco, cair, levantar-se e lutar outra vez. (Leia o item 3 novamente.)

11. Jamais permita que uma boa crise seja desperdiçada – e se não houver crise, invente uma (como um modo de motivar a mudança e o progresso). Durante uma crise – em qualquer ocasião –, concentre-se no que você pode controlar. As crises costumam criar novas oportunidades. Em vez de chafurdar nos problemas, encontre a oportunidade.

12. Nunca faça o papel de vítima. A vitimização é uma mentalidade de derrota. A autodeterminação exige concentrar-se no que você pode controlar e avançar.

13. Confiança, não arrogância. Humildade, não ego.

14. Todo mundo sente raiva. Mas não permaneça com raiva. A raiva é contraproducente. Em vez disso, sinta-se motivado pelo

desejo de ajudar os outros e... amor, família, país, compaixão e maestria.

15. Gratidão sempre, mas nunca ser uma pessoa acomodada, satisfeita com o que já tem. Isso significa melhorar continuamente – os japoneses chamam isso de *kaizen*. É como uma corrida sem linha de chegada. Comemore e aprecie as realizações, mas sempre olhe adiante para o próximo grande objetivo ou oportunidade.

16. O sucesso é um péssimo professor. (Leia os itens 3 e 10 novamente.) Os reveses e os fracassos tornam você mais forte com o tempo – se você se permitir aprender com eles.

17. Disposição para correr riscos e testar coisas. À medida que o ritmo das mudanças aumenta, pequenos experimentos pavimentarão um caminho para o sucesso.

18. (Leia o item 13 novamente.) Humildade, disponibilidade, justiça e autenticidade.

19. Respeito – trate as pessoas como você quer ser tratado.

20. Otimismo... obviamente! Encontrar maneiras de aumentar o otimismo em você o tornará muito mais feliz.

21. Propósito e paixão na vida: faça parte de algo maior do que você.

Para saber mais sobre os títulos e autores da Editora Sextante,
visite o nosso site e siga as nossas redes sociais.
Além de informações sobre os próximos lançamentos,
você terá acesso a conteúdos exclusivos
e poderá participar de promoções e sorteios.

sextante.com.br